VENECIA
INSÓLITA Y SECRETA

Thomas Jonglez, Paola Zoffoli y Irene Galifi

EDITORIAL JONGLEZ

guías de viaje

Han sido necesarios cinco años para preparar
esta guía, distinta de las demás. Cinco años,
investigando, entrevistando, leyendo, paseando a pie
o en barco, que nos han permitido elaborar una obra
que, esperemos, le haga descubrir aspectos insólitos,
secretos o aún desconocidos de Venecia.
Las investigaciones no siempre resultaron sencillas:
tuvimos que ser muy pacientes para que se
nos fueran abriendo todas las puertas. Tuvimos
que salir de Venecia para comprender mejor toda
la riqueza de su historia, ciudad que fue,
en especial durante el Renacimiento, un lugar
de paso obligado para toda Europa. Para entender la
ciudad tuvimos que viajar por tierras venecianas, a
la Toscana, a Roma, e incluso a Lisboa.
La descripción de algunos de los lugares
se acompaña de recuadros temáticos que cuentan
aspectos históricos o anécdotas, permitiendo
así entender la ciudad en toda su complejidad.
Asimismo, *Venecia insólita y secreta* pone de relieve
numerosos detalles visibles de muchos de
los lugares que frecuentamos a diario y en los que
no nos solemos fijar. Son una invitación a observar
con mayor atención el paisaje urbano y, de
una forma más general, un medio para descubrir
la ciudad con la curiosidad y ganas que merece.

Cualquier comentario sobre la guía o su contenido,
o cualquier información sobre lugares no
mencionados serán bienvenidos. Nos permitirá
completar las futuras ediciones de esta guía.

No duden en escribirnos:
• Editorial Jonglez, 25 rue du Maréchal Foch,
  78000 Versailles, Francia
• E-mail: info@editorialjonglez.com

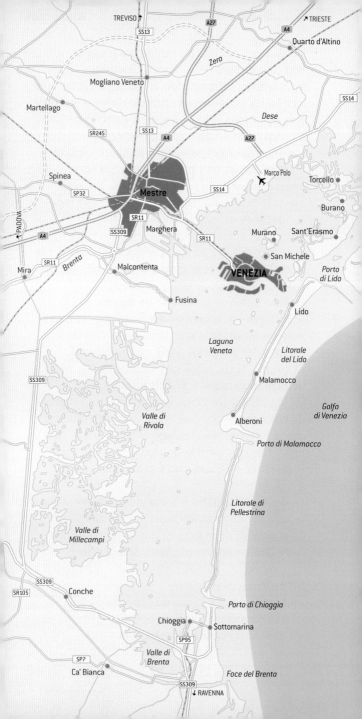

↗ SAN DONA DI PIAVE

SS14

Caposile

SP52

SP42

Lanzoni

Eraclea

SP43

SP42

Piave

Porto Grande

SR43

Palude
Maggiore

Jesolo

SP42

Lido di Jesolo

Cavallino

Litorale
del Cavallino

MAR ADRIÁTICO

N

0   5   10 km

ÍNDICE GENERAL

SAN MARCO

SANTA CROCE

ÍNDICE GENERAL

ÍNDICE GENERAL

CASTELLO

ÍNDICE GENERAL

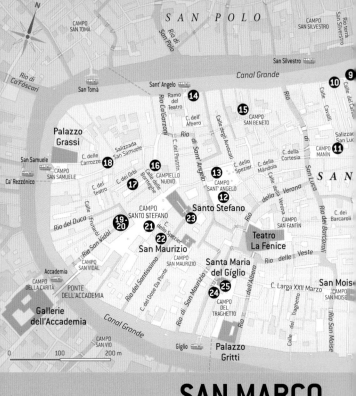

SAN MARCO

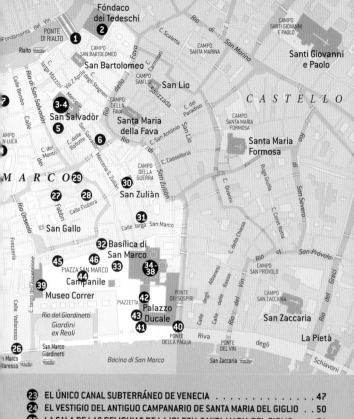

LA CABEZA DE ORO DE RIALTO

Salizada Pio X
Rialto

> *El guardián de los secretos de la « droga divina »*

A los pies del Puente de Rialto, casi enfrente de la entrada de la iglesia San Bartolomeo, una singular cabeza de oro pasa a menudo desapercibida. Esta escultura, de bronce, es el antiguo letrero de la farmacia *Alla Testa d'Oro* (La cabeza de oro): en una época en que los analfabetos eran legión, este símbolo debía ser visible y reconocible por todos. No se sabe exactamente quién sirvió de inspiración al autor de esta cabeza de hombre, coronado de laureles y con gesto orgulloso y autoritario: tal vez Virgilio Zorzi, uno de los antiguos propietarios de la farmacia, o Mitrídates, o incluso Andrómaco. Sobre el muro se aprecia el fragmento de una inscripción que hace alusión a la *Teriaca de Andrómaco*, una especie de remedio universal considerado particularmente eficaz para curar numerosos males (véase pág. 44) y especialidad, hasta 1603, de esta botica. De hecho, se consideraba que elaboraba la mejor *teriaca* de la ciudad y por ello la farmacia *Alla Testa d'Oro* tenía permiso para preparar esta poción tres veces al año, siguiendo un complejo ritual, mientras que la mayoría del resto de farmacias de la ciudad sólo podían producirla una vez al año. En 1797, tras la caída de la Serenísima República de Venecia, fue la única farmacia en seguir elaborando la *teriaca* hasta el siglo pasado, y ello a pesar de haberse simplificado la fórmula. Cuando se introdujeron las normas de control de los estupefacientes en los años 40, hubo que excluir el opio de la receta original por su efecto analgésico.

QUÉ VER EN LOS ALREDEDORES

LAS INSCRIPCIONES DEL *FONDACO DEI TEDESCHI* ❷

El *Fondaco dei Tedeschi* es la antigua lonja -lugar de intercambios y de vida (tenía más de 200 habitaciones)- de los comerciantes alemanes, austriacos, húngaros y, en general, de Europa del Norte. El patio interior está organizado en tres plantas cuyos pasillos se podían ver a través de los arcos para que los venecianos pudieran vigilar con facilidad las actividades que ahí se desarrollaban. En la primera planta, del lado del monumental reloj, hay numerosos grafitis grabados en los parapetos, entre otros, un dibujo del juego del molino que aquí parece tratarse más de un juego que de un símbolo esotérico (véase pág. 175).

RASTROS DE LA COMUNIDAD DE LOS HABITANTES DE LUCCA EN EL RIALTO

En 1317, tras abandonar Lucca (Toscana) por razones políticas, unos comerciantes y artesanos se instalaron en Venecia para dedicarse al trabajo de la seda y a su perfeccionamiento. En el barrio que va de San Giovanni Grisostomo a la calle de la Bissa, aún quedan rastros visibles que muestran que esta comunidad no se instaló únicamente dentro de los estrictos límites de la parroquia *cappella del Volto Santo* (véanse págs. 246-247), en el Cannaregio, sino que se extendió hasta el barrio de Rialto. Sobre el pilar del número 5512 de la calle de la Bissa (en la prolongación de la Calletta Pistor, que desemboca frente a la entrada principal del *Fondaco dei Tedeschi*) vemos el **blasón del Arte della Seta** (cofradía de la seda): una morera esculpida de cuyas hojas se alimentan los gusanos de seda.

Desde la izquierda del pilar se accede a la ***corte del Tentor*** -donde los calle a la ***corte* de l'Orso**, nombre procedente de la familia Orso, originaria de Lucca, que se estableció en este lugar. Los edificios de este pequeño patio alcanzan las seis plantas: es interesante observar que los edificios de esta altura -bastante insólitos en Venecia- no están reservados al gueto judío, como se suele creer, sino que también existen en barrios donde se congregaban personas oriundas de la misma zona geográfica o que ejercían un oficio del mismo sector.

La calle della Bissa, que debe su nombre a su sinuoso trazado (*bissa* o *biscia* en italiano significa "culebra"), era entonces conocida como ***calle dei Toscani*** ya que ahí vivían los habitantes de Lucca. Su iglesia era **San Grisostomo**, cerca de la cual se encuentra la **corte Amadi** o **dei Amai,** donde residía la rica familia Amadi, originaria de Lucca.

Detrás de la iglesia de San Giovanni Grisostomo, en dirección al teatro Malibran, había numerosas naves donde se almacenaba la seda. En el número 5864 quedan restos de locales de primera importancia destinados a **las oficinas de los inspectores de la seda** (*Provveditori alla Seta*): los tejedores y comerciantes de Lucca de Venecia habían obtenido de la Serenísima República de Venecia el derecho a elegir su propia corte de magistrados para resolver las pequeñas diferencias relacionadas con su categoría. Encima de la puerta principal, de lo que hoy es un restaurante, aún se puede leer la inscripción latina *Provisores Sirici*, la fecha *1515* y los cinco blasones de los *provveditori*, atribuidos a las familias de Lucca: Paruta (escudo con tres rosas), Sandei (león rampante), Ridolfi (escudo con ondas marinas), Amadi (escudo con tres colinas y un pájaro) y Perducci (escudo con tres bastones). Sobre un arquitrabe de época posterior, se aprecia la fecha *1578* así como otros blasones cuyos dibujos son ilegibles.

En el **campo Novo** de Rialto (cerca del cual se encuentra también la **calle Toscana**) existía otra sede del ***Ufficio della Seta*** (oficina de la seda): en el número 553, observarán otra morera esculpida sobre el marco de la puerta, emblema de la categoría de los productores de seda.

LA *PALA D'ARGENTO* DE LA IGLESIA SAN SALVADOR

③

Iglesia San Salvador
- visita previa cita
- sansalvador@inwind.it

> *Un Tiziano que desaparece para mostrar una obra maestra...*

La basílica de San Marco posee su *pala d'oro* y la iglesia San Salvador posee sencillamente su *pala d'argento*, una obra maestra de la orfebrería veneciana, realizada muy probablemente a finales del siglo XIV. La *pala d'argento* es poco conocida para los turistas y para los venecianos ya que sólo se muestra tres veces al año (véanse las fechas exactas más arriba): en Navidad, en Semana Santa y en la Transfiguración de Cristo, el 6 de agosto. La mayor parte del tiempo está oculta detrás del cuadro de Tiziano, *La Transfiguración de Cristo*, el cual, llegado el momento y gracias a un sistema de contrapesos, desaparece literalmente en el altar de la iglesia para hacerla visible.

Al igual que la *pala d'oro* de la basílica de San Marcos y que las demás *pala* que decoraban las iglesias venecianas (casi todas han desaparecido), la *pala d'argento* es en realidad un objeto de devoción que en este caso sólo se muestra en los principales acontecimientos relacionados con la propia iglesia. La iglesia San Salvador está dedicada a Cristo, por lo que la *pala* sólo se exhibe en los momentos esenciales de su vida: nacimiento (Navidad), Transfiguración (véase a continuación), muerte y resurrección (Semana Santa).

Como lo demuestra Renato Polacco en un estudio llevado a cabo en el 2000, la *pala* data muy probablemente de finales del siglo XIV. Si antaño la *pala* era un sencillo tríptico sobre el tema central de la Transfiguración (al igual que el cuadro de Tiziano), hoy se compone de cinco partes horizontales principales (véase la fotografía). De hecho, la *pala* podía cerrarse: la parte central de la *pala* (justamente la que representa la Transfiguración) quedaba fija y las dos partes situadas encima y debajo se cerraban, dejando al descubierto, en el reverso, las dos partes que hoy están colocadas en los extremos y donde se aprecian los querubines y el cordero místico. El mensaje estaba claro: el cordero es el símbolo del sacrificio que abre las puertas del Paraíso (y de la *pala*), simbolizado por la Transfiguración del Cristo, rodeado por la Virgen, los santos y los profetas.

¿POR QUÉ SE CELEBRA LA TRANSFIGURACIÓN EL 6 DE AGOSTO?

Desde el siglo VII el rito bizantino celebra esta epifanía el 6 de agosto. De hecho, según la tradición, fue ese día cuando se consagró la primera basílica de la Transfiguración en el Monte Tabor, supuesto lugar del acontecimiento. Más tarde, en 1456, el papa Calixto III confirmó oficialmente esta fecha para la Iglesia Católica. De este modo se adaptaba a una fecha comúnmente admitida por muchos, pero también celebrada -fruto de una coincidencia muy oportuna- la victoria de las tropas cristianas sobre los turcos en Belgrado: la victoria se obtuvo entre el 22 y el 23 de julio de 1456, pero Roma no conoció la noticia hasta el 6 de agosto...

¿QUÉ ES LA TRANSFIGURACIÓN?

La Transfiguración es un episodio evangélico (Mateo, capítulo 17, 1-9, Marcos capítulo 9, 2-9 y Lucas capítulo 9, 28-36) en el que, poco después de la multiplicación de los panes, Cristo, acompañado por Pedro, Juan y Santiago, sube a una colina y se ve transfigurado, es decir, iluminado por una luz blanca, resplandeciente, extraordinaria, en el propio sentido de la palabra. En ese momento aparecen a su lado Elías y Moisés, que desaparecen cuando una voz responde a Pedro que Jesús «es mi Hijo amado, en quien tengo complacencia, escuchadle a Él». Simbólicamente, la Transfiguración anuncia la Resurrección de Cristo, ya anunciada por diferentes profetas, representados aquí por Elías y Moisés.

Tradicionalmente, la colina de la Transfiguración es la del Monte Tabor, cerca del lago de Tiberíades, aunque los maronitas señalan más bien la región del Monte Líbano, y otros el Monte Hermón, en la actual frontera entre Siria y el Líbano.

LA SACRISTÍA DE LA IGLESIA SAN SALVADOR ❹

Iglesia San Salvador
• visita previa cita
• sansalvador@inwind.it

*Una
pequeña
joya desconocida*

Construida en 1546, en un espacio relativamente estrecho y oscuro, entre la iglesia y el convento del mismo nombre, la sacristía de la iglesia San Salvador es una pequeña joya desconocida. En la visita, a petición propia o reservando por correo electrónico, se accede a una sala de magníficas proporciones cuyos frescos (de autor desconocido), pequeña obra maestra de finura y sensibilidad, recuerdan a una de las salas más hermosas del palacio Grimani (cerca de Santa María Formosa - visitas previa cita por las mañanas, salvo los domingos). Además de admirar en el techo central a Cristo bendiciendo, verá hermosas representaciones en trampantojos de árboles y arbustos así como de aves locales o exóticas. A diferencia de otros monasterios de la ciudad (véase el del Redentore o el de San Francesco della Vigna), el monasterio de San Salvador, situado en pleno corazón de la ciudad, no tenía suficiente espacio para tener un jardín. El espacio de los dos claustros se utilizaba para recoger el agua mediante pozos tradicionales, es por ello que los autores de los frescos tuvieron la idea de recrear una especie de jardín virtual con ventanas en trampantojo: observe en particular cómo las ramas de los árboles y los diferentes follajes pasan de una «ventana» a otra.

QUÉ VER EN LOS ALREDEDORES

EL ANTIGUO REFECTORIO DEL CONVENTO DE SAN SALVADOR ❺
Telekom Future Center
• Abierto previa petición todos los días de 10 a 20 h

El antiguo convento de San Salvador (contiguo a la iglesia de San Salvador), hoy ocupado por Telecom Italia, alberga dos hermosos claustros (seguramente de Jacopo Sansovino - visibles la mayoría de las veces durante las bienales) y el antiguo refectorio que se utiliza a veces para reuniones y conferencias. Aunque se ha modernizado para adaptarlo a su uso actual, conserva algunos frescos (la mayoría en muy mal estado) atribuidos a Polidoro da Lanciano, presente en Venecia entre 1530 y 1565. Otras fuentes los atribuyen a Fermo Ghisoni, en 1545. Ghisoni, nacido en Caravaggio en 1505, era uno de los alumnos más aventajados de Giulio Romano, al que ayudó a realizar los frescos del Palazzo Te y del palacio ducal de Mantua en 1538. Observe la ausencia de las figuras de los profetas, robadas en una fecha desconocida. En la entrada del refectorio hay una pequeña colección de teléfonos antiguos y una hermosa puerta esculpida.

CASINO VENIER

Sede de la Alianza Francesa en Venecia
San Marco 4939
• Horario: de lunes a viernes de 09 a 13 h y de 15 a 18 h • Previa reserva
para los grupos. Cerrado en agosto
• Tel.: (+39) 041 522 70 79
• alliancefrancaise@libero.it

> *Uno de*
> *los últimos casinos*
> *con más encanto*
> *de Venecia*

Sede de la Alianza Francesa en Venecia desde 1987, el casino Venier es también uno de los últimos casinos con más encanto de Venecia (véase siguiente doble página). Su decoración, que data de 1750-1760, se ha mantenido intacta: suelos de mármol cimentado (y no el típico terrazo veneciano), estucos, frescos y espejos que hacen de este lugar una pequeña joya, perfectamente restaurado entre 1981 y 1993 por el Comité de Salvaguardia Francés de Venecia. El casino, antiguo *ridotto* de juego y tertulias, pertenecía al procurador Venier, pero lo utilizaba sobretodo su mujer, Elena Priuli. La distribución de las salas reproduce el esquema típico de los palacios venecianos, con una entrada central que comunica con las diferentes salas. Sobre la escalera de la entrada, las dos verjas esculpidas en madera dorada separan el espacio donde se colocaban los músicos para que tocaran sin ser vistos por los invitados.

El comedor, al fondo a la izquierda, está decorado con hermosos estucos que representan aves y plantas así como con un fresco que reproduce el triunfo de Baco. Observen también los pasaplatos, disimulados en los armarios.

La sala del fondo a la derecha posee una hermosa chimenea en cerámica de Delft y un fresco atribuido a Guarana. También tiene un *liago*, una especie de balcón pequeño cubierto que da sobre el puente de los Baretteri y que permitía observar la vida en la calle sin ser visto.

UNA MIRILLA DISCRETA PARA PODER HUIR TRANQUILAMENTE

Durante la visita, fíjese en la baldosa de la entrada. Se despega fácilmente para poder ver discretamente a los que llegan delante de la puerta de entrada, situada justo debajo, a nivel de calle. Esta mirilla permitía, a los que lo deseaban, escapar por la primera sala situada a la derecha, en caso de que llegara un visitante no deseado. Esta salida, antaño oculta probablemente detrás de un armario de pared, ya no existe hoy en día.

LOS «CASINOS» DE VENECIA

Los casinos (o más bien los *casini* - plural de *casino* en italiano) eran pequeños lugares privados e íntimos donde la gente se reunía para jugar, conversar y divertirse.

La primera mención escrita de estos «casinos» (casa pequeña, en italiano), o *ridotto* (círculo o club: de *ridursi, tener reduto*: dirigirse, ir hacia) data de 1282.

Aunque algunos casinos servían también de lugar para encuentros amorosos, en la mayoría de los casos su principal actividad era el juego, verdadera pasión veneciana.

Esta devoradora costumbre (algunos llegaban a perder su fortuna en una sola noche) llevó a las autoridades venecianas a establecer leyes. A partir de 1506 se prohibieron los juegos de dados y de cartas en los casinos, prohibición jamás cumplida, y ello a pesar de las graves penas a las que se exponían: si un noble era sorprendido jugando en un casino podía verse privado de sus cargos oficiales durante 10 años y condenado a pagar una multa de 300 ducados. En cuanto a la gente del pueblo, sencillamente se les desterraba de la ciudad durante 10 años. Una ley de 1609 endureció las penas: los empleados de los casinos se arriesgaban a pasar 6 años en prisión y a que les cortaran la nariz y las orejas. En caso de reincidencia, la pena de prisión se duplicaba.

A pesar de estas repetidas prohibiciones, los venecianos jugaban y frecuentaban los casinos más que nunca. Es por ello que en 1638 el gobierno decidió finalmente legalizar los casinos para controlarlos mejor. En 1774 fueron de nuevo prohibidos. Sin embargo si en 1744 existían 118 casinos, al final de la República quedaban 136. Muchos fueron destruidos y hoy sólo subsiste una decena (véase a continuación).

«CASINOS» ACCESIBLES AL PÚBLICO:

Casino Venier (véase pág. 25).

Casino Sagredo (véase pág. 219) en Santa Sofía.

Casino Zane cerca de los Frari. Ubicado en el Centro de Música Romántica Francesa (Fundación Bru Zane, creada en enero de 2008). Se puede visitar durante los conciertos que se organizan regularmente, devolviendo -tres siglos después- a este lugar su función principal.

Casino Contarini dal Zaffo (ex-casino degli Spiriti - véase pág. 227).

Casino del Comercio en la piazza San Marco (sobre el café Lavena - entrada por detrás del café). Se puede alquilar para celebrar eventos. Dos de sus salas dan directamente a la plaza San Marco.

Casino Dandolo (il Ridotto – véase pág. 53).

Casino Contarini en San Beneto (véase pág. 37).

LA CABEZA DE LA ANCIANA ❼

Corte del Teatro
San Luca

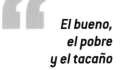

*El bueno,
el pobre
y el tacaño*

En la *corte* del Teatro, una casa protege, a media altura, la curiosa cabeza en mármol de una anciana, posiblemente origen del letrero de *La Vecchia*, la farmacia de la calle que lleva al campo S. Luca. Circula una simpática historia sobre esta mujer.

De naturaleza tacaña, una anciana de la parroquia de S. Paternino (véase pág. 33) escondía su dinero en el forro de una vieja levita que guardaba en el desván. Un día, en pleno invierno, su hijo, Vincenzo Quadrio, que no sabía nada, se apiadó de un pobre del barrio a quien le entregó el viejo abrigo.

Una semana más tarde, la mujer, que quería esconder más dinero, no encontró la levita. Para convencer a su hijo de que hiciera todo lo necesario para recuperar la preciada prenda, le dijo que su intención era dejarle en herencia todo lo que contenía. Su hijo se puso a buscar al pobre, llegando incluso a disfrazarse de mendigo en los escalones del Rialto. Al final le encontró. Pretextando un frío intenso y su misericordia, le propuso intercambiar su grueso abrigo por el abrigo desgastado que le había entregado anteriormente.

Con el dinero recuperado, el hijo pudo abrir una próspera farmacia, cuya parte trasera estaba decorada con una escultura que representaba a su madre, sentada, y su hijo a sus pies. En la actualidad, el altorrelieve sólo muestra la cabeza de la anciana, rodeada de un cetro imperial (letrero de otra farmacia vecina hoy desaparecida), de los escudos de las familias Bembo y Moro, así como del emblema de la confraternidad de S. Rocco. En el siglo XIV, la casa pasó de los Bembo a los Moro y finalmente a la confraternidad de S. Rocco.

QUÉ VER EN LOS ALREDEDORES

LOS EMBLEMAS DEL MÁSTIL PORTABANDERA DEL CAMPO SAN LUCA ❽

Los dos emblemas que se aprecian en la base del mástil del campo San Luca corresponden a los emblemas de las dos confraternidades que participaron en la derrota de la conjuración de Bajamonte Tiepolo en 1310 (véase pág. 63): *scuola della Carità* (confraternidad de la caridad) y la *scuola dei Pittori* (confraternidad de los pintores).

EL GRAFITI DEL HOMBRE CON PIPA

Segunda columna del Palazzo Loredan
Riva del Carbon

El milagroso sacrificio de Biagio

Delante del palacio Loredan, en la segunda columna empezando por la izquierda, hay un grafiti que representa la figura de un hombre con una gran pipa. Evoca una sorprendente leyenda según la cual un antiguo pescador llamado Biagio, hombre valiente apreciado por todos, se quedaba a menudo delante del palacio Loredan haciendo pequeños favores a los habitantes del barrio a cambio de dinero.

En los escasos momentos de descanso que se concedía, se sentaba junto a la orilla del gran canal fumando tranquilamente su pipa. Una noche en que la ciudad estaba desierta, el agua que corría bajo la estela de una góndola que pasaba por ahí se tornó roja de repente. Las aguas se abrieron, la góndola quedó colgada en equilibrio durante un momento, y el gondolero, presa de un ataque de pánico, huyó nadando.

En ese momento, dos enormes brazos negros con unas manos dotadas de garras surgieron de entre las aguas y arrancaron la *felze* (pequeña cabina que antiguamente estaba en el centro de la góndola). Biagio tuvo tiempo de ver cómo dos niñas eran apresadas por las enormes manos y cómo, en ese momento, surgía del canal una cabeza de monstruo con dos cuernos. Biagio no lo dudó: se trataba del mismísimo Satán.

Poco tiempo después se supo que las dos niñas pertenecían a la familia Gradenigo. Probablemente Satán se estaba vengando, a través de ellas, de su padre que quería aprender los secretos de la magia y que, inconscientemente, había permitido al diablo apoderarse de sus almas.

Ante este sorprendente espectáculo, Biagio soltó sin pensarlo su pipa que se hundió en las aguas. A continuación, gritó a Satán para que le apresara a él en lugar de a las niñas, abriendo los brazos en señal de sacrificio. Satán se burló de Biagio por creerse que era Cristo y le contestó que sólo liberaría a las niñas si conseguía abrazar el mundo entero. Apenas hubo pronunciado estas palabras, los brazos de Biagio se separaron de su cuerpo, sin el menor dolor, y volaron seguidos por querubines. El diablo se quedó asombrado. Liberó a las niñas y al viejo Biagio que Dios no había permitido que se llevara con él.

QUÉ VER EN LOS ALREDEDORES

LA LÁPIDA DE LA PRIMERA MUJER LAUREADA

A unos 4 metros de altura, sobre el muro de la Ca' Loredan, una lápida nos recuerda que fue en Venecia donde nació en 1646 la primera mujer laureada por una universidad. En 1678, Elena Lucrezia Cornaro Piscopia se licenció en filosofía en la Universidad de Padua (entonces bajo dominio de Venecia). Recordemos que Zúrich fue la primera universidad en permitir el acceso a las mujeres en 1867.

LA LÁPIDA DE LA ANTIGUA IGLESIA DE SAN PATERNIANO ⑪

Campo Manin

El vestigio de la destrucción de un insólito campanario poligonal

En la esquina noroeste de la estatua de Manin, una lápida en el suelo indica el emplazamiento de la antigua iglesia de San Paterniano destruida en 1871. La iglesia, construida en el siglo X, poseía un magnífico campanario erigido en 999, el más antiguo de Venecia después del de San Marcos, antes de que éste se derrumbara años después. El campanario se caracterizaba por su forma poligonal en el exterior y circular en el interior, parecido a las misteriosas torres medievales que aún se pueden ver en la campiña irlandesa.

Derribaron la iglesia para dejar sitio al monumento erigido en honor a Daniel Manin delante de lo que hoy es una de las absurdidades arquitectónicas de la ciudad: la sede de la Cassa di Risparmio, que algunos (pocos) consideran un bello ejemplo de la arquitectura moderna. El edificio fue construido entre 1964 y 1971 según los planos de Angelo Scattolin y Pier Luigi Nervi. No deja de ser curioso que, desde entonces, no se haya concedido ningún permiso para construir un edificio nuevo en el centro histórico de la ciudad.

El nombre del puente de San Paterniano, que conduce al campo Sant'Angelo, también recuerda la existencia de esta iglesia.

En la esquina noreste de la plaza, una discreta lápida nos recuerda que aquí estuvo la antigua casa de Aldo Manuzio, el inventor de los caracteres itálicos y posiblemente el mayor editor del Renacimiento veneciano (véase pág. 162).

EL ÚLTIMO RASTRO DE LA ANTIGUA IGLESIA DE SANT'ANGELO ⓬
Campo Sant'Angelo

Más o menos en el centro del campo Sant'Angelo, una discreta baldosa llama la atención. En ella se lee: «*V TEMPLUM ARCHANGELI M AMOLITUM A MDCCCXXXVII FORUM SILICE STRATUM AERE CIVICO A MDCCCXLI*». La inscripción en latín recuerda la destrucción en 1837 de la antigua iglesia de Sant'Angelo. La primera iglesia, construida en la segunda mitad del siglo X, había sido consagrada a San Mauro. En la segunda mitad del siglo XI pasó a llamarse San Miguel Arcángel aunque los venecianos la llamaban Sant'Angelo . Tras la caída de la República, la iglesia se convirtió primero en un almacén y la parroquia fue trasladada a Santo Stefano, que ya no era una iglesia convencional.

IGLESIA SANT'ANGELO DEGLI ZOPPI O DELL'ANNUNZIATA ⓭
Capo Sant' Angelo 30124 Venecia
• Abierto los sábados por la mañana

Desconocida, la pequeña iglesia de Sant'Angelo degli Zoppi (o dell'Annunziata) está abierta los sábados por la mañana. Fundada en el siglo X por los Morosini, fue reconstruida en los siglos XII y XVIII. La ocupaba la confraternidad dei Soti (*Zoppi* en italiano) a quien la Serenísima República había confiado el cuidado de los viejos marineros inválidos (*soto* en veneciano es *zoppo* en italiano que significa «cojo» o «lisiado»). El interior conserva una *Natividad de María* del Caballero de Arpino.

LA COLECCIÓN HISTÓRICA RUBELLI

Archivos del Palazzo Corner Spinelli
- Palazzo Corner Spinelli 3877
- Visitas únicamente previa cita
- Tel.: (+39) 041 2417329
- museo@rubelli.com
- A veces alberga exposiciones abiertas al público
- Información adicional: www.rubelli.com

Telas en un joyero

Se puede acceder previa cita a los archivos históricos de la empresa Rubelli, guardados en el Palazzo Corner Spinelli. La visita representa una oportunidad para entrar en este hermoso palacio del Renacimiento.

Los archivos testimonian la producción histórica -desde hace cinco generaciones- de la empresa familiar fundada por Lorenzo Rubelli en el siglo XIX (como los tejidos Rubelli, resultado de la colaboración de artistas como Vittorio Zecchin, Guido Cadorin y Giò Ponti), así como de 5000 piezas de tejidos que datan de finales del siglo XV a la primera mitad del siglo XX: terciopelos de finales del siglo XV cincelados en seda y bordados con bucles dorados (es decir guarnecidos con una trama suplementaria en relieve con bucles), brocados y damasco barroco con motivos de ramajes florales, objetos chinescos exóticos y lujosas telas del siglo XVIII.

Aparte de los numerosos dibujos y patrones, la colección incluye numerosas piezas muy interesantes desde un punto de vista histórico, como un fragmento de terciopelo *altobasso* del siglo XVI utilizado en las estolas de los Procuradores, elegantes fracs del siglo XVII y terciopelos creados para la Casa Real italiana a principios del siglo XX. Sobre un periodo de más de un siglo, se han añadido posteriormente a los archivos telas procedentes de América, África y Oriente.

El palacio es también la sala de exposición de los tejidos Rubelli.

QUÉ VER EN LOS ALREDEDORES

LAS CERÁMICAS HOLANDESAS DEL ANTIGUO CASINO CONTARINI 15

Palazzo Corner Contarini dai Cavalli
San Marco 3780

Dentro del palacio Corner Contarini dai Cavalli, que hoy alberga oficinas administrativas, se encuentran los vestigios del antiguo casino del palacio. En principio, y si no hay nadie en las oficinas, se puede visitar previa cita esta sala cubierta de cerámicas holandesas que representan animales, casas y molinos en el más puro estilo holandés.

QUÉ VER EN LOS ALREDEDORES

LA ANTIGUA SEDE DE LA CONFRATERNIDAD DE LOS ZAPATEROS ALEMANES
La Crosera n° 3127a

En la esquina de la calle Crosera y de la calle dei Orbi, hay un bajorrelieve de un zapato esculpido a unos 2 metros de altura sobre la fachada de la casa n°3127a. Esta escultura señala el emplazamiento de la primera sede de la confraternidad de los zapateros alemanes (*Scuola dei Calegheri* en veneciano, fundada en 1383), edificada en 1482. Anteriormente, esta sede se encontraba no muy lejos de la iglesia de Santa Maria della Carità (actual Museo de la Academia).

> En el campo San Tomà (véase pág. 171, se encuentra la antigua sede de la *scuola* de los zapateros (no alemanes).

> En la plaza San Marco, enfrente del café Lavena, hay una inscripción grabada en el suelo en honor a los Calegheri.

IGLESIA SS. ROCCO E MARGHERITA
Istituto Ciliota. Calle delle Muneghe (Santo Stefano). San Marco 2976
• Tel.: (+39) 041 520 4888 • www.ciliota.it info@ciliota.it

La iglesia San Rocco e Margherita, edificada en el siglo XVIII, está cerrada oficialmente al público pero puede visitarse yendo al instituto Ciliota, que ofrece 51 habitaciones (sin encanto alguno - precios entre 50€ y 140€ la habitación) a jóvenes estudiantes universitarios o a turistas de paso. Pida amablemente en recepción que le dejen ver la iglesia. Suelen acceder a esta petición. El instituto y la iglesia forman parte de un antiguo monasterio de hermanas agustinas fundado en 1448 (otras fuentes apuntan al año 1488) por el patriarca Maffeo Girardi en el emplazamiento de un antiguo oratorio dedicado a Santa Susana. Aunque fue clausurado en 1806 por Napoleón, el monasterio no fue destruido. Los principales vestigios comprenden restos del antiguo claustro (muy remodelado y donde se han colocado sillas y mesas para descansar cuando hace bueno) y de la iglesia, que el instituto utiliza de vez en cuando para eventos privados. El interior de la iglesia no tiene nada de extraordinario. Debe su nombre a la confraternidad de San Rocco que se instaló en el oratorio en el siglo XV y a la hermana que fundó el monasterio agustiniano, Chiara, que provenía del convento de S. Margherita de Torcello.

QUÉ VER EN LOS ALREDEDORES

LA ANTIGUA SEDE DE LA CONFRATERNIDAD DE LOS ALBAÑILES
San Marco 3216

En la segunda planta de la casa número 3216, un discreto emblema (hay que levantar la vista) fue esculpido en 1482. Verá una escuadra, una llana, una plomada y un martillo que indican que este lugar fue la antigua sede de la confraternidad de los albañiles (*scuola dei Mureri* en veneciano), fundada en 1200. Los santos patrones de los llamados *cazziole* en veneciano eran Santo Tomás y San Magno.

EL PANTEÓN VENECIANO DEL PALAZZO LOREDAN

19

Instituto Veneciano de Ciencias, Letras y Arte
Campo Santo Stefano, 2945
30124 Venecia
• Tel.: (+39) 041 124 7711 • www.istitutoveneto.it
• Abierto durante la semana en horario de oficinas

Dux, arquitectos, pintores...

A menudo se ignora que el Palazzo Loredan, en el campo Santo Stefano, está ocupado por el Instituto Veneciano de Ciencias, Letras y Arte desde 1810, lo que permite poder entrar para admirar el «Panteón Veneciano»: en la entrada de este magnífico palacio, destacan unos sesenta bustos de personajes ilustres de la historia política y cultural de Venecia (dux, pintores, arquitectos, etc.). Esculpidos a partir de 1847, estos bustos fueron colocados inicialmente en el Palacio de los Dogos. En 2009 fueron reubicados aquí por Fabrizio Plessi quien utilizó tres colores para su puesta en escena: el rojo, como la piedra de Verona, el amarillo, como la piedra de Vicente y el blanco, como la piedra de Istría; todas ellas antiguas posesiones de la Serenísima República de Venecia.

QUÉ VER EN LOS ALREDEDORES

UN RASTRO OLVIDADO DE LA OCUPACIÓN AUSTRÍACA... **20**

Justo encima de la puerta de entrada del Palazzo Loredan, una inscripción en alemán llama la atención del paseante: «*K.K STADTUNDFESTUNGS COMMANDO*». Se trata de uno de los pocos vestigios de la ocupación austríaca durante el siglo XIX, época en la que el palacio era la sede del mando militar austríaco en Venecia.

RASTROS DE LA TERIACA EN EL CAMPO SANTO STEFANO ㉑

Campo Santo Stefano frente al número 2800

" *Un vestigio de la droga divina*

Justo frente a la farmacia que hace esquina entre el campo Santo Stefano y la calle, denominada acertadamente del Spezier (*spezier da medicina* significa «farmacéutico» en veneciano), permanece un detalle olvidado. A unos cinco metros de la fachada de la farmacia, tres cavidades en forma de círculo atestiguan el antiguo emplazamiento del caldero donde se preparaba la famosa *teriaca*, esa poción casi mágica que supuestamente curaba un número incalculable de enfermedades (véase a continuación y en la doble página siguiente).

PREPARACIÓN DE LA *TERIACA*: UNA CEREMONIA MINUCIOSAMENTE ESTUDIADA

No todas las farmacias podían preparar la *teriaca*: de las 90 existentes en Venecia, únicamente unas cuarenta estaban autorizadas. Denominadas farmacias *teriacanti*, elaboraban la poción a pie de calle, en morteros de bronce. Aún se pueden ver algunos de los lugares donde estos morteros descansaban sobre el suelo como en el campo Santo Stefano (véase página contigua) o delante de la farmacia *Alle due Colonne* (véase pág. 205).

Siendo la víbora uno de sus principales ingredientes (se le atribuía el poder de rejuvenecer y reafirmar la piel), originalmente la *teriaca* se elaboraba una vez al año, coincidiendo con la época de la captura de víboras, a saber, a finales de la primavera o durante el verano.

Al hacerse famoso este brebaje mágico, la demanda aumentó y algunas farmacias, como la del Rialto, *Alla Testa d'Oro*, lo elaboraban varias veces al año.

Venecia, con objeto de mantener la calidad del producto, estableció reglas muy estrictas: en el momento de elaborar la *teriaca*, cada farmacéutico debía exponer delante de su farmacia, ante el público y durante al menos tres días, todos los ingredientes que se iban a utilizar. Para el público, la principal atracción eran evidentemente las víboras vivas encerradas en jaulas y a la vista de todos. Se iniciaba la elaboración, siempre delante del público y controlada por los empleados del Estado.

OTRAS HUELLAS DE LA *TERIACA* EN VENECIA

Una inscripción encima del letrero de la antigua farmacia *Alla Testa d'Oro* (véase pág. 17). Un agujero en el pavimento en San Canciano, frente a la farmacia *Alle due Colonne*, que recuerda el emplazamiento del mortero utilizado para elaborar este brebaje (véase pág. 205).

Observe que numerosas farmacias (como la antigua farmacia del nº 412 detrás de la basílica de San Marco, transformada en galería de arte y que ha conservado la inscripción «*Theriaca*» (teriaca) en su mobiliario de época) poseen aún un bote con la palabra «*Theriaca*», a pesar de ser escasos los botes originales.

LA *TERIACA*: ¿UNA PÓCIMA MILAGROSA?

Cuenta la leyenda que en siglo II a.C., Nicandro, médico y poeta que vivía en Colofón, Jonia, escribió un poema llamado *Ta Theriaca*. Este tratado sobre las mordeduras de animales salvajes, en particular de serpientes y otros animales venenosos, tomaba su nombre del griego antiguo «Therion» que significa víbora, serpiente, y por extensión, veneno en general. En el año 65 a.C., Mitrídates, rey del Ponto (costa del mar Negro situada al noreste de Turquía) elaboró por primera vez la famosa poción. La receta, compuesta de 46 ingredientes, fue mejorada por Andrómaco, médico personal de Nerón, que la perfeccionó añadiendo 25 substancias. Critón, médico de Trajano, le dio el nombre de *Theriaca* y el filósofo y médico Claudio Galeno (131-201) le dio su impulso definitivo.

Según se iba desarrollando, iban apareciendo multitud de fórmulas en función de la ciudad donde se fabricaba: París, Venecia, Estrasburgo, Poitiers u otros lugares. Entre sus ingredientes recurrentes o más peculiares se encuentran el polvo de víbora (obtenido a partir de víboras vivas), el opio, el poso de vino seco, el polvo de testículo de ciervo o un cuerno de unicornio (en realidad es un diente de narval, como se muestra en el Museo Correr). Sus beneficios eran infinitos: supuestamente curaba la peste así como cualquier enfermedad contagiosa, las mordeduras de escorpiones, víboras y perros, la tuberculosis y las fiebres pútridas, los dolores de estómago y los problemas de la vista.

En el siglo XVII, Venecia se había granjeado tal reputación a nivel mundial en la elaboración de la *teriaca*, bajo supervisión del Magistrado de la Salud, que exportaba a Europa así como a Turquía, Armenia. Este éxito atrajo la codicia: algunos monasterios venecianos, como el de San Giovanni e Paolo, aprovechando que nadie los controlaba, la producían en grandes cantidades. Y peor aún, aparecieron imitaciones tanto del propio producto como de los envases y etiquetas. De este modo, y de forma aparentemente legal, se exportaban productos de menor calidad, incluso totalmente ineficaces o peligrosos.

Víctima de su éxito y de su abuso, la *teriaca* desapareció en el siglo XIX.

¿POR QUÉ VENECIA ES FAMOSA POR SUS PRODUCTOS FARMACÉUTICOS?

Hasta el siglo XIX, la calidad de los productos farmacéuticos de Venecia

disfrutó de una reputación internacional. Elaborados a menudo con especias importadas de Oriente, estos productos se beneficiaron sin duda de la importancia del comercio casi monopolístico que Venecia mantenía con Oriente: le resultaba muy fácil procurarse cualquier tipo de producto exótico a precios razonables.

A partir de 1468, todos estos productos se conservaban durante al menos 40 días en la isla del Lazzaretto Nuovo, y los marineros pasaban la cuarentena para evitar cualquier riesgo de contagio de la peste.

La notoriedad y el prestigio de sus editores e impresores hizo de Venecia el lugar donde se editaban los libros y tratados de medicina y farmacia más importantes. Aún hoy, la biblioteca Marciana conserva los textos fundamentales de la medicina árabe de Avicena, Averroes, etc. Cultural y científicamente, Venecia se apoyó en estas publicaciones para organizar y estructurar los diferentes fabricantes de productos medicinales.

Finalmente, al adquirir esta producción importancia, Venecia supo instaurar severas leyes que garantizaban la calidad de los productos y permitían su exportación.

Venecia tuvo hasta 90 farmacias que no se contentaban con vender sino que, a menudo, también fabricaban sus propios productos.

Al ser una profesión de prestigio se convirtió en un «arte noble», obteniendo los titulares de las farmacias el permiso para casarse con mujeres nobles. En el siglo XVI, el comercio era tan floreciente que Venecia tuvo que limitarlo y, a partir de 1616, las farmacias tenían que estar a 100 pasos venecianos (unos 35 metros) de distancia las unas de las otras.

EL CABALLO ALADO DEL PALACIO MOROSINI ㉒

Palacio Morosini
Campo Santo Stefano
San Marco 2802

¿Un símbolo alquímico de la búsqueda del oro filosófico?

El palacio Morosini está situado entre el campo Stefano -donde se encuentra la entrada principal- y el *rio* del Santissimo. Aunque un pequeño puente cruza este canal, resulta difícil admirar las asombrosas esculturas que decoran la fachada trasera del palacio. Para conseguirlo, o es propietario de su propia embarcación o le pide a su gondolero favorito que pase por ahí. Así podrá admirar la sorprendente representación de un caballo alado rodeado de dos grifos.

El caballo alado representa aquí a Pegaso, cuya traducción en griego significa precisamente «caballo alado». Según la mitología griega, Pegaso nació de la sangre derramada por Medusa cuando Perseo le cortó la cabeza. De una coz hizo brotar la fuente Hipocrene y se convirtió en el símbolo de la inspiración poética, por la relación con la inmortalidad de la poesía. Zeus lo inmortalizó convirtiéndolo en la constelación de Pegaso, en el hemisferio boreal. El caballo alado es también símbolo de la Tradición Primordial. Sus riendas serían de oro, clara referencia al oro filosófico, objetivo final de la Gran Obra Alquímica.

El lugar elegido para esta escultura, sobre el canal, no es una mera coincidencia: simboliza la sabiduría divina, mediante Pegaso que es capaz de hacer brotar de una coz fuentes milagrosas capaces de inmortalizar al ser humano.

Esta sabiduría divina se ve reforzada por la presencia de dos grifos. Símbolo de la fase alquímica de la sublimación (véase las dos páginas siguientes), según la mitología, tradicionalmente se acoplan con una yegua para dar nacimiento al hipogrifo. Según la expresión medieval *«Jungentur jam grypes equis»*, cruzar un grifo con un caballo o una yegua es algo imposible. En consecuencia, el hipogrifo es el símbolo de lo imposible y del amor. En las leyendas medievales, esta criatura fantástica se convirtió en el animal predilecto de los caballeros enamorados de una dama imposible de conquistar así como el símbolo de los magos que pueden realizar prodigios aparentemente imposibles sometiendo las leyes de la materia a los principios espirituales.

QUÉ VER EN LOS ALREDEDORES

EL ÚNICO CANAL SUBTERRÁNEO DE VENECIA   **23**

Si posee su propia embarcación o si desea enriquecer un poco más a los gondoleros, disfrutará del inmenso placer de pasar por el único canal subterráneo de Venecia: en efecto, una parte del *rio* Santissimo pasa por debajo del coro de la iglesia de Santo Stefano. Los jóvenes venecianos conocen bien este lugar donde vienen a fumar tranquilamente. Si la marea está alta, tengan cuidado con sus cabezas.

SIMBOLISMO DEL GRIFO

Según el bestiario alquímico, el grifo es un animal mitológico legendario con cabeza y alas de águila y cuerpo de león. Al comparar la simbología propia del águila y del león, se puede decir que este animal conecta el poder terrestre del león con la energía celeste del águila. Anidaba cerca de tesoros y ponía huevos de oro en nidos de oro. Esta criatura fantástica surgió primero en Oriente Próximo, donde fue representada en las pinturas y esculturas de los babilonios, asirios y persas. En Grecia se creyó que los grifos vivían en los montes Hiperbóreos* y que eran las aves de Zeus o Júpiter. A partir del siglo XII y durante la Edad Media, la imagen del grifo apareció en heráldica en los escudos de numerosas familias europeas de alto rango, ya que se le atribuía numerosas virtudes (el valor y la pureza sobre todo) y ningún defecto. Se convirtió asimismo en el símbolo del signo zodiacal Libra, por su sentido agudo de la justicia, por el valor que daba a las artes y a la inteligencia y también por ser los amos de los cielos. La alquimia utiliza la figura del grifo como alegoría de la relación hermética entre los principios fijos y volátiles. En este arte, hace referencia a la sal y al mercurio, pero no a los elementos conocidos habitualmente como tales, sino a su esencia sutil. *Fijo* y *volátil* es también una referencia al agua y al aire, a lo femenino y a lo masculino, de tal modo que el grifo se ha convertido en un símbolo del *Vaso Hermético*, también denominado *Vaso de la Filosofía* o *Huevo Filosofal*. Este vaso se compone de una botella de cerámica con una forma peculiar y se utiliza como condensador en el proceso que los alquimistas llaman *sublimación*, fase final de la transmutación de los elementos groseros en sutiles. Según la mitología, los grifos se reproducen con yeguas y dan nacimiento a lo que llamamos *hipogrifos* (véase doble página anterior). Hay un bello ejemplo en el museo del Louvre de París: la hermosa escultura de Bayre.

*Etimológicamente, en griego antiguo, *hiperbórea* significa «más allá de Bóreas» (viento del Norte). En la mitología griega la hiperbórea es el paraíso de los Dioses.

EL VESTIGIO DEL ANTIGUO CAMPANARIO DE SANTA MARIA DEL GIGLIO

24

Campo Santa Maria del Giglio

> *Un campanario nunca acabado*

No siempre nos percatamos de que la pequeña tienda de recuerdos situada frente a la entrada lateral de la iglesia Santa Maria del Giglio está dentro de lo que queda del antiguo campanario de la iglesia.

A finales del siglo XV, y como muestra el plano de Jacopo de'Barbari de 1500 (véase en la página contigua), el campanario ya estaba incompleto, aunque existen indicios de la existencia de la iglesia desde el siglo X. Aún con lo ocurrido entretanto, el campanario del plano de 1500 guarda, sorprendentemente, la misma apariencia que el actual: en el siglo XVI, el campanario estaba por fin terminado pero en el siglo XVIII su inclinación era tal que pensaron que era peligroso para los habitantes de los alrededores y lo derribaron en 1775. El Senado ordenó su reconstrucción pero ésta quedó parada en la base, la cual se puede ver hoy.

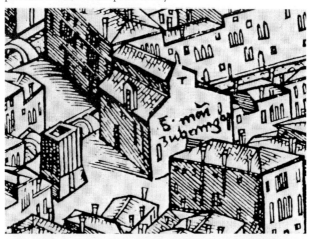

¿DE DÓNDE VIENE LA PALABRA *ZOBENIGO*?

A veces la iglesia Santa Maria del Giglio es llamada *Zobenigo* por el apellido de la familia Jubenico que habría contribuido a su fundación en el siglo X.

QUÉ VER EN LOS ALREDEDORES

LA SALA DE LAS RELIQUIAS DE LA IGLESIA SANTA MARIA DEL GIGLIO

Iglesia Santa Maria del Giglio
• Abierto de lunes a sábado de 10h a 17.h • Misa el sábado a las 18.h y el domingo a las 11.30 y 18.h. Durante la semana, misa a las 09.30 h

Nada más entrar en la iglesia Santa Maria del Giglio, verá una puerta a la derecha que da a una sorprendente e importante sala de reliquias. Esta sala contiene, entre otras reliquias, un trozo del velo de la Virgen, reliquias de San Étienne, San Teodoro y Santa Catalina de Siena, una parte del cráneo de Santiago Apóstol y una escultura de marfil probablemente de María Magdalena a los pies de Cristo en la cruz. Curiosamente se distingue su seno izquierdo que sobresale del vestido.

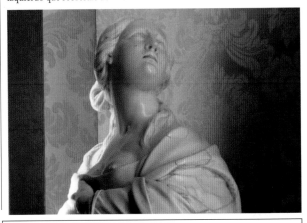

Información adicional sobre las reliquias - véanse páginas 80-81

Contrariamente a las apariencias, se puede, e incluso recomendamos, pasar por detrás del altar para admirar los cuadros de los evangelistas, entre los cuales destaca la representación de San Marco y San Mateo por Tintoretto, pintados en 1552.

Para el Véneto, la iglesia de Santa Maria del Giglio es la sede de la Orden del Santo Sepulcro, cuya misión es proteger los intereses de la Iglesia católica en Jerusalén (información adicional en *Roma Insólita y Secreta*, del mismo editor) y ser el guardián de la poco conocida reliquia de la corona de espigas de Cristo en Notre-Dame de París (véase *París insólita y secreta*, del mismo editor). Podrá ver la cruz de la orden sobre la puerta de la entrada principal de la iglesia.

¿CUÁL ES EL ORIGEN DE LA PALABRA *FELTRINA* DEL CAMPIELLO DELLA FELTRINA?

Entre San Maurizio y Santa Maria del Giglio, el campiello della Feltrina nos recuerda que hasta 1700 el Palazzo Malipiero albergaba un hotel de la ciudad de Feltre: de hecho, algunas ciudades que formaban parte de la Serenísima República como Bérgamo, Brescia, Chioggia, Feltre o Vicenza poseían un hotel donde alojar a sus ilustres personajes.

LAS SALAS DEL *RIDOTTO* DEL HOTEL MONACO & GRAN CANAL

Calle Vallaresso 1332
- Información llamando al (+39) 041 520 0211
- Visita libre o previa petición
- mailbox@hotelmonaco.it
- www.hotelmonaco.it

> *La primera casa de juegos administrada por el Estado*

Cerca de la plaza San Marcos, dentro del Hotel Monaco & Gran Canal, los antiguos locales del *Ridotto* acaban de abrir al público de nuevo. Nada más entrar, a la derecha, una hermosa escalera conduce al piso noble (*piano nobile*) que se abre sobre una suntuosa sala central rodeada de ocho salas adicionales, según el dispositivo diseñado por el arquitecto Maccaruzzi en el siglo XVIII. Las paredes y el techo de la sala grande (sobre dos niveles) están adornados con lujosas decoraciones que imitan el mármol coloreado. Además están ornados con espejos y festones compuestos de flores, frutas y hojas en estuco. Las otras salas están realzadas con motivos de mármol y estuco siguiendo una temática floral, con lazos, volutas y conchas.

Originalmente, el palacio pertenecía a la familia Dandolo. En el siglo XVI alojó al embajador de Francia, y en 1638 el Estado lo alquiló y transformó en una casa de juego pública, apodada *Il Ridotto*. *Il Ridotto* -abierto durante el carnaval, que en aquella época se celebraba durante varios meses- estaba administrado por nobles venidos a menos (llamados *barnabotti* por residir en San Barnaba, en unos alojamientos concedidos por la Serenísima República). Los asiduos -salvo los crupieres- estaban obligados a llevar una máscara.

A pesar de su fama en Europa y de que el Estado aprovechaba para llenar sus arcas, el *Ridotto* cerró sus puertas en 1774 (véase pág. 27).

Tras varios años sin estar en activo, las salas del *Ridotto* han sido recientemente ocupadas por el *Cine Modernissimo* y por el *Teatro del Ridotto*. Hoy se celebran eventos (congresos, conciertos y banquetes) organizados por el Hotel Monaco.

Los *ridotti* (reductos) eran pequeños espacios donde los venecianos acudían para jugar a juegos de azar, mantener relaciones sociales y políticas, sin olvidar los placeres carnales (véase pág. 27). Esta palabra se utiliza en Venecia desde finales del siglo XIII. Según la tradición, originalmente se empezó jugando al aire libre, sobre la Piazzetta, enfrente del estanque de San Marcos, entre las dos columnas del león alado y San Teodoro, ahí donde también se ejecutaban las penas capitales (véase pág. 55).

El juego no tardó mucho en expandirse a todos los círculos, hasta tal punto que el gobierno dio el visto bueno para trasladar estos divertimentos a espacios cerrados.

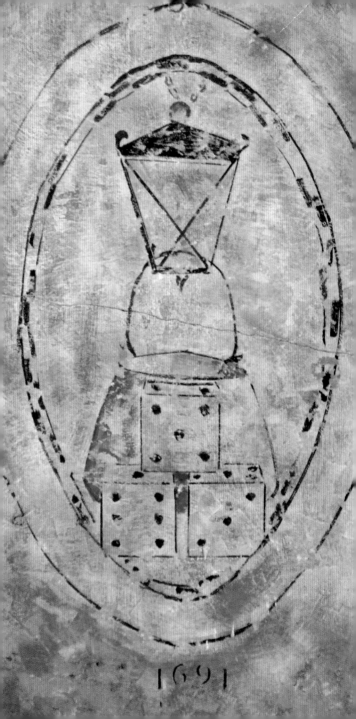

1691

EL FRESCO DEL JUEGO DE DADOS

Rio Terà de le Colonne en la esquina sureste de la calle dei Fabbri

El Rio Terà de le Colonne ocupa, como su nombre indica, un antiguo canal. La antigua *fondamenta* (muelle) tiene hoy un *sottoportego* (pequeño pasadizo cubierto). En el cruce con la calle dei Fabbri, del lado sureste, se puede contemplar en el techo del *sottoportego* un fresco que representa un juego de dados y una linterna. Aunque la fecha inscrita debajo del fresco indica 1691,

> *Un juego que se practicaba antiguamente entre las columnas de la Piazzetta San Marco*

en realidad se cree que se trata de una creación más actual.

En primer lugar, en Venecia sólo era posible jugar a los dados entre las dos columnas de la Piazzetta San Marco. La explicación es curiosa: las dos monumentales columnas, originarias de Oriente, permanecieron tumbadas durante mucho tiempo ya que nadie había sido capaz de encontrar una técnica para enderezarlas. En 1172, el ingeniero de Bérgamo, Nicola Starantonio Barattiero, que había edificado el primer puente de Rialto, tuvo la siguiente idea: bloquear un extremo de la columna y anudar alrededor del otro extremo unas cuerdas fuertemente atadas al suelo. Mojaron las cuerdas para que encogieran mecánicamente en su longitud y aumentaran su diámetro. De este modo se pudo levantar la cabeza de la columna unos centímetros y colocar unos tarugos de madera debajo. Cambiaron las cuerdas mojadas por unas secas y repitieron la operación varias veces, hasta conseguir poner en pie las dos columnas.

En recompensa de esta proeza concedieron a Barattiero el permiso de jugar a los dados en este lugar, entre las dos columnas e incluso de montar una casa de juegos. Hasta ese momento el juego de dados estaba prohibido.

QUÉ VER EN LOS ALREDEDORES

LA IGLESIA ARMENIA DE SANTA CROCE DEGLI ARMENI

Abierto una vez al mes: misa el último domingo del mes a las 10:30 h

Desconocida, la iglesia armenia de Santa Croce degli Armeni completa en el centro histórico la presencia armenia en Venecia, en la isla de San Lazzaro degli Armeni y en el Palazzo Zenobio (véanse págs. 369-371). Una vez al mes, una misa congrega a los armenios de Venecia. La iglesia no tiene ningún interés arquitectónico o artístico particular.

EL BROCAL DEL POZO DE LA CORTE GREGOLINA

• Vaporetto: Rialto

Un precioso pozo del siglo XV que parece un cesto grande

No muy lejos de la concurrida Calle dei Fabbri, en el corazón del barrio de San Marcos, el patio Gregolina es un lugar apartado y tranquilo que tiene un magnífico brocal de pozo que data, sin duda, de la segunda mitad del siglo XV.

De factura refinada, el pozo de piedra de Istria está esculpido con una base redondeada y adornos que simulan el entramado de mimbre y la unión de los juncos que le dan la sorprendente apariencia de un cesto grande.

Además del brocal del pozo, destaca una ventana trilobulada, insólita en Venecia, con tres arcos de medio punto de ladrillo, apoyados sobre dos finas columnas de mármol.

LOS POZOS Y SUS BROCALES

Los pozos venecianos, auténticas cisternas subterráneas, eran instalaciones complejas y costosas, indispensables para el abastecimiento de agua potable en la laguna. Este agua se obtenía recogiendo y filtrando el agua de lluvia, y no sacándola de un manantial subterráneo. Por lo tanto, era necesario que hubiese

una superficie bastante grande alrededor del puente para recolectar el agua de lluvia que convergía hacia el centro. Es la razón por la que los pozos venecianos están en medio de los *campi* o en los patios más grandes. En la zona donde se construía el pozo, se excavaba un agujero de unos cinco o seis metros de profundidad, se aplicaba una capa de arcilla impermeable y se tapada con arena, que a su vez servía de filtro. El agua se recolectaba gracias a dos o cuatro bocas de alcantarilla de piedra de Istria, situadas simétricamente al hueco del pozo y con una zona limítrofe con una pendiente sobreelevada. El hueco estaba hecho con ladrillos especiales para filtrar el agua. El área que rodeaba el pozo se recubría con una capa de mampostería y luego con baldosas, a veces con placas de piedra de Istria que la delimitaban. Este sistema se usó hasta 1884, año en que se inauguró el acueducto público que permitió traer el agua potable del río Sile. Hoy, en Venecia quedan unos seiscientos pozos, de los 6200 que había hacia 1850, pero ya no se usa ninguno.

El término veneciano *vera da pozo* (brocal de pozo) designa la única parte visible de este complejo sistema. Los brocales de pozo, que inicialmente servían de parapeto o de apoyo para una polea con la que se izaban los cubos de agua, se han convertido, con el tiempo, en uno de los elementos decorativos más elaborados de los pozos y el trabajo de talladores de piedra de Venecia (*tagiapiera* en veneciano). Al igual que los brocales de pozo más antiguos, también se usaban grandes capiteles de la época romana. Podían ser circulares, poligonales o tener forma de cubo o de capitel con decoraciones en relieve llenas de fantasía: cabezas de león, pavos reales enfrente de *putti*, ángeles sosteniendo escudos, motivos alegóricos, festones de flores y de frutos, hojas fruncidas, inscripciones.

LA FACHADA DE LA IGLESIA SAN GIULIANO

Iglesia San Giuliano (San Zulian en veneciano)
• Campo San Giuliano

Una aplicación concreta de las teorías herméticas

La curiosa fachada de la iglesia San Giuliano, en el campo San Giuliano, alberga la escultura de Tommaso Rangone (obra de Alessandro Vittoria), un sorprendente personaje que se hizo rico tras descubrir en América del Sur el remedio natural para la sífilis (véase siguiente doble página). En 1553, Rangone financió la reconstrucción de la fachada de la iglesia, que estaba muy estropeada.

Verá a Rangone sentado sobre una urna fúnebre, con toga de profesor, exponiendo la síntesis de su enorme saber: de hecho, estaba convencido, sin modestia alguna, de su particular destino. Al representarse a sí mismo en este espacio semicircular (símbolo del cielo sobre la tierra), pensaba aplicar las teorías herméticas tan de moda en el Renacimiento según las cuales «como es arriba, es abajo», con el objetivo declarado de favorecer la presencia aquí, en la tierra, de las energías cósmicas o siderales (véase pág. 186).

A su derecha, un globo celeste, inclinado a 44°30' (la latitud de Venecia), muestra las constelaciones tal y como estaban posicionadas cuando nació, el 18 de agosto de 1493, bajo el signo de Leo, que vemos en el centro del globo celeste. El globo celeste, con el cubo sobre el que descansa, representa el movimiento y la estabilidad, el cielo y la tierra, lo infinito y lo finito.

A la izquierda, sobre una mesa figuran un globo terrestre y unos libros. El globo, inclinado en el sentido opuesto del globo celeste, muestra en su centro el océano Atlántico, que separaba Europa de América del Sur, lugar donde descubrió su remedio.

Entre ambos globos, Tommaso Rangone, sentado con un libro abierto en su mano izquierda, en el que se lee *DEUS* y la abreviación *HIQ* (*Hinc Illincque*) que se podría traducir por «*de un lado y del otro*» o «*a cada lado*»: según él, Dios puede ser contemplado a la vez en el macrocosmos y en el microcosmos, en la tierra y en el cielo.

En su mano derecha, Rangone sujeta la planta que descubrió en América del Sur y a la que llamó *madera de India* o *madera santa*: la presencia divina queda también manifestada a cada lado del Atlántico así como en ambos globos, el celeste y el terrestre.

Sobre la fachada hay tres inscripciones: una en latín que recuerda los aspectos biográficos y jurídicos, una en griego alabando sus méritos culturales y una en hebreo que recuerda la posibilidad de realizar sobre la Tierra el proyecto divino de vivir hasta los 120 años (véase siguiente doble página).

TOMMASO RANGONE, UN PERSONAJE MUY CURIOSO

Tommaso Rangone nació el 18 de agosto de 1493 en Rávena y falleció en 1577 con 84 años (y no con 94 como señala Tassini). Fue un erudito y un científico cuya reputación se vio sin embargo afectada por su tendencia, a veces exasperante, a la auto-celebración: al final consiguió que se le retratara sobre la fachada de una iglesia veneciana, la de San Guiliano (véase doble página anterior), tras fracasar previamente y en varias ocasiones en otras iglesias como la de San Geminiano, de la que era procurador, o la de la Scuola Grande di San Marco, de la que era Guardián Grande. Rangone también había logrado que Tintoretto le retratara en unos cuadros para la Scuola. Sin embargo, los cuadros fueron rechazados por los hermanos, que no soportaban que Rangone estuviera siempre representado en el lugar de honor. Para que los cuadros fueran aceptados, Tintoretto propuso incluso suprimir la figura de Rangone.

En efecto, Rangone tenía una elevada consideración de sí mismo: alardeaba sin complejos de sus vastos conocimientos en astrología, medicina o lingüística y declaraba que su biblioteca era una de las siete maravillas del mundo. Para cuando muriera, muerte de la que imaginó meticulosamente la puesta en escena, exigió que pasearan su cuerpo por la ciudad antes de regresar a San Guiliano seguido por una larga fila de personas que debían sujetar un libro abierto sobre temas o figuras que había elegido previamente: Rávena (su ciudad natal), el pájaro del paraíso, una pareja de cuervos (símbolo de una larga vida), la peonía (la más antigua y famosa de las plantas medicinales), el movimiento de las órbitas celestes y de las constelaciones, etc. Rangone hizo fortuna al descubrir la cura de la sífilis, de la que no aceptaba el origen meramente sexual. Según él, se debía a causas naturales y su remedio se encontraba en el Nuevo Mundo, recientemente descubierto, donde los indígenas conocían desde siempre los remedios naturales para diferentes enfermedades.

En Padua, fundó un colegio universitario para 32 estudiantes, de alojamiento gratuito y donde se enseñaba astronomía, hebreo, caldeo, sirio, persa y la interpretación de las Santas Escrituras.

Inspirándose en la Biblia (Génesis 6,3), donde se afirma que la vida del hombre «sólo será de 120 años», Rangone escribió un tratado titulado *Cómo vivir hasta los 120 años**, donde recuerda que, a menudo, los antiguos filósofos y los patriarcas bíblicos vivieron hasta los 120 años, y a veces más. Se lo regaló a los Dogos y a los Papas y mandó hacer compilaciones para el pueblo de Venecia. Deseaba reducir al mínimo el consumo de medicamentos y preconizaba una vida sana, llena de disciplina, de oración a los ángeles guardianes y a los astros.

* *Sul come concurre la vita fino a 120 anni*

ADDI XV GIVGNO MCCCX

EL ALTORRELIEVE
DE LA ANCIANA DEL MORTERO

Mercerie, en la esquina con el Sottoportego del Cappello
Mercerie 149

El recuerdo de una conjuración de 1310

A pocos metros de la plaza San Marcos, un curioso altorrelieve suele pasar desapercibido. Recuerda, sin embargo, un sorprendente episodio de la Serenísima República ocurrido el 15 de junio de 1310.

Deseando derrocar al dogo Pietro Gradenigo, la familia Tiepolo, junto con los Querini y otras familias patricias (véase pág. 120), lideró un complot dirigido por un tal Bajamonte Tiepolo. El complot salió mal. Las milicias del Dogo, alertadas por sus informadores, cortaron el paso de los insurgentes y empezaron a luchar en la plaza de San Marcos. Los insurgentes se batieron en retirada saliendo de la plaza por la calle Mercerie, en dirección al Rialto.

Sin embargo, justo al principio de la calle, una anciana llamada Giustinia (otras fuentes mencionan una tal Lucia Rossi) divisó a los fugitivos y tiró, desde su balcón, un gran mortero que cayó sobre el abanderado de Bajamonte Tiepolo, matándole en el acto.

La anciana no olvidó pedir una recompensa por su contribución: deseaba exhibir en su balcón cada 15 de junio, y en otros días festivos, el estandarte de San Marcos, y que el alquiler de su casa no aumentase ni para ella ni para sus hijas. El Dogo, generoso, no sólo aceptó sino que amplió este privilegio a todos aquellos que en el futuro recordaran a la anciana.

Más de 500 años después, en 1861, la única ocupante de la casa, Elia Vivante Mussati, mandó esculpir sobre la fachada la imagen de la anciana tirando el mortero así como la fecha del suceso.

En Venecia existen otros vestigios de este episodio de la conjuración de Bajamonte Tiepolo.
Una piedra grabada en el campo San Agostino, cerca del campo San Polo, recuerda el lugar donde se hallaba la casa de Bajamonte Tiepolo que fue destruida. En su lugar, se colocó una columna llamada «de la infamia» y una baldosa donde se grabó el recuerdo de este episodio (véase pág. 163). La marcación de las casas de los participantes en la conjuración y los emblemas de las confraternidades que contribuyeron a su derrota, campo San Luca (véase pág. 29).

Una pequeña piedra blanca, justo debajo del bajorrelieve, que indica el lugar exacto donde cayó el mortero, y de nuevo, la fecha en números romanos.

¿POR QUÉ EL CUADRANTE DE LA TORRE DEL RELOJ TIENE 24 HORAS?

Tras medir durante siglos la hora a través de los cuadrantes solares, a finales del siglo XIII aparecieron en Europa los primeros relojes mecánicos. Se trataba de una revolución sin precedentes: por fin la hora tenía una duración fija y, a finales del siglo XIV, la mayoría de las ciudades dejaron de regirse por la hora solar que indicaban los cuadrantes con gnomon, y las horas fueron tocadas por las campanas de la iglesia.

Empezando en la puesta del sol (esto explica por qué la parte superior del reloj indica las 18 h y no las habituales 12 ó 24 h), la jornada estaba dividida en 24 horas. Es por ello que los primeros cuadrantes fueron lógicamente graduados del I al XXIV. Sin embargo, se convirtió rápidamente en algo pesado y en una fuente de error al tener que contar 24 campanadas para contar la hora. A partir del siglo XV, se simplificó el sistema haciendo sonar las campanas sólo 6 veces en vez de 24. Esta simplificación se aplicó a la lectura de la hora y aparecieron los cuadrantes graduados del I al VI. Algunos de ellos, denominados «a la romana» existen aún: uno de ellos está en el Palacio de los Dogos, en la sala de la Avoragia. Existen otros, principalmente en Italia (véanse *Roma Insólita y Secreta* y *Toscana Insólita y Secreta*, del mismo editor).

A partir de las campañas napoleónicas, se sustituyó la hora «itálica» por la hora «a la francesa». Se graduaron los cuadrantes del I al XII y el cambio de día se iniciaba a medianoche.

RELOJES DE VENECIA CON CUADRANTE DE 24 HORAS

- Fondaco dei Tedeschi, en el Rialto
- Iglesia de Santi Apostoli, cerca del Rialto
- Iglesia San Giacomo di Rialto
- Torre del Reloj, en la plaza San Marcos
- Palacio de los Dogos

SUBIR A LA CIMA DE LA TORRE DEL RELOJ

Curiosamente, no se suele saber que se puede subir a la cima de la Torre del Reloj. Aunque no es barato (12 euros por persona), la visita guiada de una hora de duración es muy interesante. Además seguramente usted y el guía serán los únicos en admirar las maravillosas vistas que se contemplan desde la cima de la torre. La visita puede hacerse en italiano, inglés y francés. Los billetes se adquieren en el Museo Correr o llamando al (+39) 041 240 5211.

EL SIMBOLISMO DE LOS MOROS DE LA TORRE DEL RELOJ

Los dos moros que se ven en la cima de la torre no representan la memoria de los esclavos moros ni la victoria del Cristianismo sobre el Islam en Venecia sino que son la representación simbólica del caos original y de la negritud primordial, antes de la creación del mundo. Armados con martillos, con los que golpeaban la campana del reloj, recuerdan a través del sonido de sus martillos que el Verbo (palabra) está en el origen de la creación del mundo (*Fiat Lux*).

EL RELOJ DE SOL DE SANT'ALIPIO

Plaza de San Marcos
• Vaporetto: San Marco o San Zaccaria

*Un reloj
de sol
muy bien
escondido*

Aunque la mayoría de los turistas, al igual que los propios venecianos, desconocen su existencia, hay un brazo metálico rígido fijado horizontalmente en la parte superior de la última columna de la izquierda de la basílica de San Marcos, en dirección a la Piazzetta dei Leoncini: su extremidad en forma de cuchara, con un agujero en el centro, indica que se trata de un reloj de sol con un gnomon y un estilo. Lo llaman el reloj de sol de Sant'Alipio por la estatua de dicho santo (Alipio el Estilita) que estaba en el edículo superior.

Este reloj, de estilo sencillo tanto en su fabricación como en su utilización, es cuando menos extraño, considerando la pobreza de los materiales con los que está hecho, si se le compara con la exuberante riqueza que reina en la

basílica. Otra de sus particularidades reside en los tres agujeros que rodean el agujero central en la parte final y alargada del estilo: un detalle relacionado, tal vez, con la alternancia de las estaciones del año.

El reloj también une otras figuras: a un metro y medio aproximadamente del suelo, en la extremidad inferior del cuadrante, está el dibujo de una campana (que a veces se ve en otros tipos de relojes de sol). Bajo la unión del estilo hay dos surcos grabados (uno a 60 cm y el otro a 120 cm) que podrían corresponder a dos pasos de los solsticios.

En el centro de la prominente extremidad del estilo, replegada hacia delante (a unos 45°), hay un pequeño agujero que deja pasar un fino haz de rayos de sol, capaz de afinar la percepción del paso de la imagen del sol sobre la superficie cilíndrica del reloj. Con este tipo de reloj solar se puede únicamente observar el paso del pequeño haz de rayos de sol sobre la línea grabada en la columna, sin permitir pues el fraccionamiento del día solar y tan solo indicando el verdadero mediodía local.

Ya en la Antigüedad, para sobrepasar este límite, se asociaban a menudo los relojes de sol con otras líneas espaciadas de diferencias temporales, que permitían efectuar una extrapolación horaria pero que sin embargo complicaban la irregularidad y la oblicuidad de la órbita terrestre que, de año en año, hacía que variase la duración del auténtico día solar.

LOS SÍMBOLOS DE LOS MÁSTILES DE LA BASÍLICA DE SAN MARCOS

Piazza San Marco

> *Los símbolos de Candia, Morea y Chipre*

A menudo los tres mástiles situados justo enfrente de la basílica de San Marcos pasan desapercibidos. Simbolizan los tres reinos conquistados por los Dogos a lo largo de su historia: Chipre, Candia (actual Creta) y Morea (actual Peloponeso), cuyas banderas ondeaban sobre los mástiles.

Cabe anotar que a partir del siglo XII los Cruzados adoptaron el nombre de Morea para referirse al Peloponeso, por el parecido de la península con la hoja de morera, árbol que crecía abundantemente allí. La palabra Peloponeso proviene de Pélope, hijo de Tántalo, rey de Lidia (región de la actual Turquía occidental). En 1715 los Otomanos reconquistaron la Morea así como las últimas posesiones de Venecia en Creta. Sin embargo, la guerra prosiguió hasta 1718.

La palabra Candia proviene de la palabra latina *Candicus* que significa «fosa» y era el nombre original de la ciudad de Heraklion, la principal ciudad de Creta. En la Edad Media esta palabra significaba indistintamente Heraklion o Creta. Candia estuvo bajo dominio veneciano de 1204 a 1648, fecha en que Venecia poseía tan sólo tres ciudades en Creta: Gramvoussa (que cayó en 1691), Spinalonga y Souda (que cayeron en 1715).

Chipre fue veneciana de 1489 a 1571, por la boda, en 1472, de la veneciana Caterina Cornaro con Jacobo II de Lusignan, rey de Chipre. Tal y como estipulaba el contrato matrimonial, la isla pasó a manos de Caterina Cornaro al morir Jacobo II. Cuentan que, entre tanto, al nacer el heredero, los venecianos se apresuraron a envenenarlo…

Hoy son las banderas de Venecia, de Italia y de Europa las que ondean en los mástiles.

UN SENCILLO CAMBIO DE SÍMBOLO PARA EVITAR LA DESTRUCCIÓN DE LOS MÁSTILES

En la época napoleónica, un tal Giuliani exigió que quitaran los mástiles ya que se habían convertido en el símbolo de la tiranía. Tras largos debates, decidieron conservarlos: los mástiles se convirtieron oficialmente en los símbolos de la Libertad, la Virtud y la Igualdad.

EL ROMBO EN PÓRFIDO DEL ATRIO DE LA BASÍLICA DE SAN MARCOS

34

Basílica de San Marcos
Delante del portal principal
• Horario: abierto todos los días de 09:45 a 17 h. Domingos y festivos de 14 a 17 h (hasta las 16 h de noviembre a Semana Santa)

> *El lugar exacto donde Federico Barbarroja se arrodilló ante el Papa en 1177*

En el atrio de la basílica de San Marcos, delante del portal principal, un discreto rombo en pórfido señala el lugar donde, el 24 de Julio de 1177, el emperador Federico I, apodado Barbarroja, se arrodilló ante el papa Alejandro III antes de ser recibido en el Palacio de los Dogos. Este gesto, humillante para quien tenía planeado apoderarse del conjunto de los territorios de los emperadores romanos de los que se consideraba el heredero, significaba que reconocía al papa Alejandro III como único Papa de la cristiandad y que renunciaba así al poder de nombrar obispos, poder que dejaba desde ese momento en manos del único Papa.

En efecto, poco después de la elección en 1159 de Alejandro III, Federico Barbarroja hizo nombrar al antipapa* Víctor IV (a quien sucederían otros dos antipapas, Pascual III y Calixto III) por un colegio de cardenales que controlaba. Los grandes Estados católicos (Francia, Inglaterra, Sicilia y los reinos ibéricos), en permanente lucha de influencias contra el Imperio Germánico, reconocieron a Alejandro III y éste excomulgó a Barbarroja en 1160. La

guerra estalló y tras la derrota en 1176 de Barbarroja en Legnano, Venecia hizo todo por convertirse en el lugar de la reconciliación entre el Papa y el Emperador. El acontecimiento era importante: al servir de intermediario, Venecia se ponía a la altura de ambos protagonistas, ganando así un prestigio considerable. Dejado de lado en Rávena y en Chioggia, mientras que el Papa ya se encontraba en Venecia, Barbarroja tuvo que abjurar de los antipapas que había nombrado antes de entrar en la basílica.

*Antipapa: papa elegido en circunstancias particulares, habiendo ya un papa elegido en el mismo momento. La mayoría de estos antipapas, no reconocidos oficialmente por la Iglesia católica, fueron sencillamente nombrados por unos soberanos para servir a sus propios intereses.

LA MISTERIOSA CARTA DE FELICITACIÓN DEL *PRESTE JUAN*

Cuenta la leyenda que tras firmar la paz, el Papa y el Emperador habrían recibido una misteriosa carta del *Preste Juan*. Considerado por algunos como el Emperador de Oriente, gozaba de una reputación legendaria que los Templarios se encargaron de expandir, afirmando que vivía en un misterioso reino en algún lugar de Asia, que era Papa y Emperador a la vez, y que incluso había sido coronado por la Madre de Dios. En su carta, el *Preste Juan* felicitaba a Alejandro III y a Barbarroja por la paz que acababan de sellar. Al parecer esta carta, llena de consideraciones sobre la concordia entre los pueblos y la Virgen María, fue escrita por los propios Templarios. Para más información sobre el mítico *Preste Juan*, que fue en parte impulsor de las expediciones marítimas portuguesas, emprendidas entre otras para ir a su encuentro y permitir tomar por la retaguardia -entre Europa occidental y Asia- a los musulmanes de Oriente Próximo, véase la guía *Lisboa Insólita y Secreta*, del mismo editor.

¿DE DÓNDE PROVIENE EL NOMBRE DE *BUCINTORO*?

Cuenta la tradición que tras la paz entre Alejandro III y Barbarroja, el Papa, en agradecimiento por los esfuerzos diplomáticos de Venecia, regaló un anillo al Dogo. Éste tomó después la costumbre de tirarlo al Adriático para simbolizar, el día de la Ascensión, los esponsales entre Venecia y el mar. El navío en el que el Dogo embarcaba para celebrar esta ceremonia fue bautizado *Bucintoro* en 1311, cuando los Templarios estaban siendo exterminados en Francia. Si una de las versiones sobre el origen de la palabra *Bucintoro* menciona una embarcación medieval con varios remos denominada *bucio* o *bucin*, el *oro* del final haciendo referencia a la decoración dorada del navío, otras fuentes dicen que el nombre *Bucintoro* provendría de *Beauceant*, el nombre de la bandera de los Templarios, cuya sede albergó al Papa en Venecia en 11?? (véase pág. 156). Fueron asimismo los Templarios, miembros de la guardia personal del papa Alejandro III, los que con su flota y posesiones en Tierra Santa, permitieron en gran medida mantener el flujo comercial entre Venecia y Oriente (véase pág. 261). El propio nombre de *Beauceant*, provendría, en lengua de oíl, de la contracción de *beau* y *ceant*, es decir la belleza interior o espiritual.

EL MOSAICO DEL DODECAEDRO

Entrada de la basílica de San Marcos
• Horario: abierto todos los días de 09:45 a 17 h. Domingos y festivos de 14 a 17 h (hasta las 16 h de noviembre a Semana Santa)

> *El dodecaedro y la armonía cósmica*

Justo antes de la puerta principal izquierda, hay una curiosa figura en el suelo de la basílica de San Marcos: un *dodecaedro estrellado*. La pintura está atribuida a Paolo Uccello (1397-1475), famoso pintor florentino del Renacimiento italiano, tal vez influida por Luca Bartolomeo de Pacioli (1445-1517), monje franciscano y famoso matemático italiano, considerado el padre de la contabilidad moderna, aunque sólo tuviera 30 años al morir Uccello. Pacioli es asimismo el autor del tratado *De Divina Proportione*, publicado en Venecia en 1509 y fundamentalmente consagrado al *número áureo* y a sus aplicaciones en arquitectura y pintura.

Prolongando las caras del dodecaedro hasta que coincidan y formen unas «pirámides», se obtiene una forma estrellada y, por lo tanto, un *dodecaedro estrellado* de doce pentágonos. Esta figura, a partir de la cual se construye el pentagrama (estrella de cinco rectas o estrella de cinco puntas), era para los sabios de la Antigüedad el símbolo de Venus, el planeta regente de Venecia (véase pág. 90), razón por la cual se encuentra aquí.

En el simbolismo tradicional, el dodecaedro es la forma que mejor representa la manifestación divina en la Naturaleza. Platón lo convirtió en el símbolo por excelencia de la armonía cósmica. En tres dimensiones, también representa la simetría del pentágono y la potencia de la *proporción áurea* (o *número áureo*) que encontramos en todas partes en el mundo físico. El *número áureo* (1.618), *«joya de la geometría»* (como dice Kepler en su *Mysterium Cosmographicum*) es la característica esencial del dodecaedro y de las demás formas geométricas llamadas «celestes» (según Platón): se contabilizan cinco y constituyen, en su conjunto, el modelo de todas las formas del mundo material (véase doble página siguiente). Estas formas universales están sistemáticamente organizadas en una forma geométrica donde cada figura tiene su interpretación matemática y filosófica, y es así como se utilizan en los proyectos de la *arquitectura sagrada* y del *arte sacro*.

Hay otro dodecaedro debajo del iconostasio (visible desde relativamente lejos desde la entrada hacia la Pala d'Oro).
Hay también cuatro dodecaedros estrellados en el suelo de la capilla de San Pantaleón de la iglesia de San Pantaleón.

LOS CINCO SÓLIDOS Y LA GEOMETRÍA SAGRADA

La *geometría sagrada* es una visión del mundo según la cual se perciben como *sagrados* los criterios de base de la existencia. Mediante sus vínculos, el hombre contempla el *Magnum Misterium*, el *Gran Proyecto* del Universo, aprendiendo sus leyes, sus principios y las interrelaciones de las formas. Estas formas universales se sistematizan en un complejo geométrico donde cada figura tiene su interpretación matemática y filosófica y se aplican en los proyectos de *arquitectura sagrada* y de *arte sagrado*, que utiliza siempre las *divinas* proporciones a través de las cuales el Hombre refleja el Universo y viceversa. Es habitual pensar que la *geometría sagrada* y sus relaciones matemáticas, armoniosas y proporcionales, también se dan en la música, la luz y la cosmología. Este sistema de valores ya había sido descubierto por los humanos en la Prehistoria, en las culturas megalítica y neolítica. Incluso algunos la consideran como una cultura universal de la condición humana.

La *geometría sagrada* es fundamental para la construcción de estructuras sagradas, como las sinagogas, las iglesias y las mezquitas, e interviene igualmente en el espacio sagrado interior de los templos, como los altares y los tabernáculos. Herencia de la cultura greco-egipcia llevada a la Roma Antigua, se transmitió hasta la Edad Media europea e inspiró la creación de las arquitecturas románicas y góticas de las catedrales medievales europeas, incorporando la geometría al simbolismo sagrado. Cuentan que fue Pitágoras (Samos, hacia 570 a.C. - Metaponte, hacia 497 a.C.)

quien fundó el sistema de la *geometría sagrada* en su escuela de Crotona, Grecia. Este filósofo y matemático habría vuelto a Grecia trayendo los conocimientos adquiridos en Egipto y la India. A partir del número áureo (1.618) aplicado a las formas geométricas de los cinco sólidos de base, Pizágoras creó el método matemático universalmente conocido como *geometría pitagórica*.

Para crear los cinco sólidos (tetraedro o pirámide, hexaedro o cubo, octaedro, dodecaedro e icosaedro), que posteriormente fueron estudiados por Platón hasta tal punto que se los conoce como *los cinco sólidos platónicos*, Pitágoras se inspiró en el mito griego de los juguetes del niño-dios Dionisio: cesto, dados, peonza, pelota y espejo. Cósmicamente, el *cesto* representa el Universo; los *dados* son los *cinco sólidos platónicos* que ilustran los elementos naturales (éter, aire, fuego, agua y tierra); la *peonza* es el átomo de la materia; la *pelota* es el globo terrestre, y el *espejo* refleja toda la obra del Supremo Geómetra (*Dionisio*), la manifestación universal de la Vida y de la Conciencia, de Dios hacia el Hombre y viceversa.

Asimismo, cada uno de los cinco sólidos platónicos representa una energía planetaria que se une por su forma a un elemento natural. Así, el *dodecaedro* está tradicionalmente ligado a Venus y a la quintaesencia natural -el éter- reflejado por el domo del templo; el *octaedro* está ligado a Saturno y al aire, representado por el crucero; el *tetraedro* está ligado a Marte y al fuego, simbolizado por las aperturas del templo de donde surge la luz; el *icosaedro* a la Luna y al agua que establece la armonía de las formas en el dibujo del templo, construyendo las líneas de unión entre los altares y las columnas; el *exaedro* (o cubo) fija el Sol al suelo, representa el elemento tierra y por consiguiente determina el trazado de la base o del suelo del templo.

El principal objetivo de la *geometría sagrada* es pues reflejar la Perfección Universal mediante formas y cálculos matemáticos perfectos, y a través de la *arquitectura sagrada* unir la multiplicidad a la unidad en un espacio geométricamente consagrado a este efecto.

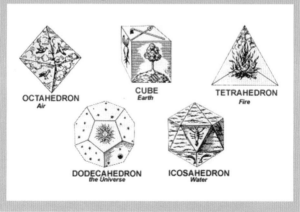

OCTAHEDRON
Air

CUBE
Earth

TETRAHEDRON
Fire

DODECAHEDRON
the Universe

ICOSAHEDRON
Water

EL MOSAICO DEL RINOCERONTE

Basílica de San Marcos
• Horario: abierto todos los días de 9:45 a 17 h. Domingos y festivos de 14.a 17 h (hasta las 16 h de noviembre a Semana Santa)

> *Un rinoceronte en la basílica*

La larga e importante historia de la basílica dio como resultado la presencia de ciertas particularidades absolutamente extraordinarias en sus paredes.

Justo a la izquierda de la entrada lateral de la basílica, frente a la capilla de San Isidoro, hay un sorprendente mosaico de un rinoceronte. Su origen es controvertido entre los expertos: para algunos data del siglo XIII -como la gran mayoría del resto de mosaicos de la basílica-, para otros de los siglos XV, XVI o XVIII, e incluso para algunos del siglo XX.

Aunque Plinio el Viejo, Estrabón, Solin e Isidoro de Sevilla ya mencionaron su existencia, la presencia del primer rinoceronte en Europa occidental en una época moderna data de 1515: el sultán de Cambay (actual Gujarat, India) regaló un rinoceronte al rey de Portugal, Don Manuel I. Se organizó incluso un combate en Lisboa entre el rinoceronte y un elefante, el cual huyó de inmediato, confirmando así los escritos de los antiguos según los cuales el rinoceronte era el único animal capaz de vencer a un elefante. Luego fue regalado al papa León X. Era tal la curiosidad por ver el animal que el rey Francisco I de Francia fue a Marsella a admirarlo. Al poco, murió en el mar durante una tempestad. Algunas fuentes cuentan que su cuerpo fue disecado y obsequiado a su primer destinatario. Albrecht Dürer realizó un famoso grabado ese mismo año (1515).

Al parecer el primer rinoceronte llegó a Venecia en 1751, durante una gira europea organizada por su propietario, el holandés Douwe Mout van der Meer. Apodado Clara, fue una de las atracciones del carnaval. Pietro Longhi lo pintó.

Para algunos el árbol que hay detrás del rinoceronte simboliza la fuerza. Para otros, la presencia del rinoceronte sirve de talismán para ahuyentar las enfermedades.

OTRAS CURIOSIDADES DE LA BASÍLICA

El icono de la Virgen de Nicopeia que habría sido **pintado** por el propio **San Lucas • Las columnas** blancas y negras del atrio, alrededor de la entrada principal, procederían **del Templo de Salomón en Jerusalén** (aunque algunos afirman que el mármol es de los Pirineos) • **Las columnas** que rodean a los dos ángeles en mosaico, a ambos lados del altar mayor, vendrían **de la casa de Poncio Pilatos** • La piedra que sirve de altar al baptisterio habría sido una de las **piedras sobre las que Cristo subió para predicar en Tiro** (fotografía contigua) • **La piedra donde San Juan Bautista fue decapitado**, y donde se podía ver -según la leyenda- restos de la sangre del santo, estuvo durante mucho tiempo expuesta en el baptisterio. Hoy, se conserva en los depósitos.

LAS EXTRAORDINARIAS RELIQUIAS DEL TESORO DE LA BASÍLICA DE SAN MARCOS

Si desde los principios del cristianismo hubo una verdadera caza de reliquias (véase siguiente doble página), Venecia no se quedó atrás. Además de las famosas reliquias de San Marcos y de las reliquias «clásicas», como trozos de la verdadera cruz de Cristo o un dedo de María Magdalena, la basílica de San Marcos posee otras sorprendentes reliquias, algunas de las cuales los visitantes pueden admirar en el tesoro de la basílica.

Una ampolla con la **sangre de Cristo**.

Unos hilos de algodón mojados con la sangre y el agua que brotaron del costado de Cristo en la cruz.

Un pequeño fragmento de la **columna de la flagelación** (el fragmento principal estaría en Roma, véase la guía *Roma insólita y secreta*, del mismo editor).

Un fragmento del palo donde se colocó **la esponja de Cristo** sobre la cruz («*Sacra Arundine*»).

Un trozo de la tela (lino) que se utilizó para el **lavado de pies** («*Santo Linteo*»).

La reliquia de la **leche de la Virgen**, expuesta durante mucho tiempo y que hoy se encuentra en los depósitos.

Cabellos de la Virgen.

La espada con la que San Pedro cortó la oreja de Malco durante la Pasión de Cristo.

Un fragmento del cráneo de San Juan Bautista.

El pulgar de San Marcos. A este respecto, es interesante señalar que San Marcos se cortó el pulgar, por humildad, para que no le nombraran sacerdote.

Un brazo de San Jorge, que habría matado al dragón.

Un diente de hipopótamo (durante mucho tiempo se creyó que se trataba del cuerno de un rinoceronte) y tres cuernos de unicornio, que no son más que unos dientes de narval (en los depósitos). El Museo Correr posee un magnífico e inmenso diente de narval esculpido, en el que se han representado escenas del árbol de Jesé.

LA EXTRAORDINARIA EPOPEYA DEL CULTO A LAS RELIQUIAS CRISTIANAS

Aunque han caído un poco en desuso y su culto ha disminuido considerablemente, las reliquias de los santos fueron, a partir de la Edad Media, objeto de una extraordinaria epopeya. Su presencia en numerosas iglesias europeas recuerda estos acontecimientos poco corrientes.

El origen del culto a las reliquias se remonta al principio del cristianismo con la muerte de los primeros mártires y de los primeros santos. Su función era triple: eran un testimonio concreto del ejemplo de una vida recta y virtuosa a imitar o seguir, poseían un poder espiritual y energético capaz de provocar milagros (se creía que el poder de los santos milagrosos se mantenía a través de sus reliquias) y, con el transcurso del tiempo y la creación del dudoso fenómeno de las indulgencias, procuraban indulgencias a quien las poseía.

Rápidamente, debido a la demanda creciente de reliquias, intermediarios poco escrupulosos se pusieron a inventar reliquias, ayudados por la Iglesia que, por razones políticas, canonizó a numerosas personas que no lo merecían (ver a continuación). Esto creó situaciones absurdas: si consideramos que todas las reliquias son verdaderas, María Magdalena tendría seis cuerpos y San Biagio (San Blas) unos cien brazos.

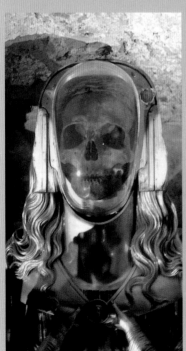

Estos excesos causaron desconfianza en las reliquias y, poco a poco, su culto cayó en el olvido aunque se sigue practicando en la actualidad: muchos son los que creen que la verdadera reliquia de un santo tiene poderes energéticos y espirituales. ¿Qué podemos decir del peregrinaje que sigue los pasos del Padre Pío en Italia? Existen unas 50 000 reliquias diseminadas por toda Europa que provienen de unos 5000 santos. Cabe destacar que la mayoría de las demás religiones del planeta veneran o han venerado reliquias.

¡21 441 RELIQUIAS POR 39 924 120 AÑOS DE INDULGENCIAS!

El mayor coleccionista de reliquias fue Federico III de Sajonia (1463-1525) quien consiguió tener un total de 21 441 reliquias, de las cuales 42 cuerpos de santos totalmente preservados. Con esta colección, única en el mundo, Federico III calculó que se había merecido un total de ¡39 924 120 años y 220 días de indulgencias! Sin embargo, influenciado por Lutero, abandonó el culto a las reliquias en 1523.

CUANDO LOS SANTOS NO SON TAN SANTOS O CUANDO LA IGLESIA RETIRA DEL CALENDARIO A SAN JORGE, A SAN CRISTÓBAL O A SANTA FILOMENA...

Con la Edad Media, la caza de reliquias se acentuó y con ella la invención de reliquias. Pero lo que resultó ser aún más increíble es que además de inventar reliquias, inventaron descaradamente santos. Recientemente -hecho que ha pasado desapercibido- la Iglesia ha retirado del calendario a San Jorge, a San Cristóbal y a Santa Filomena, cuyas existencias eran muy dudosas.

Con objeto de aumentar el número potencial de posibles reliquias, también se canonizó abusivamente a ciertos personajes para seguir abasteciendo el mercado de reliquias de santos. Por razones diplomáticas, relacionadas con el periodo de la Reforma del siglo XVI, numerosas canonizaciones se hicieron en base a criterios políticos en vez de criterios religiosos o morales: en un extraordinario arranque de *Realpolitik*, la inmensa mayoría de los soberanos de la época fueron así santificados para garantizar su fidelidad a la Iglesia católica, que sufría los asaltos de los protestantes. San Estanislao de Polonia, San Casimiro de Lituania, Santa Brígida de Suecia, San Esteban de Hungría, Santa Margarita de Escocia, Santa Isabel de Portugal, San Venceslao de Bohemia... la lista es larga.

¡LAS RELIQUIAS DE LAS PLUMAS DEL ARCÁNGEL SAN MIGUEL, EL SOPLO DE JESÚS O LA ESTELA DE LA ESTRELLA QUE GUIÓ A LOS REYES MAGOS!

Sin renunciar a nada para enriquecerse a costa de los creyentes más ingenuos, los mercaderes de reliquias demostraron tener una imaginación sin límites cuando iban en busca de reliquias y consiguieron inventar algunas reliquias sencillamente fascinantes: mencionemos en particular los cuernos de Moisés o las plumas del Arcángel San Miguel (tenemos constancia de su venta en el Monte Saint Michel en 1784). Las reliquias más preciadas eran, obviamente, las de Cristo. Lamentablemente para los cazadores de reliquias, Cristo había subido al cielo en la Ascensión por lo que su cuerpo ya no estaba, por definición, en la tierra. Dieron pruebas de imaginación inventando la reliquia, absolutamente extraordinaria, del soplo de Jesús (¡!) que, al parecer, se conserva en la catedral de Wittenberg, Alemania, en un relicario de cristal; la reliquia del prepucio de Cristo que recuperaron, después de su circuncisión, 7 días después de su nacimiento o la de su ombligo (¡!) que estarían guardadas en el Sancta Sanctorum de San Juan de Letrán, en Roma; o el pan de la última cena, cuya reliquia estaría en Gaming, Austria. ¡Algunos textos medievales, hoy desaparecidos, mencionaron incluso la reliquia de las estelas de la estrella que guió a los Reyes Magos, que estaría en San Juan de Letrán en Roma!

Hoy en día, una iglesia accede al rango de basílica por decreto papal en función de su grado de influencia espiritual y de ejemplaridad en sus prácticas cotidianas.

LA PIEDRA DEL CORAZÓN DEL DOGO FRANCESCO ERIZZO

• Piedra visible durante las horas de acceso a la Pala d'Oro
• Horario: abierto todos los días de 09:45 a 17 h. Domingos y festivos de 14 a 17 h (hasta las 16 h de noviembre a Semana Santa)

> *El corazón de un Dogo enterrado en la basílica*

A escasos metros de la Pala d'Oro, los visitantes que se dirigen a la salida pisan inevitablemente y sin percatarse una piedra diferente a las demás. Y eso que se ve un corazón y un *corno dogale* que indican que, cumpliendo con su testamento, el corazón del dogo Francesco Erizzo (1566-1646 y Dogo de 1631 a 1646) fue enterrado en este lugar. El resto de su cuerpo descansa en la iglesia de San Martino di Castello, cerca del lugar donde nació. La figura negra, debajo del *corno dogale*, simboliza un erizo (*riccio* en italiano), símbolo de la familia Erizzo (similitud entre los sonidos *Riccio-Erizzo*).

¿QUÉ ES UNA BASÍLICA?

Durante el Imperio Romano, la basílica era el **palacio donde el rey (*Basileus*) administraba justicia**. Tras el Edicto de Milán (313) que permitió que los cristianos salieran de la clandestinidad y puso fin a las persecuciones, el emperador Constantino mandó construir **cuatro basílicas en Roma**, llamadas **mayores**, que donó al Papa: San Pedro del Vaticano, en el supuesto lugar del martirio de San Pedro; San Pablo Extramuros en el lugar del martirio de San Pablo; Santa María la Mayor, primera iglesia de la cristiandad consagrada a María; y San Juan de Letrán, en honor al apóstol «que Jesús amaba». El resto de las basílicas de Roma o de cualquier otra parte del mundo, son llamadas menores: como privilegio, están bajo la protección de la Santa Sede y vinculadas con una de las cuatro basílicas mayores.

VISITE LA BASÍLICA DE SAN MARCOS SIN TURISTAS

Tras el cierre oficial de la basílica sobre las 17 h, San Marcos abre todas las noches para los iniciados: en la fachada norte (no muy lejos de la Torre del Reloj), una puerta de acceso a la misa de vísperas (17:30 h en invierno y 18 h en verano) y a la misa de las 18:45 h, precedida por la recitación del rosario a las 18:30 h. Antes de entrar guarde su cámara de fotos: el guarda de la basílica sólo deja pasar a las personas que, se supone, vienen a rezar. Por cierto, está prohibido pasear dentro: siéntese tranquilamente en una silla, intente no llegar tarde y evite irse antes de que acabe.
Hay otra manera, más cara (unos 400€ hasta 50 personas) pero más oficial de reservar una visita privada nocturna de la basílica que incluye la visita a la cripta: puede reservar llamando al : (+39) 041 241 3817 o al (+39) 041 2708311.

LA EFIGIE DE ARETINO

Puerta de acceso a la sacristía
• Puerta visible durante las horas de acceso a la Pala d'Oro
• Horario: abierto todos los días de 09:45 a 17 h. Domingos y festivos de 14 a 17 h (hasta las 16 h de noviembre a Semana Santa)

A l admirar las cabezas en bronce que sobresalen de los batientes de la puerta que da a la sacristía de la basílica de San Marcos, sorprende ver una efigie de la cabeza de Aretino, un poeta libertino y anticlerical que fue esculpida (y conservada) por Sansovino.

Un poeta libertino y anticlerical en la basílica

La puerta es visible para los que hayan comprado una entrada para admirar la Pala d'Oro: está situada enfrente, a la izquierda si está de espaldas a la Pala.

Pietro Aretino fue un escritor italiano que nació en Arezzo en 1492, de ahí el apodo de «Aretino» (habitante de Arezzo). Autor de los famosos *Sonetti Lussuriosi* (*Sonetos Lujuriosos*) y de textos que se burlan de los sacramentos religiosos, era hostil al papado, razón por la cual se refugió en Venecia, ciudad italiana que, en aquella época, era más independiente con respecto a las posiciones del Papa. Tampoco se libraron los grandes de este mundo en sus escritos satíricos. Falleció en Venecia en 1556.

ARETINO EN LA IGLESIA DE SAN LUC

A un lado del altar mayor de la iglesia de San Luca estuvieron expuestos algunos cuadros de Alvise Dal Friso donde aparecía el escritor maldito, que vivió los últimos años de su vida en el barrio de San Luca, en la Riva del Carbon (véase pág.137). Pero los retiraron en 1845, dado que los turistas venían más bien a admirar a Pietro que a rezar. Aretino fue enterrado en esta iglesia, pero trasladaron su tumba por las mismas razones.

« LOS VENECIANOS NO SABEN COMER NI BEBER »

Poeta libertino, Aretino hablaba sin rodeos y sus opiniones a veces eran ampliamente compartidas. Declaraba alto y claro que *«los venecianos no saben comer ni beber»*. Otro comentador afirmaba que era muy triste para una ciudad tener como principal orgullo culinario una galleta seca, cuyo valor añadido consistía en aguantar el paso del tiempo; ¡algunas de estas galletas, dejadas en Creta en 1669, seguían siendo comestibles en 1821!

EL SIMBOLISMO DE LA CRUZ «VENECIANA»

Las cruces con los extremos acabados en «círculos» (por ejemplo encima de la basílica de San Marcos o en San Martino) son habituales en Venecia.

Estos círculos son, en realidad, la representación simplificada de las figuras originales de tres flores de lis que decoraban el extremo de cada brazo de la cruz (clara alusión a la Santa Trinidad), más otros cuatro irradiando en la parte central (representando el Mundo), en total dieciséis flores de lis, como se puede observar en la cruz suspendida delante del ábside de la basílica de San Marcos.

Esta original cruz es la cruz de San Marcos, instaurada cuando la archidiócesis de Venecia, fundada en 775, fue elevada a rango de Patriarcado y su sede fijada en la basílica de San Marcos. Cabe mencionar que el Patriarca de Venecia tiene el privilegio perpetuo de ser nombrado cardenal en el Consistorio tras su investidura. Tras su ascenso a rango de cardenal, el Prelado ostenta el título de *Cardenal-Patriarca de Venecia*, aunque según el rito latino de la Iglesia católica, la Iglesia veneciana mantiene su propia autonomía que la distingue de Roma y mantiene los principios bizantinos

que establecieron el cristianismo en el Véneto, y sobre todo en Venecia, alrededor del año 568. La *Orden de San Marcos* fue creada con motivo de la fundación del Patriarcado de Venecia y aunque estuvo poco tiempo vigente fue la principal difusora de la cruz «veneciana». El Gobierno de la antigua República Veneciana instauró esta orden situándola bajo la invocación del apóstol San Marcos, patrón de la República. Admitía a todos aquellos, nobles o no, venecianos o extranjeros, que habían servido al Estado. Desapareció rápidamente.

El simbolismo de la *flor de lis* representa aquí la Realeza divina (véase siguiente página doble), así como el Poder y la Sabiduría de Dios, lo que nos lleva al significado del *león alado*, símbolo de San Marcos.

SIMBOLOGÍA DE LOS ESCUDOS PATRIARCALES DE VENECIA

Tradicionalmente, para la Iglesia católica la cruz con dos brazos transversales es la cruz de los arzobispos y cardenales, como lo es por definición el patriarca de Venecia (véase anteriormente). En el brazo mayor figuraba la inscripción de Pilatos - «*Iesus Nazarenus Rex Iudaeorum*» (Jesús de Nazaret Rey de los Judíos)- y en el brazo menor se fijaron los brazos de Cristo. Es también la *Cruz de la Lorena*, a pesar de proceder de Grecia donde es muy habitual verla.

La cruz con tres brazos transversales está reservada al Papa desde el siglo XV. Los tres brazos simbolizan la tiara papal, el birrete del cardenal y la mitra episcopal. La cruz sencilla es la del obispo.

Los escudos patriarcales de Venecia también llevan inscrita la leyenda «*Suffit Gratia Tua*» («*Tu gracia es suficiente*»). Figura asimismo un barco rematado por una estrella de Venus (véase pág. 86) con ocho rayos, número de la perfección de Cristo.

EL SIMBOLISMO SAGRADO DE LA FLOR DE LIS

La *flor de lis* se identifica simbólicamente con el *Lirio* y el *Lis* (*Lilium*). Según Mirande Bruce-Mitford, Luis VII el Joven (1147) habría sido el primer rey de Francia en utilizar el lirio como emblema y en ponerlo en el sello de sus Cartas Patentes (decretos reales). Como el nombre de Luis se escribía *Loys* en la época, «*fleur de louis*» (flor de Luis) se habría transformado en «*fleur de lis*» (flor de lis), los tres pétalos representando la Fe, la Sabiduría y la Valentía.

En realidad, aunque exista un gran parecido entre el lirio y la flor de lis, el monarca francés no hizo sino adoptar un símbolo muy antiguo de la heráldica francesa: en 496 a. C. un ángel se le habría aparecido a Clotilde, mujer de Clovis, rey de los Francos, y le habría regalado un lirio blanco, hecho que contribuyó a su conversión al cristianismo. Este milagro recuerda también el episodio que vivió la Virgen María cuando Gabriel, el Ángel de la Natividad, se le apareció con un lirio en la mano para anunciarle que estaba predestinada a convertirse en la Madre del Salvador. La flor está también presente en la iconografía de José, el padre de Cristo, para designarle como el patriarca de la nueva dinastía sagrada, portadora de la Realeza Divina.

En el año 1125, la bandera de Francia (y sus escudos) representaba un campo sembrado de flores de lis y ello hasta el reinado de Carlos V (1364), fecha en que el número de flores de lis se redujo a tres, el Rey había adoptado oficialmente este símbolo para honrar a la Santa Trinidad, sugerida por los tres pétalos de la flor.

El lirio estilizado de la flor de lis es también una planta bíblica, asociada al emblema del rey David así como a la persona de Jesucristo («*Miren los lirios del campo...*» Mateo, 6:28-29). Aparece asimismo en Egipto, asociada a la flor de loto, y también en los asirios y los musulmanes. Se convirtió muy pronto en un símbolo de poder y de soberanía, de realeza de derecho divino, significando también la pureza del cuerpo y del alma. Es por ello que los antiguos reyes de Europa eran divinos, consagrados por la Divinidad a través de la autoridad sacerdotal y debían ser, en principio, justos,

perfectos y puros como lo había sido la Virgen María «Lirio de la Anunciación y de la Sumisión» (*Ecce Ancila Domine*, «*He aquí la Servidora del Señor*», revela el apóstol Lucas), y Santa Patrona de todo el poder real.

Así, el lirio ocupa el lugar del lis, los españoles traducen «*fleur de lis*» por «flor de lirio» y simbólicamente los dos están asociados al mismo lirio.

En botánica, la flor de lis no es ni un

iris ni un lirio. El iris (*Iris germanica*) es una planta de la familia de las iridáceas, originarias del norte de Europa. Las especies de lirios más conocidas (*Lilium pumilum*, *Lilium speciosum*, *Lilium candidum*) son plantas de la familia de las liliáceas, originarias de Asia menor y central. La verdadera flor de lis no pertenece ni a la familia de las iridáceas ni de las liliáceas: se trata de la *Sprekelia formosissima*, perteneciente a la familia de las amarilidáceas, originaria de México y Guatemala. Conocida en otros idiomas como lirio azteca, lirio de São Tiago, lirio de San James (*St. James lily*), lirio de Santiago, la *Sprekelia formosissima* es la única especie de su género. Fue el botanista Carl von Linné quien le dio este nombre en el siglo XVIII cuando recibió algunos bulbos de J. H. Van Sprekelsen, un abogado alemán. Los españoles introdujeron la planta en Europa a finales del siglo XVI cuando trajeron bulbos de México.

LA SIMBOLOGÍA OLVIDADA DE LA PALABRA «VENECIA»:
¿POR QUÉ LA SERENÍSIMA REPÚBLICA FUE EN BUSCA DE LAS RELIQUIAS DE SAN MARCOS?

El nombre de Venecia procede de los orígenes bíblicos del pueblo *véneto*, que el historiador judeo-romano Flavio Josefo (37-100 d. C.) identificó con los paflagonios originarios del sur de Rusia. Según él, éstos serían los descendientes de Riphath, hijo de Gomer, nieto de Jafet y bisnieto del patriarca Noé. El poeta épico griego Homero también escribió que los *vénetos* habitaban la Paflagonia. Pueblo guerrero y emprendedor, los *vénetos* eran profundamente religiosos y su divinidad suprema era la diosa femenina *Reitia* que correspondía a la diosa griega *Hera* y romana *Juno*. Los paflagonios citaban al planeta *Venus* por su diosa *Reitia*, la «Recta, Justa, Noble», y así es como fueron llamados *vénetos* por los hunos y los romanos, con el mismo significado etimológico que la diosa *Reitia*, al que se añadían los calificativos de *Espléndida* y *Serenísima*, este último título relacionado con el sistema de gobierno autónomo de Venecia que era anterior al de los romanos y que recuerda la influencia de la Diosa Madre primitiva.

Venecia (o *Henecia*) proviene del latín *Uenus* (Venus) que engloba los términos sumerios de *W* y de *Anu*, respectivamente «hija» y «cielo»: «hija del cielo». Venus es, en efecto, el planeta que se caracteriza por ser visible en el cielo justo antes del amanecer y justo después de la puesta del sol.

En la mitología grecorromana, Venus era al mismo tiempo diosa de la noche, favoreciendo el amor y la voluptuosidad (que Venecia supo desarrollar tan bien a lo largo de su historia) y diosa de la mañana, que preside las acciones guerreras y de conquista tan apreciadas por los antiguos *vénetos*: éstos eran unos intrépidos guerreros, una característica del dios griego *Ares* o romano *Marte*.

Cuenta la leyenda que fue bajo este signo que la ciudad de Venecia fue fundada el 25 de marzo de 811 d. C., fecha en la que el pueblo *véneto* celebra su fiesta, una fecha cercana al equinoccio de primavera, con la entrada del Sol en el signo de Aries y en el planeta Marte. Venus era también la hija de la Luna y la hermana del Sol: su madre era la diosa de los Infiernos, es decir, de las aguas terrestres o «lunares» presentes en la laguna y del mítico «cocodrilo» que vive ahí y representa a las divinidades subterráneas, de la noche, del misterio o de lo que está oculto.

El ciclo diurno de Venus, que aparece alternativamente al Este y al Oeste, la convierte también en un símbolo esencial de la muerte y del renacimiento que los antiguos reproducían colocando una máscara fúnebre sobre los muertos, una tradición que perdura en Venecia a través de las famosas máscaras del carnaval, dando así un refinado toque de tragedia a un momento considerado festivo.

Por todo esto, no es de extrañar que el apóstol cuyos restos Venecia decidió recuperar sean de San Marcos (del indoeuropeo *Makara*, literalmente «cocodrilo»): la fiesta del actual patrón de Venecia se celebra el 25 de abril, tras la *Pascoela* (domingo siguiente a Pascua), cuando el Sol (representado por el León) entra en el signo de Tauro, signo zodiacal cuyo regente es el planeta Venus.

EL SIMBOLISMO OLVIDADO DEL CARNAVAL: CUANDO LA MÁSCARA REVELA LO QUE EL INDIVIDUO LLEVA EN LO MÁS PROFUNDO DE SU SER

A lo largo de su existencia, el hombre se debate entre aspirar a una vida mejor y más espiritual y sus instintos más bajos. El buey y el asno, situados a cada lado del pesebre del niño Jesús, simbolizan así las fuerzas benéficas (el buey) y maléficas (el asno) que, por cierto, se vuelven a encontrar en el momento de la crucifixión representadas por el ladrón bueno y el ladrón malo. Observemos también que Jesús entra en Jerusalén sentado sobre un asno, simbolizando la victoria sobre las fuerzas maléficas (el asno). Ahí radica todo el significado del carnaval, que permite, en la eterna lucha entre el bien y el mal, canalizar las fuerzas del mal dándoles tregua para manifestarse durante breves periodos de tiempo y en un contexto perfectamente delimitado.

Según este mismo principio, las máscaras son a menudo horrendas: materializan de este modo los instintos más bajos. Siguiendo esta lógica, también nos damos cuenta de que al elegir la máscara que mejor le sienta, cada individuo, lejos de esconderse -como se podría pensar-, en realidad muestra ante los ojos de los demás la naturaleza real de las fuerzas maléficas más poderosas que habitan en él.

Es interesante observar que en el siglo XVIII el carnaval de Venecia duraba varios meses. Perdía así la esencia misma de su existencia y era una prueba adicional de la decadencia a la que los venecianos habían llegado antes de la caída de la República.

LA PLACA DE LA DESTRUCCIÓN DE LA PRIMERA IGLESIA DE SAN GEMINIANO

La iglesia de San Geminiano de Sansovino no fue la primera iglesia de San Geminiano en ser destruida: a unos diez metros a la derecha, delante del café Florian, una piedra recuerda la destrucción en el siglo XIII de la iglesia de los santos Geminiano y Mena, edificada en el siglo VI por el exarca de Rávena, Narses.

LA PLACA DE LA IGLESIA DE SAN GEMINIANO

Sottoportego San Geminiano

(39)

> **Una iglesia destruida por Napoleón, ¿pero poco apreciada por los venecianos?**

Frente a la entrada del Museo Correr una placa recuerda la destrucción en 1807 de la iglesia de San Geminiano -edificada en 1557 por Sansovino- para construir en su lugar la famosa Ala Napoleónica. Fue en ese momento cuando se extraviaron los restos mortales del banquero John Law y los de Sansovino (que hoy descansan en el baptisterio de la basílica de San Marcos), provocando una monumental cólera imperial. Es interesante observar que, al contrario de lo que se suele oír, para numerosos venecianos la iglesia de Sansovino era poco estética: ¡Cicognara* pensaba que los defectos del interior de la iglesia eran menos importantes que los del exterior! Visentini, en su libro *Observaciones sobre los Errores de los Arquitectos* (1771-1775) tampoco se quedó atrás señalando los defectos de construcción de la fachada.

En defensa de Sansovino cabe mencionar que inició las obras de la iglesia cuando se estaba encargando de obras más importantes, como las de las grandes escaleras de la biblioteca Marciana o el Palacio de los Dogos.

Con el fin de dejar huella en la topografía de la ciudad, el 18 de enero de 1973 la comuna decidió nombrar el *Sottoportego* (hasta entonces sin nombre) situado encima de la placa *Sottoportego* San Geminian (en veneciano).

Puede ver el altar de la iglesia en la iglesia de San Giovanni di Malta (véase pág. 309) donde ha sido reubicado.

* Autor con A. Diedo y G. Selva en 1838-1849 de la obra *Le fabbriche e i monumenti cospicui di venezia*.

EL ALTAR DE LA VIRGEN DE LOS GONDOLEROS ❹

Ponte della Paglia
• Vaporetto: línea 1, parada San Zaccaria

> *La bendición oculta de los gondoleros*

En la arcada suroeste del Ponte della Paglia (Puente de la Paja), del lado de la Piazzetta de San Marcos y enfrente de la fuente con el mismo nombre, hay un altar de piedra de Istria que antaño perteneció al gremio de los gondoleros.

Este nicho, que data de 1573, alberga el busto de una Virgen, con las manos unidas, envuelta en un abrigo largo, ante la que el Niño Jesús está en admiración, tendiéndole su brazo izquierdo. En el pequeño tímpano del altar hay un busto del Padre, con la mano derecha levantada en señal de bendición, mientras que en la parte inferior, entre dos góndolas con *felze* (cabina), se puede leer la siguiente inscripción:

Traghetto del Ponte della Paglia sotto S. Giulio D. Alvise da Portia Gast et S. Marchio et S. Stefano compagni. MDLXXIII. [Traghetto del puente de la Paja bajo la dirección de S. Giulio D. Alvise da Portia Gast et S. Marchio et S. Stefano y compañía. 1573].

El *stàzio* (lugar de donde salen las góndolas) estaba justo cerca del Ponte della Paglia, cuyo nombre proviene del hecho de que se amarraban las embarcaciones destinadas al transporte de la paja y del heno no muy lejos de ahí. El primer puente se construyó en madera hacia 1100. En 1360, lo reconstruyeron en mampostería y en piedra de Istria antes de volver a construirlo y agrandarlo en 1847. A sus pies había pequeñas casas de madera (las garitas), una del lado de las cárceles y la otra cerca del Palacio de los Dogos, desde donde los soldados controlaban el tránsito de los peatones en el puente, a la vez que vigilaban el comercio y cobraban el tributo que había que pagar al Estado por la descarga de la paja, material indispensable para la vida urbana. Cerca de las garitas, delante de la cárcel, se exponían los cadáveres de los ahogados para que pudieran identificarlos.

LAS HISTORIAS DE LOS CAPITELES DEL PALACIO DUCAL

Piazzetta San Marco

41

E l tejido enmarañado de las 600 imágenes esculpidas en los capiteles del Palacio de los Dogos, centro del poder y símbolo del Buen Gobierno y de la fuerza de la República, es una representación compleja de la creación como reflejo de la grandeza divina,

> *El libro de piedra del Palacio de los Dogos*

cuyo itinerario mezcla la alegoría con la lección moral, la historia con el mito, lo sagrado con lo profano. La Biblia y las *Previsiones astrológicas o Tetrabiblos* de Claudio Ptolomeo son la fuente de estos relatos que nos invitan a cultivar la sabiduría, la justicia y la oración para encontrar el camino de la salvación.

Las esculturas exteriores fueron realizadas entre 1340 y 1355 por los obreros de las corporaciones bajo el mando de dos *protomagister* (técnicos coordinadores): Pietro Baseggio y Henricus *tajapiera*. Según estudios recientes, la adjudicación de las obras a Filippo Calendario, en opinión de los cronistas del Renacimiento, es menos fidedigno de lo que se creía.

Sin embargo, se menciona a Calendario en unos documentos del siglo XIV por haber proporcionado piedras destinadas al palacio y por haber sido arrestado y ejecutado como conjurado de Marin Falier.

Los capiteles angulares

Las esculturas angulares de temas bíblicos (*El pecado original, La embriaguez de Noé* y *El Juicio de Salomón*) son más grandes que las demás debido a su papel central en la narración. Recalcan la orientación política de la Serenísima República, fundada sobre la fe cristiana.

El palacio fue diseñado como una página abierta que hay que leer partiendo del capitel suroeste (la creación de Adán, base simbólica de todo el palacio) hasta el capitel sureste (episodio de Noé), recurriendo a las imágenes del «libro de piedra» de izquierda a derecha.

Al lado de las dos columnas de la *Piazzetta* (esquina suroeste), la creación de Adán, el pecado original y el arcángel Miguel (que protege la puerta del Paraíso) representan la historia de la humanidad. El arcángel ocupa el lugar idóneo para vigilar la sala adyacente del Consejo Mayor (*Maggior Consiglio*) -donde se encuentra el *Paraíso* de Tintoretto-, centro del poder, donde los patricios obtenían el privilegio de su condición cultivando la sabiduría y las cualidades mostradas en los capiteles.

Cerca del Puente de los Suspiros (lado sureste), los altorrelieves de la embriaguez de Noé, de la burla de Cham, de la impaciencia de sus otros dos hijos y del arcángel Rafael -patrón de los jóvenes, y sabio consejero de Tobías, hijo de Tobit, junto a quien está representado- indican la devoción filial y la esperanza en la Resurrección.

Cerca de la *Porta della Carta* (esquina noroeste), el juicio del sabio Salomón, inspirado por Dios, y el arcángel Gabriel anuncian la venida del Mesías que traerá la Buena Noticia. Esta última escultura angular, atribuida a Bartolomeo Bon, es posterior (hacia 1435).

Los 13 capiteles de las arcadas

Respecto a los capiteles de las arcadas, nos proponen seguir la numeración adoptada por los expertos del Palacio de los Dogos, lo que permite verlos de nuevo dentro del museo de la Obra: partimos pues del capitel marcado con el número 1, es decir, del grupo escultórico relacionado con el *Juicio del rey Salomón*, cerca de la *Porta della Carta*, hasta el número 36, cerca del Puente de la Paja (*Ponte della Paglia*).

Pájaros con su presa (35). Esculpido con gran precisión. Según Claudio Ptolomeo, las aves están bajo el influjo de los signos del solsticio y del equinoccio, y representan el mundo sensorial. Se distingue un pájaro comiendo un pez, una cigüeña devorando una serpiente, y un ibis, con la cabeza reclinada sobre el pecho, alisándose el plumaje.

Pueblo de los Latinos (34). Esta representación, conocida con el nombre de «familia del cruzado», consta de la cabeza de un soldado y varios personajes masculinos y femeninos de distintas edades. En la Edad Media, las peculiaridades de los pueblos procedentes de diferentes altitudes se explicaban con las influencias de los planetas y de los signos zodiacales en los diferentes territorios, temática relacionada con la «astrología universal» de Ptolomeo.

Reyes y emperadores (32). Un desfile de soberanos esculpidos, desde el sabio Nabucodonosor (cuyo cetro con flor de lis representa el Buen Gobierno, fundado sobre la pureza del alma) hasta el romano Trajano (cuya espada simboliza la justicia y el poder militar), colocados astrológicamente bajo el influjo de Júpiter (la doctrina de las conjunciones explicaba el nacimiento, el ascenso y el derrumbamiento de los reinos).

Mujeres latinas (31). Análogas a las representaciones del pueblo latino, el capitel de las mujeres latinas -bajo el influjo de Marte y Júpiter- muestra hermosas cabezas femeninas, peinadas según su estado civil y su edad.

Pecados capitales (27). Los siete pecados capitales y la Vanidad están representados por alegorías muy didácticas con inscripciones latinas. La Lujuria es una mujer joven con una diadema de perlas, que descubre su pecho mientras se contempla en un espejo. La Gula levanta su copa mientras muerde con avidez una pierna de cordero, seguida del Orgullo, un guerrero con el casco cornudo de Satán y un escudo con un dragón que escupe fuego. La Ira, con los cabellos al viento, arranca sus vestimentas, mientras que una anciana, la Avaricia, aprieta dos bolsitas en sus puños. La joven Pereza es víctima de una apatía que le despoja de su vida (simbolizada por las ramas de un árbol sin hojas que la aprisionan). La Vanidad, con flores en la cintura -relacionada emblemáticamente con la Lujuria- es mirada con furia por la Envidia, otra anciana acompañada de animales demoníacos (un dragón, una serpiente ceñida a su corsé y otra serpiente enroscada en su cabeza).

Pueblos de diversas latitudes (21). El desfile de los pueblos de la Tierra, ilustrado de manera muy realista, está organizado en torno a la temática astrológica. Se ve a un moro con turbante, una tártaro con nariz chata y un anciano con una boina decorada con dos cachorros de león de San Marcos *in moeca* (i.e. el libro cerrado), que, tal vez, representa un pueblo dominado por la Serenísima República, como los cretenses.

Salomón y los siete sabios que encarnan las Artes liberales (20). Los siete sabios, esculpidos en una postura meditativa, con las piernas cruzadas, personifican las Artes liberales del *Trivium* (Prisciano: Gramática; Aristóteles: Dialéctica; Cicerón: Retórica) y del *Quadrivium* (Pitágoras: Aritmética; Euclides: Geometría; Tubalcaín: primer herrero que inventó la música según la tradición medieval; y Claudio Ptolomeo, autor de *Tetrabiblos,* inspirador del trabajo, que representa la Astronomía). Salomón les precede como maestro de los sabios y símbolo de la superioridad de la sabiduría divina.

Este capitel nos recuerda que la ciencia humana desciende de la ciencia divina: augura el ejercicio del Buen Gobierno como condición para abrir las puertas del Paraíso, al cual sólo se accede cultivando el conocimiento de las leyes que regentan el universo.

Los planetas y sus domicilios (19). El capitel de la *Creación de Adán* es el punto de partida narrativo desde el que se desarrollan los relatos de las dos fachadas del Palacio de los Dogos. Considerado por el crítico inglés John Ruskin como «el más hermoso de Europa», hace referencia al libro de la Génesis y a la mitología griega. Los sietes planetas han sido esculpidos en relación con los doce signos zodiacales y las diferentes estaciones de la vida.

Adán, bajo la apariencia de un joven, acaba de ser modelado por el Padre Eterno sentado sobre el trono divino (lado 1). Saturno, anciano barbudo sentado sobre el Capricornio, levanta la jarra de Acuario: los dedos del pie sobresalen de su zapato (es el planeta de la pobreza, de los sofocos seniles, de la cautividad y de las hambrunas) (lado 2). Júpiter se encuentra entre Piscis y Sagitario, representado por el centauro Chirón, maestro de Aquiles y de Jasón (lado 3), mientras que Marte, sentado entre Aries y Escorpio, es un guerrero armado con una espada y un escudo con llamas ardiendo sobre el agua (símbolo alquímico que remite a la inscripción *Sono di ferro -soy de hierro-* de su estandarte) (lado 4). El Sol, un joven Febús con la cabeza radiante de luz, está sentado sobre el León y sujeta el astro solar (lado 5), mientras que Venus, estrella matutina y vespertina, sujeta la Balanza sentada sobre el Toro, mientras se mira al espejo (lado 6). Un Mercurio vestido con una toga, entre Virgo y Géminis (lado 7), precede a una joven en barco, los cabellos al viento, símbolo de la Luna, que gobierna la infancia e influye sobre los vientos y las mareas. Identificada con Selena, sujeta el astro lunar y toca un cangrejo, símbolo de Cáncer (lado 8).

Santos y discípulos grabadores (18) Para homenajear a la cofradía de los *Tajapiera* (grabadores de piedra), los martirios cristianos de Claudio, Sinforiano, Simplicio, Cástor y Nicóstrato –considerados como los patrones de los grabadores- están esculpidos junto con discípulos: «el excelente», «el Tártaro» de ojos almendrados y nariz chata, «el incrédulo» o el infiel, con turbante y caftán.

Animales con una presa (17). Se han representado varios animales con una presa en la boca: león, lobo, zorro, grifo (único animal mitológico, véase pág. 49), jabalí, perro, gato y oso. Debajo de cada cabeza, un ramo evoca un tejido de asociaciones entre el mundo animal y el mundo vegetal.

Oficios (16). Entre los oficios representados en el bajorrelieve, figuran algunas representaciones de las artes manuales, como las artes mecánicas del herrero y del zapatero. También podemos observar el trabajo del notario -reconocido como el resultado de la memoria y del intelecto- y el oficio del orfebre, considerado «ennoblecido» por la riqueza y el valor de las materias primas. También figuran el *arte agrichola* del campesino así como oficios como el tallador de piedra, el carpintero y el medidor de cereales y verduras. El *status professionale* se reconoce por el sombrero: los maestros como el orfebre, el notario y el grabador llevan un sombrero voluminoso e importante, los asalariados llevan una cofia (herrero y carpintero), los empleados no llevan nada (zapatero).

Meses del año (12). Marte inaugura el año astrológico -que debe leerse en el sentido contrario a las agujas del reloj- y el calendario veneciano: Aries, mes ventoso y primaveral, está representado por un trompista con una trompa doble. Le siguen abril y mayo, regentados por Venus y rodeados de flores: el primero sujeta entre sus piernas un pequeño toro (para indicar el signo zodiacal) mientras que el segundo sujeta una rosa en su mano. Junio presenta las cerezas mientras que julio siega el trigo y agosto prepara el banquete para las vendimias. Adornado con ramas de vid y racimos de uvas como Baco, septiembre pisa las uvas. Octubre y noviembre -desafortunadamente dañados- sacuden los cereales y los almacenan. Diciembre engorda al cerdo y el viejo enero, con dos frentes (con tres ojos y dos narices, entre el año viejo y el nuevo), cubierto de vello, calienta su cuerpo entumecido cerca del fuego. Febrero asa un pescado entre las llamas (alusión al signo zodiacal).

Frutas (10). El *Tetrabiblos* de Claudio Ptolomeo indica cómo la ascendencia de los planetas sobre la tierra, el tiempo y las estaciones también inciden en la fecundidad de los animales y de las plantas, en las corrientes de agua y en los vientos. Los solsticios y los equinoccios influyen particularmente en las condiciones atmosféricas y sus correspondientes estaciones, que a su vez influyen en los productos de la tierra. Este capítulo muestra cestos llenos de frutas que siguen el ritmo de las estaciones: cereza, peras, pepinos, melocotones, calabazas, melones, higos y uvas.

Tras la restauración llevada a cabo a finales del siglo XIX, 42 capiteles fueron remplazados por copias (13 debajo de las arcadas exteriores y 29 en la galería). Hoy se pueden admirar los originales en las seis salas del Museo de la Obra del Palacio de los Dogos (abierto del 1 de abril al 31 de octubre de 09 a 19 h y del 1 de noviembre al 31 de marzo de 09 a 18 h. Las taquillas cierran una hora antes del cierre y el museo permanece cerrado del 25 de diciembre al 1 de enero).

LAS COLUMNAS ROSAS DEL PALAZZO DUCALE

En la galería superior del Palacio de los Dogos, hay dos columnas rosas, cuando todas las demás son blancas.

Cuenta la leyenda que durante las ceremonias el Dogo se colocaba entre estas dos columnas. También desde ahí se anunciaba a la multitud las sentencias

> *¿Por qué hay dos columnas rosas en el Palacio de los Dogos?*

de los condenados a muerte (en este caso, el rosa recordaría el color de la sangre de los condenados). La mayoría de las veces, se erguía la horca entre las dos columnas de la Piazzetta, frente a la Torre del Reloj. De este modo, el condenado a muerte, en el momento fatídico, podía ver la hora exacta de su tan cercano fin… En cuanto al campanario de San Marcos, a veces servía de lugar de suplicio: a media altura, se colgaba una jaula (*cheba*) donde se encerraba a los condenados.

QUÉ VER EN LOS ALREDEDORES

LAS LÁMPARAS ENCENDIDAS DEL PALACIO DE LOS DOGOS

De noche, en el ala suroeste del Palacio de los Dogos, dos pequeñas luces siguen estando permanentemente encendidas. Recuerdan uno de los pocos errores judiciales de la Serenísima República: una mañana de invierno, de camino a su amasadero, el panadero Piero Tasca tropezó con un objeto que hizo deslizar sobre los relucientes adoquines. Se agachó y recogió la funda de una daga. A pocos pasos de ahí, el cuerpo de un hombre yacía con la daga clavada. Acusado de homicidio, y torturado, confesó este crimen que no había cometido siendo ejecutado el 22 de marzo de 1507 delante de la fachada sur de la basílica. Descubrieron al verdadero culpable poco después.

RASTROS DEL ANTIGUO POZO DE LA PLAZA SAN MARCOS

A unos diez metros, delante del *Café Florian* y un poco a la derecha, una discreta inscripción recuerda el antiguo emplazamiento del último pozo de la plaza San Marcos.

EL EMPLAZAMIENTO DEL EJE DE LA BASÍLICA

La basílica de San Marcos está ligeramente desplazada en relación con la plaza San Marcos. Debajo de las arcadas de la plaza, frente al sotoportego de l'Arco Celeste, un discreto medallón metálico en el suelo indica el emplazamiento exacto del eje de la basílica.

LA INSCRIPCIÓN PER L'ARTE DE CALEGHERI ㊻

Plaza de San Marcos (enfrente del Gran Café Quadri)
• Vaporetto: San Marco Vallaresso/San Zaccaria

El significado de las bandas de mármol blanco de la Plaza de San Marcos

Enfrente del Gran Café Quadri, en la Plaza de San Marcos, pocos son los transeúntes, e incluso los venecianos, que saben de la existencia de una discreta inscripción ubicada en unas de las numerosas líneas de mármol de la plaza: 1625 *Per l'arte de calegheri* (Por el gremio de los zapateros).

Las bandas de mármol blanco, que el arquitecto Andrea Tirali instauró en 1623, no son unos adornos casuales: estos signos gráficos estaban destinados a indicar los puestos asignados a los tenderetes de los artesanos en las ferias, como la de la Sensa (Ascensión) que duraba dos semanas en el mes de mayo, y durante la cual se vendía una gran variedad de mercancías valiosas: terciopelos bordados, perfumes y productos cosméticos, etc. Los comerciantes procedentes de la cuenca mediterránea oriental acudían a Venecia para esta ocasión. Esta inscripción indicaba pues el emplazamiento del puesto del gremio de los zapateros, uno de los más importantes de la ciudad, que se remontaba a la segunda mitad del siglo XIII.

> Al otro lado de la plaza se puede leer otra inscripción: 1625 *Per l'arte de Zavatteri* (Para el gremio de los zapateros remendones).

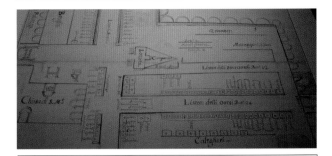

Los *calegheri* (del latín *caligarii*, fabricantes de cáligas, las sandalias de los soldados) trataban con una clientela adinerada, mientras que los *zavatteri* (zapateros remendones), que usaban cuero viejo, tenían una clientela más pobre e ingresos más modestos. Era habitual que se incumpliesen las normas del recinto y los límites de la actividad profesional de ambos gremios dando lugar a violentas disputas, sobre todo durante los mercados, ya que los artesanos se veían obligados a trabajar codo con codo. Así pues, con motivo del gran mercado de la Ascensión (Sensa), en la Plaza de San Marcos, el Maggior Consiglio encargó a los procuradores de San Marcos que administrasen los puestos de los distintos comerciantes. A partir de 1623, dadas las disputas recurrentes entre vendedores y con el fin de definir los límites en los que cada uno podía ejercer su oficio, decidieron esculpir signos en las bandas de piedra blanca del pavimento de la plaza. Las únicas bandas que se han conservado son justamente las de los gremios de los *calegheri* y de los *zavatteri*, colocadas a ambos lados de la plaza, para evitar las peleas.

SANTA CROCE

LA COLUMNA DE LA ANTIGUA IGLESIA DE SANTA CROCE

Fondamenta del Monastero, esquina con la Fondamenta di Santa Croce

¿El lugar donde cortaban las manos a los criminales?

Justo a los pies del puente de Santa Croce, a lo largo del Gran Canal, en la esquina entre los jardines Papadopoli y el río dei Tolentini, hay una antigua columna discretamente agregada a la esquina del muro.

Se trataría del último vestigio de la iglesia de Santa Croce y de su monasterio, destruido a principios del siglo XIX tras las invasiones napoleónicas. Los primeros rastros de la iglesia se remontan probablemente al siglo IX. En el siglo XII, la iglesia fue cedida a los benedictinos que construyeron un monasterio y reedificaron la iglesia (véase a continuación). En 1470 y debido, aparentemente, a un comportamiento poco conforme a las costumbres de la época, el monasterio pasó a manos de las clarisas (franciscanas). A finales del siglo XVI, la iglesia fue de nuevo reedificada (véase abajo a la derecha), y destruida a principios del siglo XIX.

La columna en sí ha dado mucho que hablar. El parecido del capitel con las inscripciones que se ven en la columna aislada situada delante de la fachada del baptisterio de la basílica de San Marcos (aparentemente traída a Venecia en 1256) hizo pensar en un origen común, aunque algunos piensan que proviene más bien del monumento fúnebre del dogo Domenico Morosini o del dogo Orio Mastropiero (Malapiero), ambos enterrados en la iglesia de Santa Croce.

Según otras fuentes, este capitel provendría en realidad del Cáucaso y de la ciudad de Tikhil: véase siguiente doble página.

Algunos historiadores dicen que delante de esta columna, se torturaba y cortaban las manos a los criminales antes de ser ejecutados.

LOS SÍMBOLOS DEL CAPITEL DE LA COLUMNA DE LA ANTIGUA IGLESIA DE SANTA CROCE

Columna de la antigua iglesia de Santa Croce
Fondamenta del Monastero, esquina con la Fondamenta di Santa Croce

> **¿Tikhil, una ciudad del Cáucaso unida a Venecia?**

A unque la columna situada a los pies del puente de Santa Croce (véase doble página anterior) parece reciente (probablemente del siglo XIX), su capitel parece sin embargo de origen medieval.

Si la parte trasera del mismo, que podrá ver poniéndose de puntillas, muestra sencillamente una cruz bizantina, la inscripción frontal del capitel guarda mucho más misterio.

Se pueden leer (con dificultad) las letras T I K H I y L, entrelazadas con estilo. Forman el nombre de una ciudad del suroeste de Rusia que, durante siglos, estuvo unida a la Iglesia de Armenia, muy presente en Venecia en la actualidad (véase pág. 369). Desde Tikhil y su región llegaron los primeros vénetos (véase pág. 86), tras atravesar las montañas del Cáucaso.

También observamos que las dos partes redondeadas, sobre todo la de la derecha, a pesar de tener la parte superior borrada, recuerdan claramente a las cruces egipcias con asas. La cruz con asas o *Ankh*, toma su nombre de *ansa* o *asa* que significa «evolucionar y elevarse», en el sentido de resurrección.

Además de esta explicación literal, desde un punto de vista simbólico, el capitel tiene una H, que algunos interpretan como un símbolo del Hermetismo: de este modo, esta doble cruz con asas y unida por la barra horizontal de la H sería el símbolo hermético de la resurrección.

Observemos también, y siempre según las mismas fuentes, que el emplazamiento de este capitel en la antigua iglesia de Santa Croce (Santa Cruz) no es fruto de la casualidad: la Cruz (*Croce*) de Cristo tiene una clara relación con su resurrección. Del mismo modo, los monjes del monasterio de Santa Croce estaban muy unidos, geográfica y estructuralmente, al monasterio de Santa Chiara que guardaba uno de los tres clavos que se utilizaron en la crucifixión de Cristo (véase pág. 194).

UNA MISA EN LATÍN: EL RITO DE SAN PÍO V

La misa de la iglesia de San Simon Piccolo se celebra en latín siguiendo el rito de San Pío V (o rito romano antiguo), codificado en el Concilio de Trento (de ahí también el nombre de rito de Trento) en 1563. A pesar de publicar un nuevo misal en 1970, el rito romano antiguo nunca fue abolido, como confirmó el papa Benedicto XVI en 2007.

Fundada en 1988 por Juan Pablo II, la Fraternidad de San Pedro perpetúa el uso del rito tridentino, en el cual la misa muestra con más fuerza el significado del misterio y de lo sagrado.

EL CEMENTERIO SUBTERRÁNEO DE LA IGLESIA DE SAN SIMON PICCOLO

Iglesia de San Simon Piccolo
698 Santa Croce
• Abierto para la misa de domingo de las 11 h
(duración : aproximadamente 1h40)
• Primer sábado del mes : misa a las 18:30 h
• Tel. : (+39) 041 719 438

L a actual iglesia de San Simon Piccolo (que en realidad se llama iglesia de los santos Simón y Judas) fue construida entre 1718 y 1738 por Giovanni Scalfarotto en el emplazamiento que ocupaba una iglesia

Un cementerio olvidado

del siglo IX. Debajo del suelo de la iglesia actual, sobreelevado en relación al nivel de la calle, se ocultan unos subterráneos que sirvieron y siguen sirviendo de cementerio.

Aunque no se organizan oficialmente visitas, a veces es posible tener acceso solicitándolo amablemente, al final de la misa de domingo, a uno de los miembros de la Fraternidad de San Pedro (el Patriarca de Venecia les confió la iglesia para poder celebrar misa).

La visita es bastante fascinante: con la ayuda de una lámpara que permite iluminar el sótano, se accede a un espacio relativamente grande cuyos muros están, en su mayoría, recubiertos de frescos del siglo XVIII que representan temas como la muerte, el Juicio Final y la Pasión de Cristo. De una calidad mediocre, estos frescos están casi todos muy deteriorados debido a la humedad.

El cementerio se organiza alrededor de una sala octogonal, donde probablemente se celebraba la misa, de la cual salen cuatro pasillos que comunican a su vez con varias salas sepulcrales. En una de ellas, hay todavía restos de osamentas humanas abandonadas.

San Simon Piccolo posee el campanario más pequeño de Venecia: apenas 3 metros de altura.

¿POR QUÉ SAN SIMON PICCOLO ES MÁS GRANDE QUE SAN SIMON GRANDE?

En relación con la cercana iglesia de San Simon Grande, la iglesia de los santos Simón y Judas ha sido apodada San Simon Piccolo (San Simón el Pequeño) por dos razones: antes de su construcción en el siglo XVIII, la antigua iglesia de San Simon Piccolo era efectivamente más pequeña que San Simon Grande; asimismo la iglesia de San Simon Grande está consagrada al profeta Simeón, apodado el Grande.

EL JARDÍN DEL PALACIO SORANZO CAPPELLO

Santa Croce 770
Rio Marin
• Visita permitida durante las horas de apertura del palacio en horario de oficina

> *Un jardín romántico secreto*

El jardín del palacio Soranzo Cappello es uno de los jardines más hermosos de Venecia. Escondido detrás del palacio que alberga oficinas de la administración, durante las horas de apertura del palacio (horario de oficina) está permitido empujar la puerta que conduce al jardín y visitarlo libremente. Evidentemente hay que comportarse con discreción y respetar íntegramente el lugar.

El jardín se compone de dos partes principales: frente al palacio, un patio acoge las estatuas de Julio César y de los once primeros emperadores romanos, en alusión a la riqueza de la familia Soranzo que mandó construir este lugar en el siglo XVII. El patio da sobre el jardín principal, en cuyo fondo hay un

pabellón con ocho columnas, coronado con estatuas alegóricas. A la derecha, la segunda parte del extenso jardín, tiene una pérgola y un césped con algunos árboles frutales.

Gracias a un grabado de Vincenzo Coronelli (1709) que representa el jardín, éste fue renovado por el ministerio de « Beni e Attività Culturali » (Ministerio de Cultura italiano) cuando fue comprado. Se decidió (con acierto) dejar en estado salvaje una parte del jardín, de acuerdo con las evocaciones de Gabriele d'Annunzio en *Il Fuoco* y de Henry James en *Los papeles de Jeffrey Aspern*. El resultado, extremadamente romántico, está muy logrado.

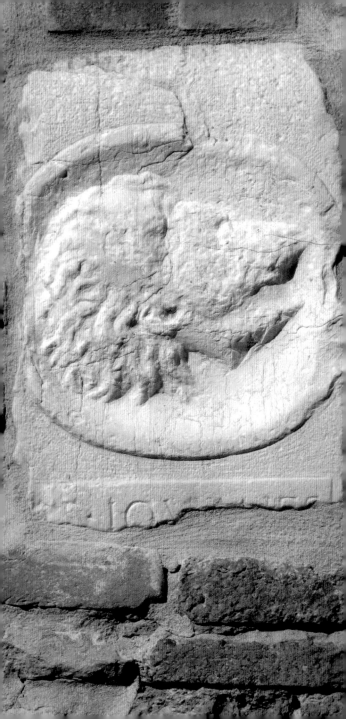

EL ALTORRELIEVE DE SAN JUAN BAUTISTA

Iglesia de San Zan Degolà (San Giovanni Decollato)
Campo San Zan Degolà
• Horario: todos los días de 10 a 12 h salvo domingos y festivos
• Misa el sábado a las 19 h
• Misa ucraniana el domingo por la mañana

> *Una deliciosa salsa hecha con carne de niños...*

En el lado sureste de la fachada de la iglesia, un altorrelieve rememora una historia macabra: si bien esta escultura representa efectivamente a San Juan Bautista, hasta mediados del siglo XX estuvo en la fachada del palacio Gidoni-Bembo, detrás del puente que está frente a la iglesia.

Los habitantes del barrio, para asustar a los niños y hacer que obedecieran, disfrutaban a menudo contándoles que esta cabeza era en realidad la de un tal Biasio que había asesinado a numerosos niños.

En el siglo XVI, Biasio tenía un restaurante en el barrio. Poco a poco se fue haciendo famoso por una deliciosa salsa de carne que atraía a los venecianos de toda la ciudad. Todo fue bien hasta que un día un cliente descubrió una falange en su plato. Biasio fue denunciado y se descubrió que el secreto de su salsa radicaba en que el hombre utilizaba carne de niños para preparar sus platos.

Fue arrastrado por un caballo hasta su taberna. Le cortaron las manos y las ataron alrededor de su cuello. Le torturaron con unas tenazas y le llevaron hasta la plaza San Marcos donde le colgaron entre las dos columnas de la Piazzetta.

Cortaron su cuerpo en 4 trozos y colgaron cada uno de ellos en un lugar distinto de la ciudad. Luego, arrasaron su casa y su taberna.

A pesar de esta atroz historia, este lugar del muelle mantiene el nombre de Riva de Biasio e incluso una parada del *vaporetto* lleva este nombre.

Hubo una historia muy parecida en París, en el Palais Royal: un barbero degollaba a sus clientes y se los daba a su vecino que era carnicero. Véase la guía *París insólita y secreta*, del mismo editor.

¿DE DÓNDE PROVIENE EL NOMBRE DE SAN GIOVANNI DECOLLATO?
El nombre de San Giovanni Decollatto proviene de la famosa «degollación» (decapitación) de la cabeza de San Juan Bautista, pedida a Herodes por Salomé, para su madre Herodías: San Juan Bautista reprochaba a Herodes haberse casado con Herodías, que no era otra que la mujer de su hermanastro Herodes Filipo.

LOS VESTIGIOS DEL *CASINO* TRON

Calle Tron 1957
• Abierto en horario de apertura del Instituto Universitario (sin cita previa): de lunes a viernes de 9 a 19 h
• Información: (+39) 041 257 2300

> *Vestigios de los antiguos fastos*

El Departamento de Planificación de la Universidad de Arquitectura ocupa un suntuoso palacio, renovado en 1971, al que se accede desde el final de la calle Tron, no muy lejos de la parada del *vaporetto* de San Stea.

El edificio -que da al Gran Canal- ha conservado gran parte de su encanto: los interiores, todavía en buen estado, aún exhalan el esplendor de la familia Tron, sus antiguos y ricos propietarios.

En el *piano nobile* (planta noble) los retratos de la familia que desfilan entre los frescos del Antiguo Testamento (obra del pintor francés Dorigny), enaltecen la gloria de la familia Tron. En el *salotto da parata* (salón de gala) destaca una chimenea de finales del siglo XV y el suelo ostenta una sabia mezcla cromática.

Queda poco del pabellón de juegos (*casino*) del siglo XVIII del palacio Tron. Erigido al fondo del jardín, tras el patio adoquinado, fue demolido a principios del siglo XIX al fallecer Cecilia Tron, último miembro de la familia. Sólo han sobrevivido dos columnas abolladas con capiteles iónicos en mármol de Istria y una estatua de San Jorge venciendo al dragón. Antiguamente, las magníficas salas estaban decoradas con espejos, estucos dorados, pinturas de Dorigny y frescos de Guarana. Teatro de intrigas y pasiones, este *casino* era también una lujosa sala de baile para las fiestas del poderoso procurador Andrea Tron, apodado *El Paron* (el dueño de la casa de Venecia). En 1775, dio la bienvenida con todos los honores al emperador José II de Austria.

CECILIA TRON, AMANTE DE CAGLIOSTRO

Cecilia Zen, esposa de Francesco Trón, era una mujer con un espíritu fascinante. Inspiró al poeta Angelo Barbaro, y el abad Giuseppe Parini -prendado de su encanto- evoca su recuerdo en una oda titulada *Il Pericolo* (*El Peligro* de 1787). Le gustaba la vida mundana y estaba acostumbrada a dar fastuosas recepciones para los soberanos que estaban de paso en la Serenísima República. En el lujoso marco de su palacio, llevaba un salón literario donde recibía a hombres de letras y de talentos diversos. Tuvo incluso una relación amorosa con el conde de Cagliostro, bruscamente interrumpida por la partida inopinada del aventurero, acusado de haber robado a un rico comerciante veneciano.

EL MILAGRO DE LA VIRGEN EN LA IGLESIA SAN GIACOMO DELL' ORIO

Iglesia de San Giacomo dell' Orio
- Horario: de lunes a sábado de 10 a 17 h
- Misa los domingos a las 08 h, 11 h y 19 h. Durante la semana a las 18 h en invierno y a las 19 h en verano (de abril a septiembre)

Que te corten los brazos...

L a iglesia de San Giacomo dell' Orio posee varias particularidades muy notables y, en particular, un curioso cuadro colocado después de la entrada, a la derecha. Pintado por Gaetano Zompini (1702-1778), representa un milagro desconocido de la Virgen, relatado entre otros en la *Leyenda Dorada* de Jacobo de la Vorágine.

Según este texto, estando la Virgen dormida (según la tradición cristiana, la Virgen no murió antes de su Asunción sino que estaba sencillamente dormida) y siendo transportada por unos fieles, un no creyente llamado Jefonías se acercó a su cuerpo. Deseando demostrar que la santidad de la Virgen no estaba adquirida, intentó tocarla. Tras tocar el féretro de la Virgen, sus manos fueron milagrosamente cortadas y el hombre cayó al suelo. Este es el momento espectacular que relata el cuadro, que muestra al hombre tendido en el suelo, los brazos hacia arriba sin las manos, las cuales están aferradas al féretro.

> También existe en la sacristía de la iglesia San Zaccaria un cuadro que describe la misma escena.

RASTROS DE LA PEREGRINACIÓN A SANTIAGO DE COMPOSTELA EN VENECIA

La iglesia de San Giacomo dell' Orio era también el punto de partida en Venecia de las peregrinaciones hacia Santiago de Compostela. Queda un rastro en el campanilo de la iglesia: se puede ver a un hombre con una concha, símbolo de la peregrinación.

EL MILAGRO OLVIDADO DE SAN SANTIAGO

Encima de la puerta de la primera capilla de la izquierda, después de la entrada, un cuadro de Antonio Palma (de principios del siglo XVI) evoca un milagro apócrifo de San Santiago. Durante su peregrinación a Santiago de Compostela, una pareja y su hijo se detienen una noche en un hostal. La hija de los encargados del hostal, que se ha enamorado del joven, decide colocar unas monedas de oro en su alforja para aparentar un robo y hacerle regresar. Mientras sus padres proseguían su camino hacia Santiago, su hijo fue apresado, como estaba previsto. Los padres del desdichado regresaron a por su hijo, injustamente acusado. Cuenta la leyenda, que se decidió indultar al joven si éste conseguía resucitar a dos pollos ya cocinados que estaban sobre la mesa de la cocina. San Santiago, oculto en la parte superior izquierda del cuadro, resucitó a los pollos. El joven, cuyos padres acababan de rezarle al santo, fue inmediatamente puesto en libertad.

LOS BALCONES DESCENTRADOS DEL PALAZZO PEMMA ❽

Santa Croce 1624
Campo San Giacomo dell' Orio

> *Un judío que no quería tener una iglesia católica enfrente...*

onstruido en el siglo XVII, el Palazzo Pemma tiene una curiosa particularidad: el eje de la puerta de entrada del palacio y de los elementos de apoyo del balcón no están rectos en realidad, como lo están en el resto de construcciones tradicionales. De hecho, si observa detenidamente la fachada se dará cuenta de que estos elementos están ligeramente orientados hacia la calle Large, a la derecha, en vez de hacer frente, justo delante de ellos, al campanario de la iglesia de San Giacomo dell' Orio. Cuenta la leyenda que esta desviación se debe a que un judío que adquirió el palacio no quiso tener frente a su casa una iglesia católica.

QUÉ VER EN LOS ALREDEDORES

LOS VESTIGIOS DEL ANFITEATRO ANATÓMICO
Campo San Giacomo dell' Orio, Santa Croce 1507
• Para ver los pórticos interiores llame a la sede del OCRAD (oficinas de la Región de Véneto) en horas de apertura de las oficinas: lunes y jueves de de 09 a 12:30 h y de 15 a 17 h. Martes, miércoles y viernes de 09 a 12:30 h

Sobre la fachada del palacio denominado *Ex-Vida*, al lado de la iglesia, se puede leer la siguiente inscripción: «*D.O.M MEDICORUM PHYSICORUM COLLEGIUM*». El palacio pertenecía de hecho al antiguo *Teatro Anatomico*, como atestiguan el puente y el patio contiguos (Ponte y Corte dell'Anatomia). De su estructura original sólo quedan, en el exterior, dos pórticos del siglo XVI, uno da a la plaza y el otro al canal. Las plantas superiores han sido objeto de grandes obras de restauración para hacerlas habitables, y en su interior, hay otros dos pórticos antiguos rematados con mascarones en piedra de Istria, que datan de la época en que este lugar estaba destinado a las clases de anatomía.

Inaugurado en 1671, este magnífico anfiteatro anatómico comprendía una sala con unas gradas sobre tres niveles desde donde los médicos podían asistir a las disecciones. En la planta superior estaban la biblioteca, los archivos y las salas de reuniones reservadas a los colegios de médicos cirujanos y médicos físicos. En 1800, un gran incendio asoló el teatro. Se reconstruyó el edificio en menos de seis meses, pero unos años más tarde, la sala anatómica fue trasladada al hospital municipal.

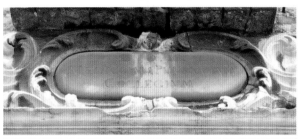

Aún existen anfiteatros anatómicos en perfecto estado en Padua, Bolonia, Pistoia (véase *Toscana insólita y secreta*, del mismo editor), Londres (véase *Londres insólita y secreta*) y Barcelona (véase *Barcelona insólita y secreta*).

UNA *ISOLA* APARTADA DEL MUNDO
Partiendo del Campo San Giacomo dell'Orio, un curioso y pequeño barrio apartado de todo, perdura en el tiempo protegido de las miradas. Accesible desde dos callejuelas paralelas (ramo dell'Isola), el barrio estuvo aún más aislado en el pasado: antaño estaba totalmente rodeado por un canal que taparon para dejar paso al Rio Terra dell'Isola y a la calle della Vita, cuyo pavimento es distinto al del resto de las antiguas callejuelas del interior de la antigua isla. Antiguamente, la callejuela original de la *isola* albergaba en su recodo una antigua acería de la Serenísima.

QUÉ VER EN LOS ALREDEDORES

LOS BAJORRELIEVES DE LOS EVANGELISTAS DEL PALACIO AGNUSDIO ⑪
Palazzo Agnusdio
Fondamenta Pesaro 2060

En un silencioso y poco frecuentado canal, cerca de Ca' Pesaro, el palacio Agnusdio posee una ventana central con cinco lóbulos decorados sorprendentemente con los símbolos de los cuatro evangelios: el Águila, el León, el Hombre y el Buey (véase pág. adyacente).

Al parecer el nombre del palacio no proviene de la familia aristocrática veneciana Agnusdio, ya extinguida en 1242, sino más bien de la magnífica escultura del *Agnus Dei* (cordero de Dios), símbolo místico que, no obstante, da fe al igual que las demás decoraciones valiosas, del sentido de lo sacro y de la devoción de los comanditarios.

¿POR QUÉ HAY CUATRO EVANGELIOS?

En el siglo I d. de Cristo, numerosos evangelios relataban la vida de Jesús, como los evangelios hoy llamados apócrifos de Tomás, Judas o Pedro. En el siglo II, Ireneo de Lyon afirmaba que al igual que existían cuatro regiones del mundo y cuatro vientos principales, la Iglesia, extendida por toda la tierra, debía apoyarse en cuatro evangelios. La interrelación entre los cuatro evangelios de Lucas, Marcos, Juan y Mateo y los cuatro vivientes (véase a continuación) está muy probablemente relacionada con la decisión de transformar estos evangelios en los textos de referencia en que se han convertido. Para otros, parece más bien que los evangelios llamados apócrifos defendían unos puntos de vista que no satisfacían el mensaje que la Iglesia naciente, descendiente principalmente de la evangelización de Pablo, deseaba divulgar con el fin de optimizar la implantación de la fe cristiana en el mundo romano. Algunos de estos escritos eran considerados gnósticos, ya que reservaban la salvación a algunos iniciados en vez de a todos. Otros presentaban a Jesús, más que a Dios hecho hombre, como un profeta-rey judío que buscaba liberar a los judíos del invasor romano.

¿DE DÓNDE PROVIENEN LOS SÍMBOLOS DE ANIMALES DE LOS CUATRO EVANGELISTAS?

En numerosas iglesias de Venecia, así como en otros lugares del mundo, los evangelistas están representados acompañados de un animal:

San Marcos: el león

San Juan: el águila

San Lucas: el toro

San Mateo: el hombre

San Jerónimo (348-420) nos explica esta elección: según él, el hombre representa a San Mateo porque su evangelio comienza con una genealogía humana de Jesús (Mateo 1:1-17).

El león representa a San Marcos porque las primeras líneas de su evangelio evocan «la voz que clama en el desierto» que no puede ser otra cosa, según San Jerónimo, que el rugido de un león (Marcos 1:3).

El toro, animal de sacrificio por excelencia, representa a San Lucas por el relato, al inicio de su evangelio (Lucas 1:5), del sacrificio ofrecido por Zacarías al templo de Jerusalén.

El águila representa a San Juan porque éste alcanzó las cimas de la doctrina como el águila alcanza las cimas de las montañas.

Históricamente, la representación de los cuatro evangelistas mediante cuatro símbolos diferentes tiene sus raíces en la visión de la gloria divina de Ezequiel (los cuatro vivientes Ez 1:5) y en la visión del trono de Dios del Apocalipsis (Apocalipsis 4:6) en la que cuatro seres vivientes rodean el trono de Dios: «*El primero de los seres vivientes era semejante a un león; el segundo a un toro; el tercero tenía rostro como de hombre; y el cuarto era semejante a un águila en vuelo*».

Ireneo de Lyon, en su tratado *Contra las herejías* (redactado alrededor de 180) es el primero en relacionar los cuatro evangelios con los cuatro seres vivientes. En cuanto a la explicación de San Jerónimo, fue introducida en la *Vulgata* (traducción de la Biblia al latín, en el siglo V), lo que permitió su divulgación generalizada en la Iglesia de Occidente.

Observemos que las iglesias de Oriente no han aceptado esta idea, lo que explica que en el arte bizantino haya muy pocas representaciones que relacionen los evangelistas con sus símbolos, las raras excepciones existentes son las que han sufrido la influencia de Occidente, como la basílica de San Marcos en Venecia. Siempre según San Jerónimo, los cuatro vivientes resumirían también los cuatro momentos esenciales de la vida de Cristo: Dios encarnado (hombre), Jesús tentado en el desierto (león), inmolado (toro) y subiendo al cielo (águila).

EL LEÓN BORRADO DE LA CÀ ZANE

Campo Santa Maria Mater Domini
Cà Zane
Santa Croce 2120 y 2121

"

*Un león
que marcó
las casas de
los participantes
en la conjuración
de 1310*

Tras la conjuración de Bajamonte Tiepolo en 1313 (véase la piedra con la huella de la columna de la infamia pág. 151 y el altorrelieve de la anciana del mortero pág. 61), se mandó grabar el león de San Marcos en las casas de los que habían participado en la conjuración. En cuanto pudieron, los propietarios mandaron eliminarlos de su

fachada. De este modo, en el encantador campo Santa Maria Mater Domini, se aprecia sobre la fachada de la Cà Zane (enfrente del puente, número 2120 y 2121) el lugar que ocupó la antigua escultura que ha sido claramente eliminada, aunque algunos creen que este león es más reciente.

Otras casas donde había leones grabados:
Cà Longo, enfrente de los Servi
Cà Querini, en la calle delle Rasse
Cà Querini, en el puente de S. Giacomo dell' Orio
Cà Loredan, en S. Canciano
Cà Molin, en la Bragola
Cà Corner, en el puente de S. Fosca
Cà Corner en S. Beneto, en la entrada del rio Menuo
Cà Garzoni, en el campo S. Bartolomeo
Cà Donà en S. Polo, en la plaza y en el puente dei Cavalli

QUÉ VER EN LOS ALREDEDORES

EL DESCUBRIMIENTO DE LA CRUZ DE TINTORETTO
Iglesia Santa Maria Mater Domini - Campo Santa Maria Mater Domini
Abierto por la mañana de 10 a 12 h y el domingo de 17 a 19 h

Es fácil no fijarse en la iglesia Santa Maria Mater Domini: oculta en una callejuela oscura, pasa inadvertida para la mayoría de los turistas. Su limitado horario de apertura tampoco facilita su visita. Su interior tiene sin embargo mucho encanto y alberga una obra maestra olvidada de Tintoretto: al fondo, a la izquierda de la nave, el gran cuadro del *Descubrimiento de la cruz* recuerda además un episodio olvidado de la historia de la Iglesia (véase a continuación). Fue ejecutado para la Scuola de la Croce, fundada en 1561. Cuenta la tradición que Elena, madre del emperador Constantino y primer emperador romano en abrazar la religión católica, habría encontrado en Jerusalén en el siglo IV la cruz en la que Cristo fue crucificado. Fue aquí donde habría mandado construir la iglesia del Santo Sepulcro. Edificada por primera vez en el siglo X, la iglesia de Santa Maria Mater Domini fue varias veces remodelada.

ADÁN, SALOMÓN Y LA REINA DE SABA: ¿EN EL ORIGEN DE LA CRUZ DE CRISTO?
Según *La Leyenda Dorada* de Santiago de la Vorágine (1228-1298), Adán, ya en edad muy avanzada, rogó a su hijo Set que le pidiera al arcángel San Miguel aceite para bendecirle antes de morir. El arcángel se negó pero, a cambio, le entregó una pequeña rama del árbol del bien y del mal ordenándole que la colocara en la boca de Adán al enterrarlo. De esta pequeña rama surgió un gran árbol que libró a Adán de sus pecados, asegurando de este modo su salvación. Fueron pasando los años y un día el rey Salomón hizo construir el templo de Jerusalén, en cuya construcción utilizaron el árbol. Sin embargo, una vez que cortaron el árbol, resultó que era o demasiado corto o demasiado largo para el uso que querían darle. Los obreros se deshicieron de él y lo tiraron al río Siloé para que sirviera de pasarela. Un día en que la reina de Saba fue a visitar a Salomón tuvo una premonición al cruzar la pasarela: algún día, este trozo de madera serviría en la crucifixión de Cristo y el reino de los judíos quedaría interrumpido. Para evitar tan trágico destino, el rey Salomón mandó retirar y enterrar el trozo de madera. Sin embargo, durante el juicio a Jesús, el trozo surgió milagrosamente del suelo y lo utilizaron para construir la cruz de la crucifixión. Para evitar cualquier tipo de veneración, las cruces fueron enterradas y olvidadas hasta que el emperador Constantino, que combatía contra Majencio, tuvo la visión de una cruz luminosa con la leyenda: «*In hoc signo vinces*» («*Con esta señal vencerás*»). Su armada, protegida por la señal de la cruz, venció en la decisiva batalla de Milvio. Constantino quiso encontrar la cruz de Cristo y envió a su madre, Elena, a Jerusalén.
Tras torturar durante siete días a un judío que conocía el lugar donde se encontraban las tres cruces (la de Jesús y las de los dos ladrones), Elena acabó encontrando las tres cruces. Por un suceso milagroso posterior supo cuál de las tres era la de Cristo: un joven que acababa de morir, resucitó inmediatamente tras tocar, su cuerpo sin vida, la madera de la cruz de Cristo. Más tarde, se dejó una parte de la cruz en Jerusalén y la otra fue llevada a Constantinopla, la nueva capital imperial.

Stazione F.S. Santa Lucia

PONTE DEGLI SCALZI

Ferrovia

Canal Grande

Piazzale Roma

San Simeòn Piccolo

PONTE DELLA COSTITUZIONE

Giardino Pápadópoli

Corte Case Nuove

Rio di San Zuan

PIAZZALE ROMA

SANTA CROCE

CAMPO DEI TOLENTINO

Rio   delle   Burchielle

TRE PONTE

Calle   Campazzo

Rio   terrà   dei   Pensieri

San Nicola da Tolentino

Rio   delle   Muneghette

Rio della Cazziole

Nuovo

San Rocc

Scuola di San Rocco

Rio della Fresca

25-27 24

Rio   del   Tintòr

San Pantalòn

CAMPO SAN PANTALÒN

Rio   di

C. larga Fóscari

30-32

33

DORSODURO

CAMPO SANTA MARGHERITA

Ca' Fóscari

0   100   200 m

SAN POLO

LA *CAPELLINA* DE LA IGLESIA DE SAN CASSIANO

Iglesia de San Cassiano
- Horario: todos los días de 09 a 12 h y de 17.30 a 19.30 h.
  Misa a las 19 h
- Pida que enciendan la luz para visitar la *Cappellina*

> **Una capilla desconocida engastada de piedras preciosas**

A la izquierda del coro de la iglesia de San Cassiano, una pequeña y discreta apertura conduce, a la izquierda, a la sacristía y a la derecha, a una encantadora capilla olvidada por el público. Construida en 1746 por el abad Carlo dal Medico (fallecido en 1758), la capilla *San Carlo Borromeo* es una pequeña joya del siglo XVIII, decorada con mármoles policromos, piedras semipreciosas y sillas de coro con respaldos de nogal. En la pared, el cuadro *Cristo en el jardín* (*Cristo nell' Orto*) está atribuido a Leandro Bassano. El de *La Virgen y el niño, San Carlos Borromeo y San Felipe Neri* en el altar y el fresco del techo son de G.B. Pittoni.

UNA DESCONOCIDA OBRA MAESTRA DE TINTORETTO

Aunque la iglesia de San Cassiano está fuera de las rutas turísticas atesora una obra maestra de Tintoretto: *La crucifixión* (1568). Situada a la izquierda, detrás del altar, esta magnífica pintura destaca por sus colores, su original puesta en escena y su intensidad. Los 50 céntimos que hay que gastarse para iluminar el cuadro están bien invertidos.

QUÉ VER EN LOS ALREDEDORES

LA INSCRIPCIÓN DE LA TOMA DE BUDA A LOS TURCOS

Esculpidas en la fachada de la casa número 1686, a los pies del ponte della Chiesa, en el campo S. Cassiano, se leen las siguientes palabras: *1686 - ADI 18 ZVGNO – BVDA - FV ASSEDIATA ET ADI 2 - SETTEMBRE FV PRESA*. Nos recuerdan que Buda (que más tarde integrará la ciudad de Budapest, Hungría), bajo dominio turco desde 1541, fue asediada el 18 de junio de 1686 y tomada el 2 de septiembre por los Habsburgo.

LOS CAPITELES DEL MERCADO DE PESCADO

Pescheria Nuova
• Rialto

> *Un curioso catálogo de criaturas marinas*

Los clientes del mercado de pescado raras veces se fijan en los capiteles de las columnas que delimitan el perímetro de la *Pescheria nuova* (Pescadería Nueva). La columna central, decorada con cuatro cabezas esculpidas, conmemora el año de la construcción de la primera parte del edificio (1905), obra del arquitecto Domenico Rupolo, partiendo de un dibujo del pintor Cesare Laurenti, cuyo nombre está grabado en el capitel.

En una de las columnas laterales verá unos barcos cargados de grandes cestos, llamados *vieri*, que servían para mantener el pescado fresco hasta llegar a su destino. Los otros capiteles muestran numerosas criaturas marinas: cangrejos y langostas con grandes pinzas, peces de todos los tamaños, pulpos con largos tentáculos y majestuosos hipocampos. Si mira atentamente el ciclo de las esculturas de los capiteles, distinguirá también los nombres grabados de sus autores Domenico Rupolo y Cesare Laurenti.

La *Pescheria* fue construida en pleno periodo simbolista: la cima de los seis pilares interiores está decorada con emblemas florales y marítimos de estilo *Art Nouveau* (la rosa de los vientos, la concha de Santiago, el *bovolo* o caracol de mar, el bígaro y su molusco, el crustáceo, el cangrejo, el pez) así como con otros símbolos esotéricos (el sol, la luna y las estrellas y un blasón heráldico sin emblema).

LA *PESCHERIA*: UN EDIFICIO NEOGÓTICO DE 1907

Contrariamente a lo que se podría pensar, el edifico de la *Pescheria* es bastante reciente: inaugurado oficialmente en 1907, el edificio fue decorado por el artista y artesano Umberto Bellotto.

QUÉ VER EN LOS ALREDEDORES

LA INSCRIPCIÓN: «*PISCIS PRIMUM A CAPITE FOETET*» ❹

La primera planta, encima de los puestos alineados de la *Pescheria Nuova*, alberga las oficinas del Ministerio Fiscal (*Procura della Repubblica*). Se accede por una gran escalera con peculiares *pomos* de piedra en forma de piña, pulpo, concha y cabeza de pescador. Debajo de la escalera hay dos verjas -siempre cerradas- en hierro forjado. La más grande tiene una curiosa inscripción que alude a un adagio griego, traducido al latín en el siglo XVI por Erasmo de Rotterdam: «*Piscis primum a capite foetet*» («El pez comienza a pudrirse por la cabeza»).

Esta frase enuncia una verdad muy conocida por aquellos que comercian con pescado. Aunque se puede interpretar como un aviso a los clientes inexpertos, parece que también nos pone sobre aviso de los peligros del poder que corrompe lo que toca, de tal manera que la *cabeza* es la primera parte del cuerpo que se descompone. Era, tal vez, un consejo para los empleados de las autoridades municipales encargados de gestionar los mercados y cuyas oficinas estaban aquí mismo.

REVENDEDOR DE PESCADO: ¡UN PRIVILEGIO!

El antiguo oficio de *compravendi pesce* (revendedor de pescado) estaba reservado a los viejos pescadores, de más de 50 años, de Poveglia (una isla de la laguna sur) y de San Nicolò (en el Lido) que habían trabajado durante veinte años en alta mar. Para recompensarles por su dura labor, la Serenísima República les permitía ejercer esta profesión, muy preciada, al abrigo de los peligros marítimos. Los *compravendi pesce* tenían por santo patrón a San Nicolás y se reunían en la iglesia de la Beate Vergine ai Carmini.

PECES & MEDIDAS

Del lado del Gran Canal, sobre la pared del edificio que se erige detrás de la *Pescheria Nuova*, una placa de mármol muestra los tamaños, establecidos por la municipalidad, que debían tener los diferentes peces. Debían ser rigurosamente respetados para permitir que los peces se reprodujeran durante algunos periodos del año, regla que hoy permanece en vigor.

Hay unas placas de mármol muy parecidas en el campo Santa Margherita, en la Fondamenta della Tana, cerca del Arsenal, y en el interior del palacio de los X sabios (*Palazzo dei X Savi*), sede del Ministerio de las Aguas de Venecia.

EL RACIONAMIENTO DE LOS VÍVERES DURANTE LA GUERRA

Durante la Segunda Guerra Mundial, la primera planta del edificio de la *Pescheria Nuova* albergó las oficinas que distribuían las cartillas de racionamiento a la población de Venecia.

EL RETRATO DE ARETINO COMO RECUERDO DE SU ESTANCIA EN VENECIA

Sobre la fachada de la *Pescheria Nuova* observará dos obras de Cesare Laurenti: el león de San Marcos y la estatua de San Pedro pescador (tal vez un autorretrato del autor).

A la derecha, destaca una obra moderna del artista Guerrino Lovato: la efigie esculpida en terracota de Pietro Aretino, copia de una medalla que el escultor Alessandro Vittoria modeló para el escritor satírico originario de Arezzo. Esta

placa, colocada en 2001, rememora al libertino y crítico que, entre 1527 y 1556, vivió en el palacio Bollani, delante de la Pescheria, en el Gran Canal. Un bajorrelieve muestra un tintero con una pluma -en alusión a la actividad polemista del escritor- y el cartucho una cita del propio Aretino: «*Veritas filia temporis*» (La verdad es hija del tiempo).

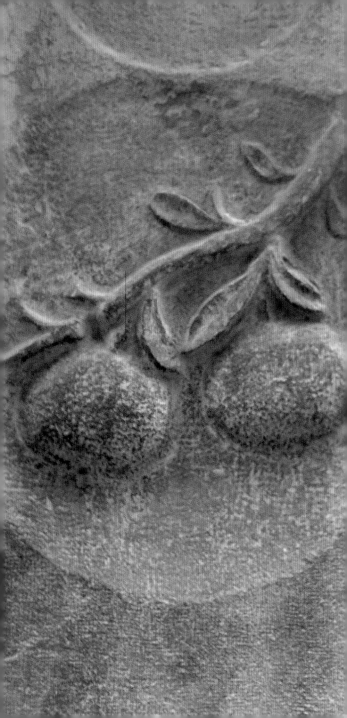

QUÉ VER EN LOS ALREDEDORES

EL PILAR DE LOS FRUTEROS AMBULANTES

Sobre el pilar de la esquina de la Ruga dei Spezieri con el Ramo Do Mori (en los números 379 y 395), dos bajorrelieves representan dos melocotones con sus rabillos entrelazados, símbolo de la cofradía de los vendedores ambulantes de frutas y de la Persicata (*Confraternita della Persicata e dei Fruttarioli*).

La *persicata* es una mermelada de melocotón (*persichi*) parecida a la mermelada de membrillo, muy apreciada en el Renacimiento.

En el número 374, otras dos frutas muy similares cuelgan de una rama.

LA CASA INCLINADA DEL 965A SAN POLO

En la calle del Sansoni, al final de la calle Arco, la casa del 965a tiene, casi seguro, una de las puertas de entrada más inclinadas de la ciudad.

RAMO DELLA DOGANA DA TERRA: RECUERDO DE LA ANTIGUA ADUANA DE LOS PRODUCTOS PROCEDENTES DE TIERRA FIRME

El nombre de la callejuela *Ramo della Dogana da Terra* recuerda que existió una aduana terrestre: hasta 1414 todas las mercancías desembarcaban en S. Biagio di Castello. El lugar se hizo pequeño rápidamente y se crearon dos aduanas: una, aún famosa, para las mercancías procedentes del mar (la *Dogana da Mar*, en la Punta della Dogana), y otra, hoy destruida, para las mercancías procedentes de tierra firme.

LA PUERTA DEL TONEL

San Polo 456 - calle Arco

n el laberinto de callejuelas situadas detrás del Rialto, la puerta del nº 456 es sorprendentemente curiosa: la forma acampanada de la parte inferior permitía antaño trasladar los toneles de vino que se almacenaban.

Una puerta de base acampanada para el traslado de los toneles de vino

QUÉ VER EN LOS ALREDEDORES

EL ALTORRELIEVE DEL TONEL

En el campo Rialto Novo -denominado así por haber sido trasladado más allá del campo di Rialto, en San Giacometto- varios pilares de los siglos XVI y XVII tienen esculpidos los símbolos de diversas corporaciones. En el número 551 podemos ver un tonel, emblema de la cofradía de los fabricantes de toneles (llamados *boteri*) que tenían sus almacenes en la zona (véase, por ejemplo, la puerta del tonel justo encima). Una de las calles vecinas, la calle dei Botero, cerca de la Pescheria, rememora este nombre.

LA CONFRATERNIDAD *DEI BOTERI*

La congregación de los *Boteri* (fabricantes de toneles) se encontraba frente a la iglesia de Gesuiti (Cannaregio), delante de la cual se puede ver un altorrelieve con un tonel. Los *Boteri* utilizaban muy a menudo roble de calidad superior para fabricar toneles más ligeros y maniobrables. Estaban obligados a reparar gratuitamente los toneles de la corte del Dogo.

En el número 553 hay una morera, emblema de los productores de seda que almacenaban sus mercancías en el barrio (véase pág. 19).

EL PROYECTO DE PALLADIO PARA EL PUENTE DE RIALTO

El Museo Gulbenkian de Lisboa posee un hermoso cuadro de Guardi que representa el proyecto del puente de Rialto que Palladio propuso a la ciudad de Venecia en el siglo XVI. En él se puede ver, como si este puente hubiera existido realmente, el Gran Canal rodeado, entre otros, del palacio Chiericati de Vicence, según la técnica habitual de Guardi de mezclar elementos reales con elementos imaginarios. El primer puente de Rialto, de madera, data de 1264. A partir de 1507, y tras varias reconstrucciones (un cuadro de Carpaccio, conservado en la Accademia, representa una de las versiones de madera, con un puente levadizo), surgió la idea de construir un puente de piedra, decisión tomada finalmente en 1525. En 1529, Miguel Ángel propuso su proyecto pero las opiniones fueron tan opuestas que la decisión quedo aplazada hasta 1551, fecha en la que se pidió a varios arquitectos que trazaran nuevos planos. Palladio, Scamozzi, Sansovino y Giacomo Barozzi Vignole entregaron diferentes proyectos pero el ganador fue Antonio da Ponte, el Bien Nombrado, en 1588, por su audaz -para la época- elección de un puente con un único arco que facilitaba la navegación en esta arteria tan frecuentada como lo era el Gran Canal. La construcción del puente concluyó en 1591. Aún hoy, son numerosos los venecianos (y no sólo ellos) que opinan que el puente de Rialto es pesado y poco elegante, y lamentan amargamente que el hermoso proyecto de Palladio no se llevara a cabo...

LA LEYENDA DEL DIABLO EN EL PUENTE DE RIALTO

Cuenta una leyenda local que durante la construcción del puente en el siglo XVI el diablo en persona habría exigido que se le entregara el alma del primer ser viviente que lo cruzara, amenazando, en caso contrario, con impedir la finalización de las obras. El arquitecto, Antonio da Ponte, aceptó. Pensaba ser más astuto y hacer cruzar un gallo... El diablo, que había descubierto la astucia del arquitecto, se presentó en su casa y le dijo a su mujer que la esperaban en la plaza.

Ésta, que estaba embarazada, fue a la plaza y según la tradición, el alma del niño, mortinato, vagó durante mucho tiempo en la plaza antes de subir al cielo ayudado por un gondolero.

GUERRA CIVIL EN VENECIA SOBRE EL PUENTE DE RIALTO

El último cañonazo se disparó en Venecia desde el puente de Rialto. Unos venecianos, exasperados contra los responsables de la ciudad que habían permitido a las tropas de Napoleón invadir la ciudad, empezaron a saquear las viviendas de los responsables del final de la República. Para poner fin a la revuelta, el gobierno provisional ordenó el 2 de mayo de 1797 disparar sobre la multitud desde los cañones del puente.

LA CIGÜEÑA: EL SÍMBOLO DE ARMAS DE LA FAMILIA DEL DOGO PASQUALE CICOGNA...

La cigüeña esculpida en el medallón, del lado sureste del puente, nos recuerda que el puente fue construido bajo el mandato del dogo Pasquale Cicogna.

OTROS PROYECTOS JAMÁS CONCLUIDOS:

Dos proyectos visionarios de finales del siglo XIX

Llevados por el entusiasmo provocado por el nuevo desarrollo industrial y la orientación decididamente turística de la ciudad, algunos pensaron en la manera de llegar directamente en tren a los alrededores de la plaza San Marcos: esta peculiar idea preveía la creación de una estación en la **isla de San Giorgio Maggiore**, que habría garantizado el acceso del flujo turístico al mismísimo corazón de Venecia. En 1852, el empresario Busetto, el *Fisola*, defendió el proyecto de construcción del arquitecto Cadorin de un fastuoso *Gran Hotel Termal* en la Riva degli Schiavoni, cerca del Palacio de los Dogos (véase página contigua). El proyecto se quedó en boceto.

El primer proyecto del puente de la Academia, rechazado en el siglo XIX

Desde el siglo XVI, se pensaba construir un puente que, aparte del de Rialto, uniese las dos orillas del Gran Canal permitiendo así desplazamientos fáciles y rápidos. Sin embargo, el primer proyecto, el del ingeniero Guiseppe Salvadori, director del Despacho Técnico Municipal de Venecia, no se presentó hasta 1838. Este nuevo puente debía conectar supuestamente el *sestiere* de San Marcos (a la altura de Santa Maria del Giglio) con los Zattere, en el *sestiere* de Dorsoduro que, entonces, estaba en aras de convertirse en el centro neurálgico de las actividades comerciales más importantes de la ciudad. Finalmente, en 1853, se eligió el proyecto del arquitecto Neville -empresario inglés especializado en construcciones en acero y propietario de una fundición en San Rocco-. Este puente estuvo funcionando hasta 1933, año en que fue sustituido por el puente de madera que precedió al actual puente.

Un cuarto puente sobre el Gran Canal en el siglo XIX

Al inicio de la etapa de relleno de algunos canales -para hacer la ciudad más practicable- Neville propuso crear un enlace rápido entre la estación y el campo Santo Stefano, pasando estratégicamente cerca de su fundición de San Rocco. El ingeniero ya había adquirido cierto renombre como constructor de dos puentes de acero sobre el Gran Canal (Academia y Scalzi). Sin embargo el proyecto nunca fue aprobado. Para lograr su objetivo, Neville debería haber resuelto la viabilidad del itinerario creando una nueva gran calle y otro puente de acero -el cuarto sobre el Gran Canal- a la altura del *traghetto* de Ca' Garzoni.

El nuevo hospital de Le Corbusier, iniciado pero jamás ejecutado

El proyecto de hospital diseñado por Le Corbusier, que debía erigirse en el sector del nuevo matadero municipal de San Giobbe, tampoco vio la luz. En 1965, el famoso arquitecto suizo firmó un contrato del pliego de condiciones y de la ejecución de las obras pero falleció meses más tarde. Los edificios permanecieron mucho tiempo en desuso hasta que, recientemente, fueron rehabilitados para albergar la Facultad de Económicas de la Universidad Ca'Foscari. Se pueden ver los planos del proyecto en la biblioteca de la Scuola Grande di San Marco (véase pág. 279).

EL «DISTANCIADOR» ⑨

Calle Toscana
San Giovanni a Rialto
• Vaporetto: Rialto Mercato

Para evitar que los edificios "rebasen" la calle

Cerca de Campo Rialto Novo, la corta Calle dei Preti, que se abre a la izquierda, está situada enfrente del ábside de la iglesia de San Giovanni Elemosinario, que forma un ángulo con la iglesia donde estaba la sede de la Schola dei oresi, zogielieri e diamanteri (Corporación de orfebres, joyeros y diamantistas). A unos pasos de ahí, desemboca en la calle Toscana. Si gira a la izquierda y levanta la vista, verá una piedra de Istria esculpida que atraviesa la calle, entre la primera y la segunda planta de los edificios. A ambos lados de esta piedra hay una inscripción separada por el escudo de la familia Gradenigo.

PER · IVRIS
DE · LA · CALE · DI

DITION ·
GRADENIGI

Esta curiosa piedra es un *distansiador*, es decir un "distanciador", que probablemente colocaron a semejante altura para asegurarse de que, cuando

se creó su cofradía, los orfebres no pudiesen exceder la distancia marcada por el edificio de enfrente. Uno de los edificios que sujeta la piedra era efectivamente la sede de la Schola dei oresi (Corporación de orfebres), que se reconstruyó en 1717. Habían tomado esa medida para que a la calle no le faltase aireación ni luz y para que no se estrechase demasiado, algo frecuente en el barrio del Rialto, donde la densidad de población era muy alta desde el periodo gótico.

Esta *calle* se llamaba antaño Calle dei Gradenigo, tal vez porque los edificios que ahí se encuentran pertenecían a esa ilustre familia. La familia Gradenigo apareció en Venecia en la segunda mitad del siglo IX y se convirtió en una de las casas más poderosas del patriciado veneciano. Tras vivir un tiempo en Aquilea, los Gradenigo habrían participado en la fundación de Grado, de ahí el apellido Gratico, que cambiaron luego a Gradenigo. En Venecia, habrían construido algunas iglesias. Tras dividirse en varias ramas, la familia aportó a la Serenísima República numerosas personalidades que destacaron en los ámbitos militar, eclesiástico, político y cultural.

¿POR QUÉ ESTA CALLE SE LLAMA CALLE TOSCANA?

Una importante comunidad toscana vivía en esta *calle*. Originarios de Lucca, estos toscanos se instalaron en Venecia en el siglo XIII para escapar de las incesantes luchas intestinas que asolaban su tierra de origen. Tras encontrar refugio en la Laguna, se dedicaron a la producción y al comercio de la seda, e incluso obtuvieron la ciudadanía veneciana gracias a la riqueza que les aportaban varios privilegios (ver p. 19).

SILUETAS DE UNA OSTRA Y DE UN PEZ

Campo san Giacometto di Rialto
• Vaporetto: línea 1 o 2, Rialto Mercato

El tamaño mínimo del pescado destinado a la venta

En la segunda columna del pórtico de la iglesia de San Giacometto, cerca del Rialto, hay dos pequeñas siluetas que representan una ostra y un pez. Según la tradición, estas siluetas corresponden al tamaño mínimo que debían tener estos productos para poder venderse en el mercado vecino. De este modo se buscaba proteger a las especies de peces para evitar que la pesca incontrolada deteriorase el ecosistema.

Incluso estaba prohibido vender pescados que no hubiesen alcanzado cierto tamaño y se establecieron normas severas y precisas a este respecto. Un decreto de la Serenísima República de Venecia, de 1173, informaba a los consumidores sobre el tamaño mínimo que debía tener el pescado que iban a comprar.

Desde la época de las primeras colonias, los habitantes de la laguna eran conscientes del hecho de que el territorio especial en el que vivían era un elemento indispensable para su supervivencia y su autonomía política, pero también para el crecimiento del comercio. El pescado era el alimento principal de estas poblaciones que no tardaron en darse cuenta de que una actividad económica tan fundamental debía estar minuciosamente controlada para estar protegida y de que había que regular su comercio. El uso de algunos accesorios de pesca estaba prohibido en ciertos lugares o en ciertas épocas del año, y las normas específicas buscaban evitar conflictos entre pescadores en el reparto de las zonas de pesca. Evidentemente, las leyes relativas a la venta de pescado eran por entonces muy numerosas, incluido lo concerniente al pesaje, para no engañar al comprador sobre la mercancía, so pena de pagar una multa. Se trataba de salvaguardar la salud pública y defender al consumidor en los mercados del Rialto y de San Marcos.

En el exterior del ábside de la iglesia, una inscripción en latín invita a los comerciantes a ser honestos: *Hoc circa templum sit jus mercantibus aequum, pondera nec vergant, nec sit conventio prava* (Alrededor de este templo, que la ley del comerciante sea imparcial, el pesaje justo y los contratos legales).

No muy lejos de ahí, en la Pescheria, el mercado de pescado del Rialto, pero también en el campo Santa Margherita y detrás del Arsenal, a lo largo del río Della Tana, hay unas placas que muestran el tamaño mínimo de los pescados a la venta en Venecia.

LA «BARBACANA MODELO» 9

Calle della Madonna 574

⓫

> *El modelo de «barbacana» para toda la ciudad de Venecia*

A dosada a los muros, y casi invisible entre las fachadas de los últimos edificios antes de llegar a la Riva del Vin, hay una barbacana en piedra de Istria con una discreta inscripción grabada en ambas caras: «*PER LA IVRISDICIOM DE BARBACANI*». De hecho, esta barbacana servía de modelo para la fabricación de los refuerzos murales salientes cuyas dimensiones establecían rigurosamente las autoridades venecianas para evitar los abusos (véase a continuación).

¿QUÉ ES UNA BARBACANA?

Las barbacanas son unas vigas de madera que se usan para ampliar la superficie interior de los edificios sin, por ello, quitar espacio a las estrechas calles venecianas llamadas *calli*: sujetan este espacio habitable adicional saliente a la altura de la primera planta. Gracias a esta astuta solución las plantas superiores eran más amplias que las plantas inferiores garantizando así la circulación de los peatones y una mejor viabilidad.

El término *barbacana* también se encuentra en el léxico de la arquitectura militar. En la Edad Media designaba las estructuras de fortificación adelantadas, de forma circular, que reforzaban las fortalezas. Este término designaba también el muro con aspilleras que se levantaba delante de la entrada de las ciudadelas con el fin de proteger un paso, una puerta o una poterna, así como las construcciones de albañilería que, a veces, unían los arcos de sujeción de un camino de ronda.

Comúnmente, la palabra se ha acabado usando para designar cualquier estructura de refuerzo colocada en el exterior de una vivienda.

La etimología de *barbacana* es bastante incierta. Algunos aseguran que esta palabra tiene un origen oriental: tal vez deriva del árabe *b-albaqára*, que significa *puerta de las vacas*, una construcción de este tipo servía para proteger el cercado donde se guardaba el ganado, cerca de las murallas. En el pasado, existían en Constantinopla barbacanas muy parecidas a las barbacanas venecianas, como se puede ver en un dibujo de 1878 de Cesare Biseo, ilustrador del reportaje de Edmondo De Amicis sobre la capital del Imperio otomano.

Hay barbacanas en todos los barrios de la ciudad. Los ejemplares mejor conservados están cerca del puente de Rialto y en la calle del Paradiso, a dos pasos del campo Santa Maria Formosa.

QUÉ VER EN LOS ALREDEDORES

EL ALTORRELIEVE DE LOS CUATRO SANTOS CORONADOS
Antigua *scuola* de los talladores de piedra

Justo a la izquierda de la fachada de la iglesia Sant'Aponal, en la segunda planta de la casa del nº 1252, un altorrelieve representa a cuatro santos coronados. Esta casa era la sede de la *scuola* de los talladores de piedra, fundada en 1515, cuyos santos patronos eran los Cuatro Santos Coronados (véase a continuación).

¿POR QUÉ LOS CUATRO SANTOS CORONADOS SON LOS SANTOS PATRONOS DE LOS TALLADORES DE PIEDRA?

Cuenta la leyenda que Claudio, Castorio, Simproniano y Nicostrato eran unos escultores romanos convertidos al cristianismo. Tras negarse a ejecutar una estatua del dios pagano Esculapio para el emperador Diocleciano fueron martirizados en 304, en Panonia (aproximadamente la actual Bosnia): los encerraron en ataúdes de plomo y los tiraron a un río. Simplicio, también cristiano, fue descubierto mientras recuperaba los restos mortales de sus compañeros. Fue asimismo martirizado, razón por la cual a veces aparece en la lista de los Cuatro Santos Coronados.

A veces se confunden los Cuatro Santos Coronados con los santos Segundo, Carpofor, Victorino y Severiano. Este grupo de cuatro soldados romanos habrían sido martirizados en 289 por negarse a venerar la estatua de Esculapio, pero incluso su existencia es muy discutida.

El término anónimo de *Cuatro Santos Coronados* fue dado en una época en que el nombre de los cuatro mártires era aún desconocido.

Se han convertido en los santos patronos de los albañiles, talladores de piedras y escultores, y su fiesta es el 8 de noviembre.

QUÉ VER EN LOS ALREDEDORES

LA SALA CAPITULAR DE LA ANTIGUA *SCUOLA* DE LOS COMERCIANTES DE VINO ⓭

Iglesia de San Silvestro
• Abierto todos los días de 09 a 12 h y de 14 a 17 h
• Acceso a la sala capitular previa petición

Pidiéndolo con amabilidad, y si hay alguien disponible, es posible visitar la hermosa sala capitular de la antigua *scuola* de los comerciantes de vino. Edificada entre 1573 y 1581 por Chiona Lombardo, está situada en el lateral derecho de la iglesia, en la primera planta, la cual es muy anterior. De hecho la iglesia se reconstruyó totalmente entre 1837 y 1843, y su fachada data de 1909. En el barrio, además del nombre de *Riva del vin*, existen otros vestigios de la actividad ligada al vino, como el altorrelieve del tonel y la puerta del tonel (véase pág. 141).

LA MASONERÍA EN VENECIA

Wilmshurst, uno de los fundadores de la masonería especulativa* en el siglo XVIII, la define como : «Un sistema sacramental que, como todo sacramento, tiene un aspecto exterior y visible en su ceremonial, sus doctrinas y sus símbolos; y otro aspecto interno, mental y espiritual, oculto en las ceremonias, las doctrinas y los símbolos, y que sólo es accesible al masón que haya aprendido a servirse de su imaginación espiritual y que es capaz de apreciar la realidad velada por el símbolo exterior».

Il Frosini afirma que la masonería operativa original ya existía en Venecia en los siglos XV y XVI. En 1515, su sede habría sido trasladada a Sant Aponal gracias a Pietro Lombardo, que había comprado un terreno a los pies del campanilo. Aún hoy se puede ver sobre la fachada del nº 1252 el altorrelieve de los Cuatro Santos Coronados con la inscripción: «*MDCLII SCOLA DI TAGLIAPIERA*» (véase doble página anterior). Esta escuela de talladores de piedra libres mantuvo su actividad en Venecia hasta 1686, fecha en la que se prohibió la masonería. Sólo tras la visita a Venecia del Gran Maestre de la Logia de Londres en 1729 y de su estancia en una casa en Madonna dell' Orto, la masonería retomó gran fuerza pero bajo una nueva forma, la especulativa. Marconis de Negre, hijo de un oficial de la flota francesa en Egipto, fundó entonces la Sociedad de los Sabios de la Luz, punto de partida de la expansión de la masonería veneciana en el siglo XVIII.

Deseando convertir Venecia en un modelo de perfección moral y social, como se puede constatar, por ejemplo, en el poema heroico del filósofo y masón Giulio Strozzi, *La Venetia Edificata* (véase pág. contigua), los masones venecianos se sirvieron de la literatura y de las bellas artes para impulsar profundas reformas en el tejido social y urbano veneciano.

En contraposición a este pensamiento, la masonería también utilizó de modo anacrónico la *Carbonería***, que apareció en Italia a principios del siglo XIX a iniciativa del General Pepe. Éste destacó, en particular, por sus acciones armadas que propagaron el terror en la República veneciana y en toda la península italiana. Aunque en parte por esta razón la masonería siempre estuvo vigilada de cerca por las autoridades venecianas, cinco Logias masónicas seguían existiendo en 1778 (dos en Venecia, una en Brescia, una en Vicenza y otra en Padua). Sin embargo, algunos masones tomaron distancia de las agitaciones políticas de su tiempo dedicándose exclusivamente a la práctica espiritual, aun cuando ésta también estaba siendo estrechamente vigilada por la Iglesia, que veía en la masonería un adversario en materia de conocimiento y tradición.

Según el *Inventario del 7 de mayo de 1785*, revelado por Rossi Osmida en 1988, la primera y principal Logia de Venecia se llamaba *Fedeltà* y fue fundada en 1780. Ubicada en el Palazzo Contarini, al borde del Rio Marin (Santa Croce 803), se distinguía por sus estudios de alquimia y hermética. Practicaba el Rito Escocés Rectificado. Después adoptó el rito de Misraim, fundado por Cagliostro, en Venecia, en 1788. Esta Logia fue fundada por Domenico Gasperoni y el veneciano Michele Sessa.

La Logia *Fedeltà* permaneció en activo probablemente hasta finales del siglo XIX. Renombradas personalidades de la masonería han pertenecido a esta Logia como Giuliano de Lorenzo, Francesco Milizia y su discípulo Tommaso Temanza (1705-1789), arquitecto de la iglesia de la Madalena (véase pág. 255). La Logia *Union* se encontraba en la corte de Mosto, en San Marcuola. Casanova fue otro famoso masón de Venecia.

*La masonería operativa nació en los *Colegium Fabrorum*, colegios de arquitectos y artesanos de la Roma antigua. Se hizo famosa con los *Monjes Constructores* de la Edad Media y perduró hasta principios del siglo XVII. La masonería especulativa (moderna) nació en Francia en 1717 en Clermont-Ferrand. Aún hoy destaca por sus estudios filosóficos y sus rituales secretos.
**Los «buenos primos carbonarios» se reunían en secreto en las cabañas de los carboneros, de ahí su nombre.

EL ALTORRELIEVE DEL PAPA DORMIDO ⑭

Sottoportego della Madonna

> **La falsa leyenda del Papa obligado a dormir en la calle...**

A escasos metros del campo Sant'Angelo, la entrada del *sottoportego della Madonna* (en la esquina de la calle Madonna y la calle del Perdón) tiene una inscripción grabada en la madera, debajo del nombre del *sottoportego*. En el centro, un pequeño retrato grabado recuerda una curiosa historia. Según cuenta la leyenda el papa Alejandro III (véase pág. 70), que había venido a Venecia para firmar la paz con el emperador Federico Barbaroja, habría pasado la noche aquí, durmiendo en plena calle, al abrigo de las miradas indiscretas, por miedo a un complot del Emperador, en lugar de dormir, como debería haber hecho, en el palacio patriarcal situado no muy lejos en San Silvestro (del que queda un fresco en el *sottoportego* que lleva al *vaporetto* de San Silvestro). Otra versión menciona su presencia, esa misma noche, en San Salvador.

Aunque algunos afirman que efectivamente el Papa pasó la noche en el palacio patriarcal situado cerca, según otras fuentes durmió posiblemente cerca del *sottoportego* pero no en la calle: según unos documentos, los Templarios (que aparentemente formaban parte de la guardia personal del Papa - véase pág. 261), poseían un edificio llamado *Casa della Madonna*, situado en el emplazamiento de la actual casa, a la izquierda del *sottoportego*.

Es ahí donde, tal vez, durmió el Papa. Sorprendentemente existen también inscripciones neotemplarias sobre las paredes interiores del *sottoportego* (véase a continuación).

Hay una pequeña escultura del Papa durmiendo, detrás de las verjas del altar situado debajo del *sottoportego*. En recuerdo de este episodio, se otorga una indulgencia perpetua a quien recite, aquí mismo, un Padre Nuestro y un Ave María…

LAS INSCRIPCIONES NEOTEMPLARIAS DEL *SOTTOPORTEGO DELLA MADONNA*

Debajo del *sottoportego della Madonna*, si gira y levanta la cabeza, verá unas curiosas inscripciones ocultas debajo del techo, y discretamente fijadas a las paredes, tales como el famoso «*Non nobis domine, non nobis, Sed nomini tuo da gloriam nos perituri mortem salutamos*» (véase pág. 260). Si mira atentamente podrá incluso ver un pequeño soldado templario escondido detrás del ramo de flores del altar del Papa dormido. Lejos de ser fórmulas de la época de los Templarios, estas inscripciones se deben probablemente al resurgimiento de un movimiento neotemplario en el mismo lugar de la antigua *Casa della Madonna* de los Templarios. Al parecer, la casa parece datar de 1830 y no queda ningún recuerdo de la época de los Templarios.

LA CRUZ DE VENECIA

La cruz que vemos a la entrada del *sottoportego della Madonna* no es una cruz templaria sino una cruz de Venecia (véase pág. 86). También podemos verla en la entrada del campo San Polo, en la esquina de la calle Bernardo, y al final de la calle del Perdón, a escasos metros del *sottoportego*.

CHI BACIA QUESTA CROCE
AQUISTA 7 GIORNI
D'INDULGENZA

RICORDO
DEL SGIUBILEO
1888

LAS INDULGENCIAS. «TAN PRONTO COMO LA MONEDA EN EL COFRE RESUENA, EL ALMA AL CIELO BRINCA SIN PENA».

En la doctrina católica el sacramento de la confesión borra el pecado. Pero este sacramento no expía la pena del purgatorio, del cual se espera salir lo antes posible. La indulgencia puede acortar, incluso anular, el tiempo de estancia en el purgatorio. La indulgencia es parcial o plenaria según libere, parcial o totalmente, de la pena temporal debida por el pecado.

Se obtiene la indulgencia mediante obras piadosas (peregrinaciones, oraciones, mortificaciones), realizadas en este sentido con espíritu de arrepentimiento. Tradicionalmente, las indulgencias parciales se calculaban en días, meses o años. Contrariamente a lo que podríamos creer, las indulgencias no corresponden directamente con una reducción de tiempo en el purgatorio sino que indican la disminución de la pena del purgatorio cuando se practicaba la correspondiente penitencia. Su práctica, heredada del derecho romano, se remonta al siglo III, época en la que era importante reincorporar en el seno de la Iglesia a los cristianos que habían renegado de su religión durante las persecuciones. La *simonía* es una desviación de la indulgencia: los fieles acuerdan con el cura un acto de caridad que la mayoría de las veces consistía en una donación de dinero contante y sonante. Un famoso ejemplo data de 1515: ese año, el dominico Johann Tetzel se encargó de vender indulgencias en nombre del Arzobispo de Maguncia, Alberto de Brandeburgo, quien retenía el 50% de los importes para pagar sus gastos de manutención. Para colmo de cinismo, la divisa que el monje perceptor anunciaba, a golpe de tambor, para atraer a las masas, era: "Tan pronto como la moneda en el cofre resuena, el alma al cielo brinca sin pena". Es en este clima de escándalo cuando Lutero interviene el 31 de octubre de 1517, víspera de Todos los Santos, publicando 95 tesis que denunciaban la práctica de las indulgencias. La querella de las indulgencias será una de las causas del cisma entre protestantes y católicos.

En 1967, Pablo VI suprimió toda referencia al número de días o años determinados, pero la indulgencia en sí misma, a pesar de ser menos común que antes, sigue existiendo como práctica: durante el jubileo del año 2000, el papa Juan Pablo II concedió indulgencias. Los protestantes se opusieron en vano. 500 años después, la historia continúa.

La **simonía** es, para los cristianos, la compra y venta de bienes espirituales. Su nombre proviene de Simón el Mago, un personaje que quiso comprar a San Pedro su poder para realizar milagros (Hechos, VIII: 9-21) lo que le valió la condena del apóstol: "¡Tu dinero perezca contigo, porque has pensado que el don de Dios se obtiene con dinero!"

LAS ALMAS DEL PURGATORIO

Si es posible acortar la estancia en el purgatorio (ver más arriba), también es posible reducir la estancia en el purgatorio de las almas que ya están allí: es lo que llamamos la Comunión de los Santos. Cuando un cristiano vivo reza por un alma ya presente en el purgatorio, ésta ve su estancia reducida. Paralelamente, el alma del purgatorio interviene igualmente a su favor.

LA PROSTITUCIÓN EN VENECIA: ¡EN EL SIGLO XVI, HABÍA MÁS DE 11 000 PROSTITUTAS EN VENECIA!

En los tiempos de esplendor de la Serenísima, había un barrio entero detrás del Rialto dedicado a la prostitución, una actividad floreciente y fuente de importantes ingresos. Aún hoy quedan algunos rastros, en torno al restaurante *Antiche Carampane*, cuya traducción literal significa «*putas viejas*». Justo al lado, otro vestigio, el **ponte delle Tette**: las cortesanas se exhibían en este puente, con los pechos desnudos, para atraer a los clientes. Según la tradición, esta costumbre estaba en realidad impuesta por el gobierno de la Serenísima, que prefería fomentar pecados menores en los clientes para así poder, en consecuencia, luchar contra un pecado mayor, la homosexualidad. Ésta estaba muy extendida en Venecia y era considerada en la época «un pecado contra natura». La homosexualidad era tan frecuente en la Venecia del Renacimiento que, en 1511, las prostituidas de la ciudad hicieron llegar al patriarca Contarini una petición para que tomara medidas.

Los hombres, al practicar la sodomía, no necesitaban satisfacer sus necesidades sexuales con prostitutas. Probablemente el ser numerosas era otra de las razones que explican las dificultades económicas de la mayoría de las prostitutas (véase a continuación). Según un censo de la época, en 1509 Venecia tenía 11 164 prostitutas. Más de una habitante de cada cinco (o de cada diez, según las fuentes) se dedicaba a uno de los oficios más viejos del mundo en las calles de la ciudad.

A escasos pasos del **ponte delle Tette**, el restaurante *Antiche Carampane* es probablemente el mejor restaurante de Venecia.

¿POR QUÉ LLAMABAN *CARAMPANE* A LAS PROSTITUTAS VENECIANAS?

Hasta 1358 las prostitutas estaban relegadas en el *Castelletto*: un grupo de casas situadas cerca de la iglesia de San Matteo, en el Rialto, pertenecientes a las familias Venier y Morosini. De noche, tras sonar la tercera campanada en el campanilo de San Marco, las prostitutas debían encerrarse en sus casas y no podían, en ningún caso, exhibirse durante las fiestas de la parroquia.

Con el tiempo, las prostitutas acabaron esparciéndose por la ciudad y practicando el oficio en muchos lugares, en particular, cerca de las iglesias. En 1421, la ciudad, exasperada por estas prácticas poco respetuosas, decidió reagruparlas de nuevo en las casas que habían heredado de la familia Rampani, una vieja familia rica veneciana cuyo último representante había fallecido en 1319. El palacio de esta familia se llamaba *Ca' Rampani*, y la palabra *Carampane* se convirtió rápidamente en el término para denominar a las cortesanas que vivían ahí.

Se venía de muy lejos para consumar estos amores tarifados, y ello a pesar de que la actividad estaba severamente controlada y delimitada: de hecho, las cortesanas estaban obligadas a regresar a sus casas por la noche so pena de pagar una multa y recibir 10 latigazos. Asimismo, estaba prohibido tentar a los hombres en fechas cercanas a la Navidad, Pascua o cualquier otra fiesta religiosa importante. En caso de transgresión, el castigo era 15 latigazos.

Las prostitutas tampoco podían frecuentar los bares y restaurantes y sólo podían pasear por Venecia los sábados, con un pañuelo amarillo alrededor del cuello.

Una vez más, en el siglo XVII, las jóvenes prostitutas obtuvieron el derecho de recorrer la ciudad. El barrio de las *Carampane* sólo albergaba a las más viejas. Por cierto, éstas tenían totalmente prohibido salir de sus casas ya que relacionarse con ellas era incluso desagradable para la vista.

Para las demás, las reglas seguían siendo estrictas, como lo exigía la ley del 13 de agosto de 1644: prohibido vivir en el Gran Canal, pagar más de cien ducados de alquiler, desplazarse en una barca de dos remos, entrar en una iglesia durante los oficios y fiestas religiosas, llevar el abrigo blanco de las jóvenes, usar prendas doradas, lucir joyas o perlas. Al igual que sus proxenetas, no podían testificar en los procesos criminales ni denunciar a quien se hubiera negado a pagar por sus servicios.

El ***Traghetto del Buso*** es otro vestigio de esta epopeya que recuerda el lugar donde los gondoleros cruzaban a los clientes de las prostitutas, a los pies del Rialto, del lado del Fondaco dei Tedeschi. La palabra *Buso* significa *agujero* en veneciano y recuerda de forma muy vulgar el sexo femenino.

Según otra fuente, el *traghetto* habría tomado este nombre el día que, tras una prohibición, las prostitutas fueron finalmente reagrupadas. Muchas de ellas habrían pasado por este *traghetto*. El padre Coronelli, en su libro *Viaje de Italia a Inglaterra* (1697), también cita la existencia del T*raghetto dei Ruffiani* (de los proxenetas) y el del *Buso*. Al parecer, en realidad, el *traghetto* se llama así porque la moneda que se usaba para pagar el paso del Gran Canal tenía un agujero en el centro.

LA PLACA DE LA IMPRENTA DE ALDO MANUZIO

San Polo 2311
• Rio Terrà Secondo

> **Aldo Manuzio, el inventor de los caracteres itálicos**

La placa de la casa nº 2311 «*MANUCIA GENS ERUDITOR NEM IGNOTA HOC LOCI ARTE TIPOGRAPHICA EXCELLUIT*» evoca el lugar que supuestamente ocupó la imprenta que fundó Aldo Manuzio (1449-1515) en el siglo XV.

En realidad, esta inscripción rememora el pasado glorioso de Venecia y de sus imprentas: poco tiempo después del descubrimiento de los caracteres móviles por Giovanni Gutenberg, alrededor de 1440, la ciudad tomó conciencia de la revolución que se estaba iniciando. Giovanni da Spina fue el primero en obtener la autorización para abrir una imprenta, en 1468. Imprimió el primer libro en Venecia: *Las cartas de Cicerón*.

Sin embargo, uno de los impresores más famosos era Aldo Manuzio, que abrió su imprenta en Venecia en 1494.

Simpatizante con las ideas de Pico della Mirandola, Manuzio se propuso salvar los mejores textos amenazados por la Inquisición del Vaticano, ayudando así a los humanistas del Renacimiento a difundir su revolución cultural, resucitando las antiguas civilizaciones y colocando las bases de una nueva sociedad.

Para facilitar la difusión de sus libros, Manuzio realizó obras más pequeñas, menos caras y más manejables. Asimismo, en 1501 tuvo la genial idea de inclinar levemente los caracteres para que cupieran más palabras en un mismo espacio. Los caracteres itálicos acababan de nacer.

Uno de sus libros más famosos sigue siendo *Hypnerotomachia Poliphili* (El Sueño de Polífilo) atribuido a Francesco Colonna. Publicado en 1499, es a menudo considerado una de las obras más hermosas del Renacimiento. Incluye numerosos grabados y la edición roza casi la perfección (véase pág. 349).

Hay una placa identificativa en la antigua casa de Aldo Manuzio, en el actual campo Manin (antiguo campo San Paternian, véase pág. 33) que fue la sede de la *Accademia Filellenica Aldina*, un vivero de pensamiento humanista, digno sucesor de la academia florentina de Marsile Ficin y Pico della Mirandola.

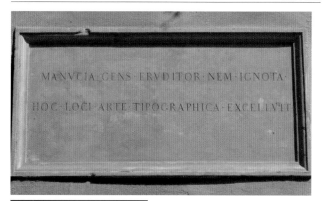

QUÉ VER EN LOS ALREDEDORES

EL ADOQUÍN DE LA COLUMNA DE LA INFAMIA
Campo San Agostino

16

En el suelo del campo, a los pies del nº 2304B, en la esquina de la calle Chiesa, un pequeño adoquín muestra una indicación sibilina: «*LOC. COL.BAI. THE. MCCCX*». Rememora la conjuración de 1310 guiada por Bajamonte Tiepolo: durante su intento por derrocar a la República, el puente de Rialto se quemó, y le exiliaron a Istria. Derribaron su casa y colocaron en su lugar una columna llamada «de la infamia». El adoquín hace referencia a ella. Durante un tiempo fue un elemento decorativo en el jardín de una villa del lago Como. Su última propietaria, la duquesa Josefina Melzi-d'Eril Barbo trajo la columna a Venecia. Hoy se encuentra en los depósitos del Palacio de los Dogos. Según la tradición, el Consejo de los Diez se creó tras esta conjuración.

Aún existen en Venecia otros vestigios relacionados con esta conjuración: véanse págs. 29, 63 y 128.

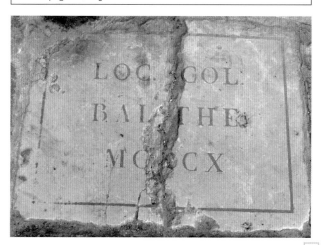

CA' SAN BOLDO

Rio Terà I
San Polo 2281
• Reservas: (+39) 042 166 171 o info@adriabella.com
• Tenis: 15€ la hora
• Apartamento Grimani: entre 230€ y 290€ la noche (3 noches mínimo)
Y entre 1400€ y 1750€ la semana

> *Jugar en la única pista de tenis de tierra batida del centro de Venecia*

Para los que no viven en el barrio es bien difícil imaginar que existe una magnífica pista de tenis de tierra batida en pleno corazón de la ciudad. ¡Los que duermen en uno de los tres apartamentos que se alquilan frente a la pista, y cuando no la utilizan los miembros del club, pueden jugar en ella (suplemento de 15€ la hora)! Pelotear rodeado de palacios y casas que dan sobre la pista es una experiencia absolutamente única. Uno deja de sentirse como un turista en Venecia y tiene la agradable sensación de estar en el campo.

La familia Pasti alquila tres apartamentos. Les recomendamos especialmente el *Grimani* (140 m², para 6 personas): posee un acceso exclusivo al pequeño jardín que separa la pista de tenis de la casa. Hay dos mesas, una al sol y otra a la sombra, donde podrá desayunar, (así como almorzar y cenar) en una atmósfera única en Venecia.

Los tres apartamentos están agradablemente decorados (vigas vistas entre otros) y son muy funcionales.

Desde la pista y los apartamentos se disfruta de una sorprendente vista sobre el campanario truncado de la antigua iglesia de San Baldo, cuya destrucción finalizó en 1826. Hoy son viviendas.

¿DE DÓNDE PROVIENE LA PALABRA *SAN STIN*?

A escasos pasos de la pista de tenis, se encuentra el campo San Stin. *San Stin* es un diminutivo veneciano para San Stefanino, nombre de la pequeña iglesia que fue destruida poco después de 1810. Oficialmente, ésta se llamaba San Stefano pero tomó el nombre de San Stefanino para no ser confundida con su imponente homónimo del sestiere de San Marco. El San Stefano de las dos iglesias no es el mismo. El del barrio de San Marco fue el primer mártir cristiano mientras que el de Santa Croce era un confesor.

LA INSCRIPCIÓN «*STATIONI DELLE SETTE CHIESE DI ROMA IN PERPETUO*» ❶⑧

Iglesia de San Polo
• Campo San Polo

¿Un recuerdo de la peregrinación romana de San Felipe Neri?

Justo sobre el pórtico de entrada de la iglesia de San Polo una discreta inscripción esculpida en la madera reza: «*Stationi delle sette chiese di Roma in perpetuo*».

Es probablemente un recuerdo de la peregrinación, creada a iniciativa de San Felipe Neri (1515-1595), cuyo objetivo consistía en recorrer las siete iglesias principales de Roma: las cuatro basílicas mayores de Roma (San Pedro, San Juan de Letrán, Santa Maria Maggiore y San Pablo Extramuros) así como San Lorenzo, Santa Cruz de Jerusalén y San Sebastián (véase del mismo editor, *Roma insólita y secreta*).

Cuenta la tradición que cada trayecto de la peregrinación correspondía con uno de los siete trayectos que Cristo recorrió durante su Pasión: del Cenáculo a Getsemaní; del jardín a la casa de Anas; de esta casa a la de Caifás; de ahí a la de Poncio Pilatos; de ahí al palacio de Herodes; de regreso, de casa de Herodes al palacio de Poncio Pilatos y finalmente al Calvario.

En Venecia, para aquellos que no podían desplazarse hasta Roma, se creó un recorrido similar durante el Renacimiento que pasaba por las siete iglesias venecianas. Aunque es difícil encontrar rastros de esta peregrinación veneciana, al parecer entre las siete iglesias se hallaban: San Polo (en recuerdo de San Pablo Extramuros de Roma. En 1805 la iglesia veneciana copió las columnas que sujetan la nave), la Fava (sede de la congregación de San Felipe Neri en Venecia), San Martino (cuyas pinturas de la sacristía hacen referencia a San Felipe Neri), la iglesia destruida de la Umiltà en los Zattere (con su oratorio dedicado a San Felipe Neri) y la Maddalena.

Del mismo modo y para aquellos que no podían desplazarse hasta Jerusalén, los Franciscanos crearon en los siglos XV y XVI (en una época en que era complicado y peligroso viajar), unos lugares de peregrinación donde estaban reproducidas escenas de la Pasión de Cristo. Tres de estos lugares estaban en Europa: Montaione en la Toscana (véase *Toscana insólita y secreta*, del mismo editor), Varallo en Lombardia y Braga en Portugal.

SAN FELIPE NERI: UN SANTO CUYO CORAZÓN DUPLICÓ DE VOLUMEN AL RECIBIR EL ESPÍRITU SANTO

Fundador de la Congregación del Oratorio, también llamada Congregación de los Filipenses, en recuerdo a su nombre, San Felipe Neri (1515-1594) fue a menudo apodado el «santo de la alegría» por su carácter jovial. Inspirándose en las primeras comunidades cristianas, deseaba llevar una vida cotidiana intensamente espiritual, la cual estaría basada en la oración (fue uno de los primeros en ser capaz de tener a su alrededor a laicos, con los que rezaba), la lectura, la meditación de la palabra de Dios y los elogios al Señor, utilizando, principalmente, el canto y la música. En su opinión, la música era un medio privilegiado para llegar al corazón de los hombres y acercarlos a Dios. Fue uno de los ardientes defensores del renacimiento de la música sacra. En 1544, mientras rezaba sobre las tumbas de los primeros mártires, en las catacumbas de San Sebastiano, su corazón se vio invadido de repente por una inmensa alegría y una luz muy intensa le iluminó. Al levantar la mirada, el santo vio una bola de fuego que se detuvo sobre su boca y penetró en su pecho. Su corazón, al contacto con la llama, se dilató. La violencia del choque le partió dos costillas. El Espíritu Santo había penetrado en el santo, tal y como hizo con los apóstoles durante el Pentecostés. En el siglo XVII, una autopsia científica confirmó que su corazón era dos veces mayor que el de cualquier ser humano. Desde ese día, nada volvió a ser lo mismo. El latido de su corazón era tan fuerte que se podía oír a varios

metros de distancia y el calor que le invadía permanentemente le permitía afrontar los rigores del invierno con sólo una camisa. Este episodio ayudó a crear el símbolo de la congregación, que se sigue utilizando hoy en día: un corazón del que surgen unas llamas. San Felipe Neri se ocupó de los enfermos, de los pobres y de los discapacitados pero también de los jóvenes a los que deseaba alejar del aburrimiento y de la tristeza. Les recordaba siempre que había que vivir en la alegría y les congregaba muchas veces a su alrededor. La leyenda cuenta que un día, cuando el griterío se hizo demasiado intenso, el santo dijo: «¡Tranquilícense, amigos míos, si es que pueden!». Dotado de importantes poderes espirituales, llegó incluso a resucitar a un joven durante unos breves instantes.

QUÉ VER EN LOS ALREDEDORES

EL BAJORRELIEVE «ALLA COLONNA E MEZZA»

La farmacia del campo San Polo tiene un nombre curioso: *Alla colonna e mezza*. Tiene una hermosa decoración de finales del siglo XIX y originalmente se llamaba A*lle due colonne*. En 1586, una ley ordenó que cambiara de nombre y de letrero porque existía una farmacia con el mismo nombre en San Canciano (véase pág. 189). Cortaron simplemente un trozo de la segunda columna. En el lado derecho de la fachada de la farmacia vemos una sorprendente insignia grabada en la piedra. El emblema está también en el interior de la farmacia, en el techo, detrás del mostrador.

LOS LEONES DEL CAMPANARIO DE SAN POLO

A los pies del campanario de San Polo, justo enfrente de la entrada, hay dos curiosos leones esculpidos. Uno lucha contra una serpiente (o un dragón con cabeza de anguila) mientras que el otro sujeta una cabeza humana entre sus garras. Cuenta la leyenda que estas esculturas aluden al castigo infligido en 1432 a Francesco Bussone, el *Carmagnola*, quien, tras ser sospechoso de traición a los venecianos, fue encarcelado y ahorcado.

Originalmente al servicio del duque de Milán, Francesco Bussone se convirtió en el liberador del Milanés en el siglo XV. Visconti temía su poder y Carmagnola se vio obligado a huir a Venecia en 1424. En 1427, al mando de las armadas venecianas, ganó una batalla en Mácalo pero su generosidad para con los prisioneros hizo que Venecia sospechara. Varios reveses y, sobre todo una derrota en 1431, hizo que le reclamaran en Venecia en 1432. Al día siguiente de su entrada triunfal, le encarcelaron y murió en el patíbulo. Según algunas fuentes el personaje no fue Carmagnola sino el dogo Marino Falier quien traicionó a la Serenísima en el siglo XIV.

EL MASCARÓN DE HÉRCULES
Palazzo Maffetti-Tiepolo - Cannaregio 1957

La puerta de entrada del palacio Maffetti-Tiepolo luce un discreto y hermoso mascarón que representa a Hércules (Heraclio en griego) con su tradicional cabeza de león. Ésta rememora la primera de sus doce obras, que consistió en matar al león de Nemea. Hijo de Zeus (Júpiter), Hércules mató al león, considerado invencible, ahogándolo. Usó su piel como coraza y su cabeza como casco, volviéndose invulnerable. La representación del mascarón hacía alarde del poder de los propietarios. El palacio fue construido en el siglo XVIII, probablemente por G. Massari. Hércules y el león de Nemea también están representados en un altorrelieve del Palazzo Soranzo, a unos pocos metros a la izquierda (nº 2170).

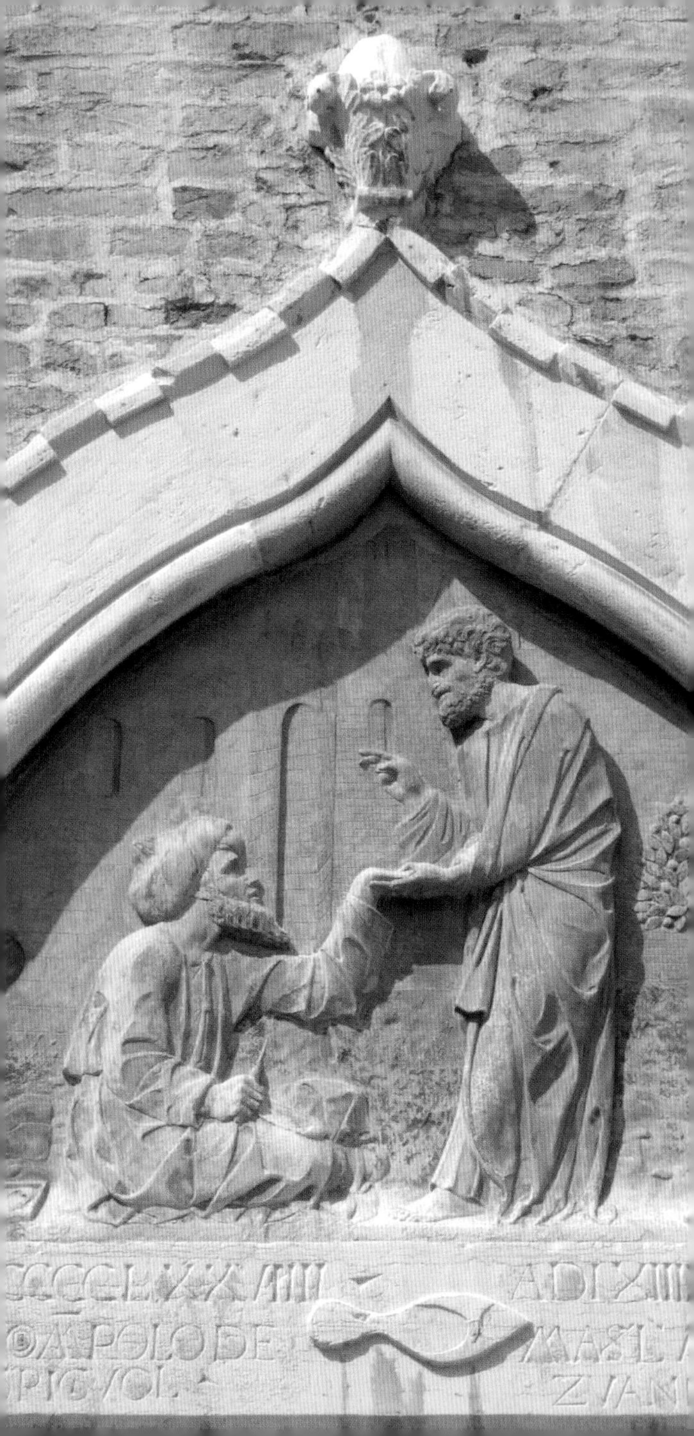
CCCLXXVIII
ADI XIII
A POLO DE
PIGVOL
ZVAN

EL BAJORRELIEVE DE LA *SCUOLA* DE LOS ZAPATEROS

Campo San Tomà, n° 2857

L a antigua sede de la *Scuola del Calegheri* (*Calzolai*) (*Scuola de los Zapateros*) data de 1446 y tiene en la puerta de entrada un interesante bajorrelieve que pasa a menudo desapercibido. Atribuido a Pietro Lombardo (1478), representa a San Marcos

> **San Marcos, santo patrón de Venecia y de los zapateros**

curando al zapatero Aniano. Este episodio de la vida del santo patrón de Venecia en Alejandría (véase a continuación) explica porqué San Marcos es el santo patrón de los zapateros.

Cabe mencionar, con toda coherencia, que la fachada del Museo del Zapato de Barcelona presenta un bajorrelieve con el león de San Marcos, el cual, en el contexto barcelonés, podría sorprender (véase *Barcelona insólita y secreta,* del mismo editor).

¿POR QUÉ SAN MARCOS ES EL SANTO PATRÓN DE LOS ZAPATEROS?

Tras evangelizar Italia, San Marcos se desplazó a Egipto donde predicó el evangelio, convirtiéndose en el primer obispo de Alejandría. En Alejandría funda la Iglesia cristiana ortodoxa (Iglesia cristiana de Oriente y de la parte griega del Imperio Romano), siendo su primer Papa. Debido a las numerosas conversiones que genera, es capturado y martirizado, muriendo como mártir de la cristiandad en el año 67. Sus reliquias, antes de su rocambolesco traslado a Venecia, fueron conservadas en una pequeña capilla del pequeño puerto de Bucoles, cerca de Alejandría, donde había sido martirizado. Estando en Alejandría, en el año 42, un zapatero llamado Aniano se hirió gravemente mientras reparaba el zapato del santo. Este le curó rápida y milagrosamente.

San Crispín, mártir del siglo III, es el otro patrón de los zapateros. Llegados desde Roma, Crispín y Crispiniano eran zapateros en Soissons. Fueron decapitados en 285 ó 286 por ser cristianos.

La antigua sede de la *Scuola* de los Zapateros alemanes (véase pág. 38) se encuentra cerca del campo de Santo Stefano. Hay un interesante altorrelieve de un zapato que data del siglo XIV.

La primera planta del edificio de la antigua *scuola* contiene frescos difíciles de descifrar y sin interés para alguien no especializado.

LOS SÍMBOLOS DEL MONUMENTO FÚNEBRE DE CANOVA ❷❸

Basílica de los Frari
• Horario: de lunes a sábado de 09 a 18 h. Domingo de 13 a 18 h

Canova, un gran iniciado

En la basílica de los Frari, el famoso monumento fúnebre de Canova (Possagno, 1 de noviembre de 1757 - Venecia, 13 de octubre de 1822), guarda símbolos desconocidos para el gran público. Inspirado en el arte y en la simbología medievales, el cenotafio, creado originalmente para guardar los restos mortales de Tiziano, fue posteriormente construido en Viena, con algunas pequeñas modificaciones, como monumento fúnebre de María Cristina de Austria. Al morir Canova, sus alumnos, en honor a su maestro, retomaron y finalizaron el proyecto con el fin de guardar en él su corazón. El monumento, piramidal, fue enriquecido con figuras mitológicas esculpidas por sus discípulos (observe las firmas que acompañan a cada figura) como *Eros y Psique* (que representan el Espíritu y el Alma), *Perseo y Medusa* (representación espiritual del héroe victorioso de las pruebas terrestres) y las *Tres Gracias* (que simbolizan la Fe, la Esperanza y la Caridad, pero también las Virtudes Cardinales del Cristianismo o las Tres Luces masónicas -el Libro de la Ley, la Escuadra y el Compás depositados sobre el Altar de los Juramentos de la Logia masónica-). De hecho, Antonio Canova se habría iniciado a finales del siglo XVIII en la masonería escocesa, un rito de apariencia cristiana, antes incluso de recibir encargos de reconocidos personajes pertenecientes a la masonería: por ejemplo, en 1816 esculpió el retrato de George Washington, que desapareció desafortunadamente en un incendio al poco tiempo. Impregnado de una fe religiosa profunda y sincera, poco mundano aunque muy solicitado, sus contemporáneos consideran a Antonio Canova como un modelo, tanto por su excelencia artística como por su comportamiento personal -desarrolló una importante actividad benéfica y de apoyo a jóvenes artistas-. Su muerte fue llorada por católicos, masones, artistas y numerosas personas anónimas. La forma triangular de su tumba representa claramente el Triángulo de la Santísima Trinidad así como el Delta del Gran Arquitecto del Universo cuyo Sol (u Ojo central) está señalado por un medallón que contiene el busto de Canova y sujetado por dos ángeles flotando en el aire. Para los iniciados de la Tradición Primordial es señal evidente de que este maestro-artista fue, también en vida, un iniciado espiritual importante y que por lo tanto sabrá guiarse en la muerte hacia el Oriente Eterno o la Jerusalén celeste. Debajo del medallón central se abre una puerta hacia la que se dirige un cortejo fúnebre. El personaje velado de la Muerte, que sujeta un jarrón canópico, es seguido por un joven semidesnudo que sujeta una antorcha encendida, símbolo de la Inmortalidad. En efecto, simbólicamente la Inmortalidad sucede a la muerte. Detrás, dos mujeres portando una corona de flores representan a la Esperanza en la Caridad de la Vida Inmortal. Cerrando el cortejo, dos niños con antorchas encendidas indican la Fe renovada o eternamente joven, es decir la certeza en la Fe. En el lado izquierdo, en el primer peldaño de los tres que conducen a la *Puerta del Más Allá*, cerca, un león alado duerme tumbado con las patas cruzadas sobre un libro cerrado. Representa el Poder, la Sabiduría y la Justicia y simboliza el Padre, el Maestro y el Soberano. En el *Apocalipsis*, el León Alado abre el Libro de la Vida tras romper los siete sellos, convirtiéndose así en el emblema de Cristo descrito por el evangelista Marcos. Aquí, la presencia del león dormido y del libro cerrado significa que Antonio Canova cerró los ojos para siempre, llevándose consigo, hacia el Trono de Dios, la Sabiduría y la Fe.

En el segundo peldaño de la escalera, hay un Ángel con las alas abiertas, la cabeza inclinada hacia la puerta, con una expresión de dolor y melancolía a la vez. Su mano izquierda está apoyada sobre una maza y representa al ángel guardián del alma que se elevó por la puerta de la Muerte. Es el testigo celeste de que no existe Muerte sin Inmortalidad. Una punta de su túnica se desliza sobre el tercer peldaño donde hay también una corona de laureles, la corona de la victoria abandonada por el que ha sido glorioso durante su vida y ha sabido mantenerse alejado de las vanas glorias del mundo. Sin su túnica el ángel está desnudo, como la Verdad desnuda o *Isis desvelado*.

EL TRIPLE RECINTO DE LA SCUOLA DI SAN ROCCO

¿Simple juego o símbolo esotérico?

A la izquierda de la entrada principal de la magnífica Scuola di San Rocco, hay un curioso símbolo grabado sobre la piedra que numerosos visitantes utilizan como banco.

Si para algunos se trata sencillamente del llamado juego del alquerque (o del molino o de la rayuela sentada), otros -como Réné Guénon y Paul Le Cour- señalan que se ha encontrado esta inscripción grabada verticalmente en un muro o en espacios demasiado reducidos como para usarlo como juego.

Esta inscripción aparece también en Venecia, en la primera planta del Fondaco dei Tedeschi (véase pág. 17).

¿Estas inscripciones significan que Venecia es un lugar sagrado privilegiado?

El juego del alquerque se practica desde la Antigüedad (Roma, Grecia y Egipto). La forma en que se estructura el juego presenta veinticuatro agujeros donde se colocan las nueve fichas de cada jugador. El objetivo es mover las fichas hasta poder colocar tres fichas del mismo jugador alineadas. Para ello, a veces se utilizaban simples piedras de diferentes colores.

¿UN TRIPLE RECINTO ESOTÉRICO?

En numerosos lugares de Europa e incluso en China o en Sri Lanka, encontramos la misma inscripción compuesta por tres cuadrados concéntricos, remarcándose el punto central, unidos por dos pares de rectas perpendiculares a los lados, que pasan por el punto medio de éstos. El símbolo del triple recinto sería pues un símbolo esotérico que representaría, dentro de una búsqueda espiritual, los tres grados del camino que deben de recorrer los iniciados hasta la meta, a través de los tres mundos: el físico, el intelectual y el espiritual o divino. Para los druidas, el triple recinto representaría los tres grados de su jerarquía sacerdotal: druida, ovate y bardo, es decir, sacerdote, profeta e instructor. Así es como durante la Edad Media se construyeron, por toda Europa, castillos con triple recinto en lugares donde las poderosas energías telúricas indicaban que era un lugar propicio para el trabajo espiritual. Tras haber simbolizado los triples recintos del Templo de Salomón en Jerusalén, tal y como lo describe la Biblia (Reyes I: 7-12), también representaría a la Jerusalén celeste y sus doce puertas (tres a cada lado del recinto), como también lo describe la Biblia (Apocalipsis 21:11-22). De este modo las cuatros líneas que forman una cruz y que unen los tres recintos, simbolizan los caminos por los que la enseñanza se divulga. Desde el punto central, «fuente de la tradición», salen simbólicamente los cuatro ríos del «Pardes» o paraíso. El triple recinto está representado algunas veces de forma circular. El círculo correspondería con el principio del camino mientras que el cuadrado representaría el final de la búsqueda, de ahí la expresión «la cuadratura del círculo» que simboliza la resolución final del problema.

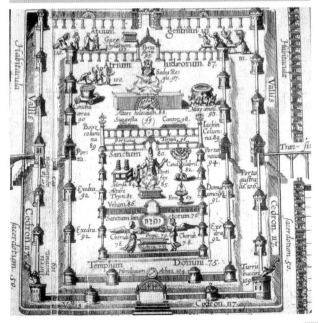

LOS SECRETOS DE LA SCUOLA GRANDE DI SAN ROCCO

Scuola Grande di San Rocco
Campo San Rocco
• Horario: todos los días de 09.30 a 17.30 h
• Tel.: (+39) 041 523 4864
• www.scuolagrandesanrocco.it • snrocco@libero.it

> *¿Un mensaje oculto en los famosos cuadros de Tintoretto?*

A partir de 1564 los cofrades de la Scuola de San Rocco encargaron a Tintoretto (1518-1594) una serie de magníficos cuadros que hoy hacen que este lugar sea uno de los más representativos de la pintura veneciana del Renacimiento. Tres ciclos están colocados progresivamente en las diferentes salas: los relatos de la Pasión de Cristo en el Albergo (1564-67), los relatos del Antiguo Testamento -en el techo-, y los relatos de la vida de Cristo -en las paredes- de la llamada sala del Capítulo (1576-1581), y por último, los relatos sobre la Virgen y la infancia de Cristo en la sala Baja (1582-84).

Hasta ahora, los especialistas interpretaron estas pinturas como simples ilustraciones de las Escrituras Santas. Sin embargo investigaciones recientes han demostrado que, en realidad, las iconografías inéditas y ciertos detalles inexplicables de estos cuadros podrían inspirarse del pensamiento teológico de Guillermo Postel, lingüista y profeta francés, acusado de herejía en 1555 por el tribunal de la Inquisición de Venecia (véase siguiente doble página).

Sorprendentemente, en la *Adoración de los Reyes Magos* situado en la planta baja de la *Scuola*, se ve el retrato de un hombre arrodillado y vestido de peregrino cuyo parecido con las representaciones de Guillermo Postel es asombroso (véase siguiente doble página).

Así, los relatos sobre la Virgen y la infancia de Cristo son enteramente reinterpretados, adquiriendo un nuevo significado. Por ejemplo, la *Adoración de los Reyes Magos* podría representar el mito de Venecia como una nueva Jerusalén mientras que las santas inmersas en un paisaje sugestivo, al fondo de la sala, evocarían la llegada de un segundo Mesías, una mujer encargada de realizar, según Postel, la misión iniciada por Cristo: la redención del pecado original por cuenta de Eva (véase pág. 178).

Si bien la elección de inspirarse en el pensamiento de Postel viene seguramente de los comanditarios, esto no excluye que Tintoretto y el teólogo francés se conocieran entre 1547 y 1548. En efecto, no olvidemos que en esta época el *pequeño tintorero* estaba rematando su primera obra maestra, *El Milagro del Esclavo*, para la Scuola Grande de San Marco, situada justo al lado del Ospedaletto.

GUILLERMO POSTEL Y LA PROFECÍA DEL NUEVO MESÍAS FEMENINO

Guillermo Postel nace en 1510, en Barenton, un pequeño pueblo de la diócesis de Avranches en Normandía. Estudió lenguas orientales en el colegio de Sainte-Barbe, París. Es uno de los conocedores más sabios de su época en este campo y fue nombrado lector real de la corte de Francia por el rey Francisco I. En 1537 emprendió su primer viaje a Oriente: aunque no se conoce con precisión su itinerario estuvo seguramente en Egipto y luego en Constantinopla donde residió durante un tiempo para perfeccionar sus conocimientos lingüísticos. Al regresar, descubrió Venecia. A continuación, y deseoso de unirse a los jesuitas, se dirigió a Roma pero fue rápidamente expulsado debido a su pensamiento religioso poco ortodoxo. Se refugió entonces en Venecia donde se quedó dos años (1547-48). Fue en el hospital de San Juan y Pablo (*San Giovanni e Paolo*) donde conoció a la piadosa madre Juana, a quien consideró como un nuevo Mesías. Admiraba en esta mujer el espíritu caritativo pero sobre todo su extraordinaria comprensión de las antiguas escrituras cabalísticas.

Apenas sabía escribir y leer, y sin embargo, según Postel, le habría desvelado los secretos del *Zohar* que el teólogo se disponía a traducir al latín cuando vivía en Venecia. Dotada de poderes sobrenaturales, también habría sido capaz de ver a través de los objetos y de sobrevivir sin apenas comer ni beber.

Según Postel, la misión de la madre Juana completaba la que inició Cristo. Si con su sacrificio el hijo de Dios había liberado a los hombres del pecado original, había llegado el momento de que un nuevo Mesías femenino cumpliera la misma misión para con las mujeres.

La humanidad recobraría así la pureza de sus orígenes, y el mundo, el fin de los devastadores conflictos religiosos de su época. Por fin reinarían la paz y la prosperidad: se iniciaría le edad de la Concordia universal.

En 1555, Postel imprimió en italiano dos pequeñas obras que resumían todo su pensamiento: el *Libro de la Divina Ordinatione* y *Prime nove del altro mondo*. Ambos escritos fueron inmediatamente añadidos a la lista de los libros prohibidos. Deseoso de pedir explicaciones, Postel se dirigió a los jueces del Santo Oficio, quienes acabaron encarcelándole. A continuación, la Inquisición veneciana le envió ante el Tribunal de Roma, que le declaró *amens*, es decir, loco, por lo que la condena a muerte fue conmutada por prisión perpetua.

Tras morir el papa Pablo IV (1559), un motín le permitió huir.

Regresó a Francia donde le esperaba un destino cruel: debido a los conflictos religiosos que azotaban París y que se extendieron por todo el país, en 1562 el rey decidió confinarle en el monasterio de San Martin-des-Champs, donde murió veinte años después, en 1581.

Profundamente influenciado por la cábala judía, el pensamiento de Postel es muy complejo y sus textos, llenos de metáforas, son difíciles de entender.

Al describir el don de la madre Juana para alimentarse bebiendo tan sólo un poco de agua mezclada con vino, seguramente esté refiriéndose a un significado simbólico de éstos, según el cual, el agua, el trigo y el color blanco evocan, según él, el principio masculino, mientras que el vino, la sangre y el color rojo simbolizan el principio femenino. Al alimentarse de este modo -sobre todo en un sentido espiritual- la madre Juana simboliza, en el pensamiento de este teólogo, la perfección absoluta, constituida por la unión de los contrarios: la de los dos principios, el masculino y el femenino.

LOS CUADROS DE LAS DOS MARÍAS

Sala Baja de la Scuola Grande di San Rocco
Campo San Rocco
• Horario: todos los días de 09.30 a 17.30 h
• Tel.: (+39) 041 523 4864
• www.scuolagrandesanrocco.it • snrocco@libero.it

> **Las dos Marías: la profecía de la Redentora**

Si los dos cuadros situados en el fondo de la sala Baja representan, según la tradición, a *Santa María Magdalena* y a *Santa María la Egipcia*, un análisis de éstos basado en las teorías de Guillermo Postel permite formular una interpretación muy distinta.

En primer lugar, cabe observar que la mujer de ambos cuadros es en realidad la misma: vestida de modo diferente, lleva el mismo peinado y está simplemente representada una vez de frente, y otra, de espaldas. Asimismo, su aspecto evoca de cerca el de la Virgen de la *Adoración de los Magos* o de la *Anunciación*, que están en la misma sala. Dos árboles ocupan gran parte de la superficie de ambos cuadros, uno, a la izquierda, cuya especie botánica es difícil de determinar, y, una palmera, a la derecha.

En su obra *Prime nove del altro mondo*, Postel dice que existen dos árboles en el Paraíso terrenal: uno cuyas ramas van hacia el Cielo y las raíces hacia la Tierra, y otro, situado justo encima de éste, con las ramas hacia la Tierra y las raíces hacia el Cielo. Según este teólogo, ambos árboles representan respectivamente la parte femenina y la parte masculina de la divinidad. Para Postel, el tronco del árbol representaría el principio femenino de Dios, por lo que se abre en su centro para estrecharse a continuación, y es en este punto preciso donde se producen las operaciones del Espíritu Santo.

En los cuadros que nos interesan, el árbol corresponde perfectamente con esta descripción: sus hermosas raíces están claramente resaltadas y su frondosidad parece continuar más allá de la superficie del cuadro, lo que hace suponer la existencia del otro árbol, invertido. En el centro una pequeña mancha blanca simboliza la paloma, símbolo del Espíritu Santo.

Postel precisa además que la Madre del mundo, es decir, el Mesías femenino que el mundo espera, «ha encontrado su silla» refiriéndose a las raíces de este árbol: la santa mujer sentada al pie del árbol representaría el segundo Mesías.

En la misma obra, Postel menciona también la profecía del matrimonio de Tâmâr, palabra judía que significa palmera. De hecho este árbol posee la peculiar característica de no fructificar sin la presencia del macho y de la hembra de la misma especie botánica. Es una metáfora que alude, por un lado, a la doble naturaleza de la divinidad -femenina y masculina-, y por otro, a la próxima llegada del Mesías femenino. Así, en el cuadro de Tintoretto, el pequeño puente de madera situado entre la santa mujer y la palmera podría constituir una imagen perfecta que hace referencia a la boda de Tâmâr, considerada esencial para el advenimiento de la edad de la Concordia universal.

EL TECHO DE LA SALA DEL CAPÍTULO   ㉗

Scuola Grande di San Rocco
Campo San Rocco
• Horario: todos los días de 09.30 a 17.30 h
• Tel.: (+39) 041 523 4864
• www.scuolagrandesanrocco.it • snrocco@libero.it

> *¿Un camino iniciático de la cábala cristiana?*

El techo de la gran sala de la primera planta, llamada del Capítulo (acogía las reuniones de los cofrades que dirigían la *Scuola*), posee 33 pinturas que representan *Relatos del Antiguo Testamento*, ejecutados por Tintoretto entre 1576 y 1581.

Aunque algunos especialistas han subrayado la relación existente entre los episodios de la vida de Cristo que decoran las paredes de la sala y las escenas del *Antiguo Testamento* del techo, la articulación del techo puede asimismo interpretarse de otro modo, siguiendo las teorías de Postel.

Es sorprendente constatar hasta qué punto el techo de la sala del Capítulo retoma la clásica forma del árbol de la vida de los Sefirots -según la cábala cristiana- de la que Postel era un especialista (véase doble página siguiente). Si partimos de este enfoque, el dibujo de la *Pascua hebraica* estaría así situado en el lugar correspondiente a la séfira *Kether*, que el *Zohar* describe como «la sangre de la Pascua y la sangre de la circuncisión» o como «un punto oscuro de donde emana una luz». La descripción es aún más sorprendente cuando, en el cuadro de Tintoretto, se advierte un extraño objeto negro sobre la mesa de donde surge una gran luz que ilumina a los protagonistas.

Si la *Cosecha del maná* «que es el trigo del cielo» (Ps. 78-24) hace referencia a la Eucaristía, encuentra todo su significado en la descripción que hace el *Zohar*: el maná es el rocío proveniente del *Kether*, cuya luz ilumina todo el universo.

A continuación, debajo, el *Sacrificio de Isaac* corresponde exactamente con la ubicación del *Tiphareth* que el *Zohar* asimila justamente a esta séfira mientras que el magnífico cuadro de la *Serpiente de bronce* se posiciona en el camino tradicionalmente señalado por la letra hebraica *Teth*, que significa serpiente.

En el otro extremo, la *Tentación de Adán y Eva* cierra la representación de los Sefirots y se encuentra en la posición del *Malkout* que el *Zohar* describe como «el campo de manzanas», y que Blaise de Vigenère, un amigo de Postel, fija como el lugar donde «por su curiosidad Adán quiso probar la fruta del conocimiento, del bien y del mal».

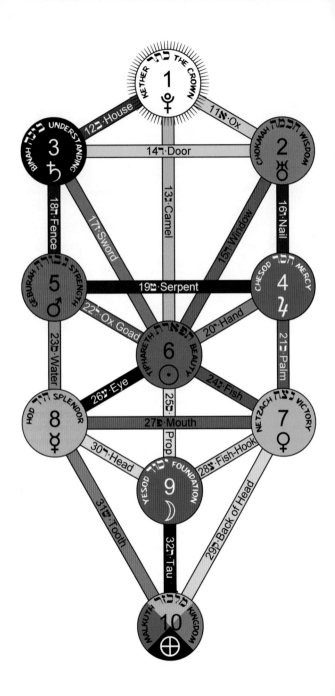

¿QUÉ ES LA *KABBALAH*?

El origen de la *Kabbalah* o Cábala (*Tradición* en hebreo) se pierde en la noche de los tiempos. El pueblo hebreo habría heredado este conocimiento esotérico y secreto de los sabios egipcios, adaptándolo a su monoteísmo tras su éxodo de Egipto liderado por Moisés.

Al distanciarse los fariseos y los saduceos del correcto entendimiento del Pentateuco recopilado en el Talmud, surgió una nueva corriente, la de los «puros» (o esenios). Éstos se convirtieron en los fieles garantes de la sabiduría de la *Kabbalah* hasta la llegada de Jesucristo, que inmediatamente la asimiló a su pensamiento. Después de Cristo, la *Kabbalah judaica* fue asimilada por la corriente de los gnósticos cristianos de Alejandría y adaptada a su propio concepto del Universo y del Hombre. De este modo nació la *Kabbalah judeocristiana*.

En el siglo XII, la idea de la *Kabbalah* fue recogida en la obra del rabino Moisés de León *Sepher-Ha-Zohar* (*El Libro de los Esplendores*), escrita en León pero concebida en Lisboa. Esta obra, junto a *Sepher-Ha-Yetzirah* (*El Libro de la Creación*) del siglo III d.C., constituye el sistema cabalístico. Sus orígenes remontarían a la *Maasseh Merkavah*, el primer sistema místico judaico que interpretó, en el siglo I d.C., los textos sagrados de la Torá, creando así una nueva doctrina que inicialmente se transmitió oralmente (*shebeal pe*) entre sus fieles (*iordei merkavah*).

En el *Sepher-Ha-Yetzirah*, que trata del Universo y de las leyes que lo rigen, el patriarca Abraham resalta la comprensión de la Naturaleza y de sus manifestaciones como emanaciones de Dios. Los diversos Planos de la Creación forman diez Esferas (*Sefirot*) enlazadas entre sí y que representan los caminos de la realización espiritual del cabalista, formando así el Árbol de la Vida (*Otz Chaim*).

El Espíritu hecho Palabra o Verbo es la primera Esfera, y el Soplo, la segunda Esfera, que emana de ella y engendra a las demás mediante combinaciones de letras. La tercera es la del Agua, que produce la tierra

y la materia. La cuarta Esfera es la del Fuego, que alimenta la vida. Las seis últimas Esferas corresponden a los cuatro puntos cardinales y a los dos polos.

Los *Sefirots* o Esferas están siempre estructurados siguiendo el mismo esquema: Maljut (Reino), Yesod (Fundamento), Hod (Gloria, Esplendor), Nétsaj (Victoria, Firmeza), Tiféret (Belleza), Gevurá (Fuerza), Jésed (Misericordia), Biná (Entendimiento), Jojmá (Sabiduría) y Kéter (Corona).

HERMES TRIMEGISTO Y LA HERMÉTICA: ATRAER SOBRE LA TIERRA LAS ENERGÍAS CELESTES PARA REPRODUCIR AQUÍ EL ORDEN CÓSMICO

Hermes Trimegisto o *Trimegistus*, que en griego significa «Hermes tres veces grande», es el nombre que dieron los neoplatónicos, los alquimistas y el hermetismo al dios egipcio *Thot* y dios heleno *Hermes*. En el Antiguo Testamento se le identifica con el patriarca *Henoc*. Todos son considerados, en sus respectivas culturas, los creadores de la escritura fonética, de la magia teúrgica y del profetismo mesiánico.

Thot estaba relacionado con los ciclos lunares cuyas fases reflejan la harmonía del universo. Los escritos egipcios se referían a él como «el dos veces grande» ya que era el dios del Verbo y de la Sabiduría. En el ambiente sincrético del Imperio Romano, el dios heleno *Hermes* recibió el apelativo del dios egipcio *Thot* pero esta vez «tres veces grande» [*trimegisto*] por el Verbo, la Sabiduría y por su papel como Mensajero de todos los dioses del Eliseo o del Olimpo. Los romanos lo asociaron con *Mercurio*, el planeta mediador entre la Tierra y el Sol, una figura que los judíos cabalísticos denominaron *Metraton* [véase pág. 185] «medida perpendicular entre la Tierra y el Sol».

En el Egipto helenístico, *Hermes* era el «escriba y mensajero de los dioses» y se le consideraba autor de un conjunto de textos sagrados -conocidos como *Hermética*-, que contenían enseñanzas relacionadas con el arte, la ciencia, la religión y la filosofía -el *Corpus Hermeticum*- cuyo objetivo era la deificación de la Humanidad a través del conocimiento de Dios. Estos textos, probablemente escritos por un grupo de personas que constituían la *Escuela Hermética* del Antiguo Egipto, expresan de este modo el saber acumulado a lo largo del tiempo atribuyéndolo al dios de la Sabiduría, absolutamente similar al dios *Ganesh* del panteón hindú.

El *Corpus Hermeticum,* muy probablemente escrito entre el siglo I y III d.C., fue la fuente de inspiración del pensamiento hermético y neoplatónico del Renacimiento. Aunque el erudito suizo Casaubon aparentemente demostró lo contrario en el siglo XVII, se mantuvo la creencia de que el texto remontaba a la Antigüedad egipcia anterior a Moisés y que anunciaba el advenimiento del cristianismo.

Según Clemente de Alejandría, estaba formado por 42 libros divididos en seis conjuntos. El primero trataba de la educación de los sacerdotes; el segundo, de los ritos del templo; el tercero, de la geología, geografía, botánica y agricultura; el cuarto, de la astronomía y astrología, de las matemáticas y arquitectura; el quinto contenía los himnos a la gloria de los dioses y una guía de acción política para los reyes; el sexto era un texto médico.

Existe la creencia generalizada según la cual *Hermes Trimegisto* inventó un juego de cartas lleno de símbolos esotéricos, cuyas 22 primeras cartas estaban hechas de láminas de oro, y las 56 restantes, de láminas de plata. Es el Tarot o *Libro de Thot*. Se le atribuye también a Hermes la redacción del *Libro de los Muertos* o *Libro para salir a la luz del día*, así como el famoso texto alquímico *La Tabla Esmeralda*, que ha influido mucho en la alquimia y la magia practicadas en la Europa medieval.

En la Europa medieval, sobre todo entre los siglos V y XIV, el Hermetismo fue también una Escuela Hermenéutica que interpretaba algunos poemas de la Antigüedad, así como diversas obras de arte y mitos enigmáticos, tales como tratados alegóricos de alquimia o ciencia hermética. Es por esta razón que, aún hoy, la palabra *hermetismo* señala el carácter esotérico de un texto, de una obra, de una palabra, de una acción, es decir, que poseen un significado oculto que exige hermenéutica, la ciencia filosófica que interpreta correctamente el significado oculto del objeto presentado.

Los principios herméticos fueron adoptados y aplicados por los *Colegium Fabrorum* romanos, asociaciones de arquitectos de construcciones civiles, militares y religiosas. En el siglo XII, estos conocimientos fueron transmitidos a los *Monjes Constructores* cristianos, edificadores de los grandes monumentos románicos y góticos de Europa, que realizaban sus obras siguiendo los principios de la Arquitectura Sagrada, conforme al modelo de la Geometría Sagrada. Es un legado directo de los conjuntos tres y cuatro del *Corpus Hermeticum* según los cuales las ciudades y los edificios están construidos tomando en cuenta los planetas y determinadas constelaciones para que el orden reinante en el Cielo se reproduzca sobre la Tierra, favoreciendo así las energías cósmicas o siderales. Todo ello con el objetivo de cumplir el principio hermético según el cual «como arriba es abajo, como abajo es arriba».

Durante el Renacimiento europeo (siglos XVI y XVII) el Humanismo sustituyó al Hermetismo. Se racionalizaron las formas y se ignoró lo transcendental; era el final de la sociedad tradicional y el comienzo de la sociedad profana, barroca y pre-modernista. Se abría camino a la llegada del materialismo y del ateísmo que dominan el mundo moderno.

Sin embargo, hay excepciones a la regla que predomina en Europa: en el siglo XVI, en Portugal, los *Maestros Edificadores*, herederos de los *Monjes Constructores*, fundaron así el estilo *manuelino* que sigue las reglas herméticas de la Arquitectura Sagrada. La influencia de estos *Constructores Libres* se mantuvo hasta el siglo XVIII y su gran obra fue la restauración de Lisboa tras el terremoto de 1755. Es por esto que la Lisboa del marqués de Pombal está trazada y construida según las medidas geométricas y arquitectónicas de la Tradición que legó *Hermes Trimegisto* (véase *Lisboa insólita y secreta*, del mismo editor).

EL ALTORRELIEVE DE LA *DONNA ONESTA*

San Polo 2935

> *La leyenda de la mujer «honesta»*

Circulan varias historias sobre la cabeza esculpida en la fachada de la casa situada en el n° 2935.

Una primera leyenda, la más interesante, cuenta que Santina, la encantadora esposa de un fabricante de espadas, vivía aquí. Marchetto Rizzo, un joven patricio que se había enamorado de ella, se empeñó en que su marido le fabricara una daga para así tener ocasión de volver a verla. Un día, tras asegurarse de que el marido no estaba, vino a ver a la mujer que estaba sola y la violó. Ésta, para salvar su honor perdido, tomó entonces la daga que su marido estaba fabricando y se suicidó. Según otra versión de esta misma historia, un tal Zuane, amigo del marido de Santina, habría observado el tejemaneje del joven patricio y salvó, a tiempo, a la mujer de su amigo. Si bien no mató al patricio, le desterraron seis meses de la ciudad, el 14 de octubre de 1490.

Otra versión cuenta que el nombre provendría sencillamente del nombre de bautismo de una habitante del barrio, incluso del nombre de una prostituta que aplicaba tarifas razonables, es decir «honestas».

QUÉ VER EN LOS ALREDEDORES

LA INDISCRETA APERTURA DE LA CASA GOLDONI

La famosa casa Goldoni conserva un vestigio del vicio veneciano de espiar a la gente. En efecto, en el suelo del *portego* (sala principal) de la primera planta hay un cuadrado de unos veinte centímetros de lado que fue esculpido de tal modo que el propietario de la casa pudiera ver quien llegaba por la *porta d'acqua* (para los visitantes que venían en barco) situada en la planta baja.

Del mismo modo (aunque en este caso hay que levantar una baldosa del suelo), el casino Venier conserva una apertura espía que se ve también desde la calle (véase pág. 25).

El antiguo casino dei Nobili, cerca del campo San Barnaba, también conserva un vestigio de esta apertura que ya no funciona.

Que no se extrañen los visitantes si ven, siguiendo esta costumbre, pequeños espejos indiscretos atados a las ventanas que permiten observar con mucha discreción lo que ocurre en la calle.

VIRGO LAVRETANA

ET VERBVM CARO FACTVM EST

LA CAPILLA DE LA "SANTA CASA" DE LORETO ❸⓿

Iglesia de San Pantaleón
• Campo San Pantaleón
• Horario: de lunes a sábado de 10 a 12 h y de 13 a 15 h

Oculta al fondo a la izquierda de la iglesia de San Pantaleón, al final de un estrecho pasillo, la capilla de la Santa Casa es una copia exacta de la de Loreto, en Italia. Se construyó en 1744, por iniciativa del cura de la época, en este lugar íntimo, protegido y lleno de encanto.

> *La copia perfecta de la Santa Casa de Loreto*

Cuenta la leyenda que en 1291 los ángeles transportaron la casa de María y de su familia en Nazaret para impedir que los turcos la destruyeran, mientras que los cruzados eran expulsados de Palestina. Primero instalaron la casa en Iliria (la actual Croacia), luego en Loreto, cerca de Ancona, en 1294. Más tarde se construyó un santuario en honor a Loreto, que no tardó en hacerse famoso y que, aún hoy, da lugar a peregrinaciones.

Como la Virgen de Loreto también era un objeto de devoción en la laguna de Venecia, el cura mandó erigir una réplica fiel de la Santa Casa a la izquierda del ábside, para quienes no podían ir en peregrinación a Loreto. Construida por Giovanni Antonio Scalfarotto, se inauguró en 1745, el 25 de marzo, día del "nacimiento" de Venecia (ver p. 90) y día de la Anunciación. Como la original, cuyas dimensiones son iguales, se compone de tres muros: la capilla de Nazaret comunicaba con una cueva.

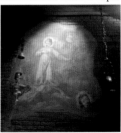

Un nicho, situado sobre el altar, custodia una pequeña estatua de madera pintada de la Virgen, también idéntica a la que hay en Loreto.

LA ÚNICA OBRA RELIGIOSA DE PIETRO LONGHI

En los muros, se pueden ver restos de frescos del pintor veneciano Pietro Longhi, en los que figuran la milagrosa Virgen negra, la Sagrada Familia, unos santos, unos ángeles y un mártir: imágenes de una intensidad rara, ejecutadas con colores pastel, suaves claroscuros de rosas y azules, iluminados por amarillos y naranja.

Este fresco es especialmente valioso porque es la única obra religiosa de Pietro Longhi, pintor conocido sobre todo por sus pequeños cuadros sobre la vida cotidiana veneciana. Hijo de tesorero, su verdadero nombre es Pietro Falca (Venecia, 1701-1785) y vivió en esta parroquia cercana a Santa Margherita. El apellido Longhi no figura en los documentos relativos a su actividad artística.

LAS VIRGENES NEGRAS: ¿VESTIGIOS DE CULTOS ANCESTRALES ADOPTADOS POR EL CRISTIANISMO?

Las Vírgenes negras son efigies de la Virgen María (esculturas, iconos, pinturas...), realizadas en su mayor parte entre los siglos XI y XV, y deben su nombre al color oscuro que las caracteriza.

Se han catalogado unas 500 imágenes aproximadamente, casi todas en la cuenca del Mediterráneo. La mayoría de ellas están en iglesias y algunas han suscitado peregrinajes de suma importancia.

Según la Iglesia católica no existe fundamento teológico sobre el color de estas vírgenes, si bien en ciertos casos se ha buscado la explicación a posteriori en un pasaje del Cántico de los cánticos (1:5): «Nigra sum, sed formosa» que significa «Soy negra, pero hermosa».

Para explicar el color oscuro, se han avanzado razones tan sencillas como la propia coloración del material utilizado (ébano, caoba o maderas locales oscuras) o bien los restos de hollín procedentes de las velas votivas.

Sin embargo, la importancia que ha ido adquiriendo el color con el tiempo (algunas imágenes incluso se repintaron durante su restauración) ha hecho pensar en causas de origen más profundo.

Por ello, para algunos, el color de la Virgen negra evoca el hecho de que la figura de la Virgen, al igual que la religión católica en general, no se impuso ex nihilo sino que vino a reemplazar cultos ancestrales de Europa occidental, como el culto mitraico (para más detalles sobre este apasionante ritual, fundador de buena parte de la identidad europea, consultar la guía Roma insólita y secreta), los cultos a la Diosa Madre o el culto de Isis, la diosa egipcia que llevaba a Horus en brazos, etc.

En épocas arcaicas, a menudo se rendía homenaje a la Diosa Madre, como símbolo de fertilidad, gestación, creación, procreación, regeneración y renovación de la vida, de la que dependían las cosechas de los campesinos.

Con la afirmación del cristianismo se creó un paralelismo entre la figura de la Virgen, Madre de Jesús, hijo del Dios Creador y la figura de la Diosa Madre.

El color negro de la Virgen simbolizaba la tierra virgen y su aspecto materno y regenerador, en el sentido de que la procreación femenina surge de las profundidades (oscuras/negras) del útero de la mujer. Además, ¿el color oscuro no estaría relacionado con el campesino, trabajando al aire libre, con la piel curtida por el sol?

Tampoco es fortuito el hecho de que podamos leer la misma inscripción en ciertas estatuas de Isis y de numerosas Vírgenes negras: «Virgini parituræ» («A la Virgen que parirá»).

Para concluir, muchas son las Vírgenes relacionadas con los milagros y es interesante señalar que éstos coinciden en su mayoría con la llegada de un nuevo ciclo, de una nueva era, manteniendo así la imagen de la Virgen como fuente de vida.

LA CAPILLA DEL SANTO CLAVO

Iglesia de San Pantaleón
Campo San Pantalon
• Horario: todos los días de 10 a 12 h y de 16 h a 18 h salvo
domingos y festivos • Entrada: 1€
• Misa a las 18.30 h

> *El clavo
> que se habría
> utilizado para
> clavar los pies
> de Cristo en la Cruz*

Al contrario de lo que se podría pensar, la capilla del Santo Clavo, en la iglesia de San Pantaleón, no está cerrada al público: pagando un euro podrá acceder, por el lateral izquierdo, a esta capilla que conservó uno de los tres clavos de la cruz de Cristo.

El clavo sería una donación indirecta de San Luis, rey de los franceses bajo el nombre de Luis IX: en efecto, en la primavera de 1270, fue a Venecia con el fin de obtener apoyo para una incipiente nueva cruzada. Antes de partir, San Luis se personó en el monasterio de las Clarisas, en Santa Chiara, para entregar a la madre superiora un pequeño cofre. Le indicó taxativamente que sólo entregara el contenido del mismo a la persona que viniera con un anillo similar al que dejaba junto con el cofre. San Luis jamás regresó de la cruzada. Murió el 25 de agosto del mismo año, en Túnez, víctima de una epidemia.

Al no tener noticias de nadie, y tras haberse salvado el monasterio de una importante *acqua alta*, las hermanas decidieron abrir el pequeño cofre. Aparte del clavo, contenía otras reliquias, algunas monedas de oro francesas y un texto que explicaba cómo el Rey había tomado posesión de la santa reliquia. Según la tradición, a veces discutida, fue Santa Helena -madre de Constantino, primer emperador romano en convertirse al cristianismo en el siglo IV- quien descubrió la cruz así como los clavos de la Pasión. Su hijo los trajo a Roma para llevarlos luego a Bizancio, cuando Constantino fundó la nueva ciudad que se convertiría en Constantinopla. Tras la caída de Constantinopla en 1203 a manos de los cruzados, los vencedores franceses y venecianos se repartieron las reliquias de la Pasión.

Cuenta la leyenda que incluso el clavo produjo un milagro: Santa Helena habría calmado una tempestad al mojarlo en el Adriático.

Cuando se clausuró el convento de las Clarisas en 1810, tras las invasiones napoleónicas, la madre superiora del convento, hermana Maria Lucarelli, se instaló en la parroquia de San Pantaleón a la que confió, con el consentimiento del resto de las hermanas, la preciada reliquia el 30 de mayo de 1830. Esta fue colocada en su actual emplazamiento el Viernes Santo de 1836.

Hoy el relicario, visible desde la reja, está vacío y el clavo no está. No hemos logrado saber aún dónde se encuentra.

QUÉ VER EN LOS ALREDEDORES

IL PARADISO DE GIOVANNI DI ALEMAGNA

Además de la santa reliquia, la capilla del Santo Clavo de la iglesia de San Pantaleón (véase página contigua) guarda otros tesoros. Nada más entrar, a la derecha, verán un sorprendente cuadro desconocido: *Il Paradiso*, pintado (probablemente en 1444) por Giovanni di Alemagna, un iluminado

colaborador de Vivarini. El cuadro representa la coronación de la Virgen pero se llama así por la multitudinaria presencia de gran parte de la jerarquía de los ángeles. El trazado y los colores de la tela lo convierten en una obra maestra de la pintura veneciana del siglo XV. Justo enfrente, dos hermosas pinturas al estilo de Paolo Veneziano.

Frente a la entrada, observe también el hermoso altar del siglo XV así como el bajorrelieve de la deposición de Cristo en el Sepulcro de Marino Cedrini.

Hay también cuatro dodecaedros estrellados en el suelo de la capilla de San Pantaleón. Para más información veáse página 72.

UNA FACHADA NO TAN ANTIGUA

Al contrario de lo que creen muchos visitantes, la fachada de San Pantalón no es tan antigua. Al igual, por ejemplo, que las fachadas de San Marcuola o San Lorenzo, la fachada está simplemente sin acabar por falta de dinero. Fíjese en los salientes de los ladrillos de la fachada, destinados a sujetar el revestimiento de mármol que nunca se colocó. De haberse terminado, la fachada se hubiera parecido a las de San Moise, S. Maria del Giglio, S. Maria degli Scalzi o a la de la iglesia de los Gesuiti, edificadas en la misma época. Construida inicialmente en el siglo XI, la iglesia fue totalmente remodelada en el 1686.

LA PINTURA MÁS GRANDE DEL MUNDO

Aparentemente, la iglesia de San Pantaleón posee el mayor lienzo pintado del mundo, ejecutado por Giovanni Antonio Fumiani entre 1684 y 1704: *El martirio y la gloria de San Pantaleón*. Contrariamente a la tradición, el techo pintado de la nave de la iglesia no es un fresco sino una pintura sobre lienzo. De hecho, si se fija en el techo, a la altura del coro, verá un ángel alado cuyos pies sobresalen claramente del techo. La misma escena está reproducida en el lado derecho de la nave. Se pintaron 40 paneles diferentes que fueron posteriormente ensamblados.

EL MEDALLÓN DE UN EMPERADOR BIZANTINO

Campiello Angaran
• San Polo 3717

> *Un medallón muy discreto*

A escasos metros de la iglesia de San Pantaleón, el *campiello Angaran* es un pequeño *campo* apartado del paso de los peatones. Sobre la fachada de la casa nº 3717, un hermoso medallón en mármol representa a un emperador de Oriente vestido de gala.

El origen de este medallón sería el siguiente: cuenta la leyenda que en 1256 el general Lorenzo Tiepolo habría sido enviado para luchar contra los genoveses en San Juan de Acre. Algunos de sus parientes y amigos, que no le creían capaz de tales proezas, le desafiaron diciéndole que si conseguía vencer a sus enemigos debía demostrarlo. Tiepolo ganó la batalla y cuentan que envió a Venecia el medallón que había cogido en el fuerte Montjoie.

Aunque existen dudas sobre esta historia, otros piensan que esta piedra fue colocada en el suelo entre la iglesia de San Pantaleón y la casa de uno de los que dudaron de Tiepolo, para que, al ir a misa, pudiera siempre tenerla ante sus ojos y acordarse así de la bravura del general.

Según algunas fuentes, con toda probabilidad erróneas, el medallón, del siglo IX, representaría a León VII, el *Filósofo*, que reinó entre 886 y 911.

Según otras fuentes, la anterior leyenda es sencillamente leyenda y el medallón dataría de finales del siglo XII o principios del siglo XIII. Otro medallón muy parecido se conserva en la colección Dumbarton en Washington.

CUANDO UN PROPIETARIO SE NIEGA A CEDER EL MEDALLÓN AL MUSEO CORRER...

En 1974, el medallón formó parte de una exposición en el Museo Correr, en la cual el museo pidió que le fuera cedido. Agradezcamos a uno de los propietarios de la casa donde está el medallón por haberse negado: el encanto de una ciudad es mayor cuando las obras de arte son visibles para todos, detrás de una esquina, como es el caso aquí.

CANNAREGIO

Existe otro *Homo Silvanus* en la fachada de la casa Brass (Dorsoduro 1083), muy cerca de la iglesia de San Trovaso.

Asimilado por el cristianismo, el dios *Silvanus* fue el origen de la invención de los santos San Silvano y de San Silvestre -que por lo tanto no existían-, como ocurre con otros muchos santos, como por ejemplo, San Jorge, San Cristóbal o Santa Filomena que han sido retirados recientemente del calendario oficial católico.

LA ESCULTURA DEL *HOMO SILVANUS*

Palazzo Bembo-Boldù
Cannaregio 5999

> *Un recuerdo del dios de los bosques de la Roma antigua*

A unos metros de la iglesia de los Miracoli, en la fachada del Palazzo Bembo-Boldú, destaca una escultura muy peculiar. Un hombre, a tamaño natural, sujeta un escudo redondo donde figura un sol. Cubierto de vello, es una de las pocas representaciones del *Homo Silvanus*, el *Hombre de los Bosques*.

Se corresponde con el hombre primitivo anterior a Adán, el que no conoce el pecado pues vivió en las primeras edades del mundo, aparentemente en unos bosques muy lejanos. Aunque simbólicamente se trata de una figura ingenua, llena de sentimientos buenos y tránsfuga de un mundo lleno de falsedad, mentiras y crueldad (de los que él mismo puede ser víctima), también puede esconder en él la parte oscura y violenta de la personalidad de cada uno, símbolo de una perversión psicológica y sexual, cuyo equivalente cristiano es la figura del sátiro.

Aquí, simboliza la idealización del Hombre primordial, expresión del sol que nutre, del Astro Rey fuente de vida de la naturaleza humana en estado de pureza salvaje, como lo estaba en los principios del género humano, en el jardín del Edén (Paraíso original).

En la Roma antigua, *Silvano* (del latín *Silvanus*) era una divinidad protectora de los bosques (en latín *silva*, de donde proviene su nombre). Se le describe como uno de los hijos de *Saturno* o de *Faunus* (un nieto de *Saturno*), con quien se le identificaba a menudo. Al igual que *Faunus*, protector de las actividades pastoriles, *Silvano* era un dios puramente romano. Guardián de los bosques, aparentemente fue también el primero en delimitar las propiedades en el campo. En este contexto, también evoca el concepto de formación de las primeras comunidades rurales cuya religiosidad, organizada por ciclos estacionales precisos (regidos por Saturno, dios del tiempo) ha sobrevivido hasta hoy en la religión popular resultante de los vestigios del paganismo ancestral.

Aunque su imagen se encontraba en el templo de Saturno en Roma, esta ciudad tenía dos santuarios específicamente consagrados al dios *Silvanus*, cuyo culto provendría del pueblo de los Pelasgos cuando éstos emigraron a Italia. Según Dillaway, *Silvanus* aparece a veces desnudo, otras vestido con una vestimenta rústica que le caía hasta las rodillas. Según Murray, le representaban con los rasgos de un muchacho completamente humano, tocando la flauta de un pastor (era músico, como el resto de los dioses de los pastores) y sujetando una rama de árbol. Esta rama indicaba su condición de dios de los bosques y evocaba asimismo su amor por el hermoso Cipariso que había sido transformado en ciprés, símbolo del poder de la Muerte. Sin embargo, para Dillaway, las imágenes que le representaban mostraban un hombre de baja estatura, con rostro humano y pies de cabra y con una rama de ciprés en la mano, tal y como lo plasmó Virgilio.

QUÉ VER EN LOS ALREDEDORES

LA CABEZA DE LA CASA DEL VERDUGO
Calle della Testa
Cannaregio 6216

En el nº 6216 una extraña cabeza, colgada en la pared de un edificio relativamente moderno, mira fijamente a los escasos transeúntes que se aventuran en este barrio. Según la creencia popular, esta cabeza señala el lugar donde vivió uno de los verdugos de Venecia en el siglo XV. La República de Venecia metía en la boca de esta cabeza, que en aquella época estaba en la casa del verdugo, los mensajes donde se le informaba con antelación de las próximas ejecuciones, para que estuviera preparado.

OTRAS CASAS DE VERDUGOS EN VENECIA
El edificio aislado en el centro del campo Santa Margherita, antaño también sede de la Scuola dei Varotari (peleteros).
La casa baja, sobre el Gran Canal, entre el Fondaco dei Turchi y la Riva de Biasio.

«*SESTIERE*» Y «*QUARTIERE*»: ¿ES VENECIA UNA DE LAS POCAS CIUDADES DEL MUNDO QUE RESPETA LA ETIMOLOGÍA DE LA PALABRA «*QUARTIERE*»?

Es interesante observar, y con razón, que en Venecia no se habla de *quartiere* (barrio) sino de *sestiere* (una de las seis partes en que se divide Venecia). La ciudad se compone de seis *sestiere*. La etimología de la palabra *quartiere* proviene de *quarto* (cuarto) y de la histórica división de numerosas ciudades en cuatro *quartiere*. Tradicionalmente, el *cardo* (norte-sur) y el *decumano* (este-oeste) cruzaban horizontalmente y verticalmente la ciudad romana, dividiéndola en cuatro cuartos, es decir, cuatro *quartiere*.

LOS OBELISCOS DE LOS PALACIOS VENECIANOS

Exceptuando el Palacio Papadopoli, que da al Gran Canal, cerca de San Silvestro (cuyos obeliscos corresponden a antiguas chimeneas), los obeliscos que se encuentran sobre los tejados de algunos palacios indicaban que su propietario era un almirante de la flota veneciana.

ETERNA
MEMORIA
DELL ANNO
1854 DEL
GIACCIO
VEDUTO IN
VENEZIA
HE FESTA
U FFONDA
MENFENO
ANCEE
ANIAV
NFE EU
N HO
MAVP

QUÉ VER EN LOS ALREDEDORES

LOS GRAFITIS DE LA LAGUNA CONGELADA

❸

Sottoportego del Traghetto

Situado no muy lejos de la iglesia de San Canciano, el apacible rio dei Santi Apostoli era antiguamente una importante arteria para la navegación urbana. Por él circulaban las embarcaciones provenientes de Istria y de las islas, como Torcello y Mazzorbo. Asimismo veía pasar por sus estrechas aguas el *traghetto* (lancha) hacia Murano, de donde deriva el nombre del soportal (Sottoportego del Traghetto). Antiguamente, no existían las verjas que hoy dividen este espacio en distintas propiedades: bajo sus arcadas aguardaban los viajeros que esperaban el barco que les llevaba a sus diferentes destinos.

Entre los grafitis legados a la posteridad que están en las columnas del soportal observará este interesante testimonio de la laguna congelada cuyos efectos fueron espectaculares: *Eterna memoria dell'anno 1864 / del giaccio veduto in Venezia / che se sta sule Fondamenta Nove / a San Cristoforo andava la gente / in procision che formava un liston / Vincenzo Bianchi.*

Ese invierno la gente caminaba sobre el hielo hasta la isla de San Cristóforo, unida a la isla de San Michele para formar el cementerio actual.

¿QUÉ ES EL *LISTON*?

Estos grafitis hacen referencia al *liston*: esta palabra veneciana designaba una especie de avenida pavimentada (y virtual) en el centro de una plaza -como la plaza San Marcos o el campo Santo Stefano- sobre la que los habitantes paseaban a ciertas horas del día. *Fare il liston* significaba *dar un paseo*, resultando más agradable caminar sobre los adoquines que sobre la tierra batida o sobre las superficies herbosas que antiguamente recubrían los *campi* (literalmente campos) de Venecia.

LA LAGUNA CONGELADA

En los últimos siglos, los rigurosos inviernos de 1789, 1864 y 1929 se han hecho famosos, ya que las aguas de la laguna se congelaron convirtiéndose en una compacta costra de hielo sobre la que uno podía caminar o deslizarse sobre un trineo.

EL AGUJERO DELANTE DE LA FARMACIA «*ALLE DUE COLONNE*»

❹

Fuera, justo delante de la farmacia «*Alle due colonne*», aún se puede ver un agujero en el pavimento. Nos recuerda el emplazamiento del mortero en el que se fabricaba la *Theriaca Fina* (véase pág. 44), un producto farmacéutico casi mágico.

LAS ANCLAS DE LA BUENA SUERTE

❺

En la esquina de la calle y del soportal del Traghetto, dos pequeñas anclas cuelgan del muro. Los venecianos las consideran un amuleto de buena suerte y las suelen golpear contra el muro al pasar. En la parte trasera de este edificio, entre la calle de la Malvasia y el campiello de la Cason, hay dos anillas de metal que, según cuentan algunos, servían para fijar las cadenas de la picota desde donde se exponía al público a los prisioneros encadenados.

EL JARDÍN SECRETO DE CA' MOROSINI DEL GIARDIN

Calle Valmarana 4629/B
• Para visitar el jardín, llame a la conserjería y diríjase a las monjas, o contacte con la presidenta, en el Wigwam Club Giardini Storici Venezia
• Tel.: +39 388 4593091
• giardinistorici.ve@wigwam.it • www.giardini-venezia.it

**Donde
el huerto
se mezcla con
el jardín botánico**

Entre la calle Valmarana y el rio dei Santi Apostoli, los muros que rodean el jardín de Ca'Morosini esconden una extensa historia. Desde fuera es imposible ver esta extensa zona verde salvo por algunas ramas que sobresalen del lado del canal. Hay un huerto con numerosos árboles frutales (granados, nísperos, higueras, albaricoqueros y caquis) y un maravilloso jardín botánico con olorosas plantas, que alcanza todo su esplendor en primavera cuando florecen sus dos glorietas: una de glicinas blancas y otra de rosas, pasifloras y viñas americanas.

Los parterres se articulan en dos secciones siguiendo un esquema geométrico.

En verano, ofrece un espectacular estallido de colores: petunias, hibiscos, hortensias, dalias, malvarrosas, alhelíes, claveles de Indias y bocas de dragón destacan en medio de las flores de la tradición mariana (rosas y lirio) y las típicas plantas de los complejos monásticos (olivos y cipreses).

El plano de la ciudad de Jacopo de Barbari nos muestra que en el siglo XVI ya existía una extensa superficie cultivada en este lugar. Los propietarios -la familia Erizzo- mandó además construir un *casino* que daba al canal de atrás: un pabellón con tres grandes arcadas flanqueadas por dos torres. Atribuido a Palladio, parece que fue pintado a fresco por Paolo Veronese. A lo largo del tiempo este jardín se hizo tan famoso que los Morosini –que lo adquirieron en el siglo XVII junto a otros bienes inmuebles fueron apodados «del Giardin».

Más de una vez este complejo fue retocado, tal vez incluso por Longhen.

En el siglo XIX, se eliminó el embaldosado de ladrillos del patio y se destruyó una parte de los edificios. Esto explica porqué sólo quedan algunos fragmentos de lo que fue originalmente, tales como el marco en piedra blanca de una barrera del siglo XVI (del lado del Campiello Valmarana) y los dos pórticos tapiados del siglo XVII, decorados con mascarones, que dan a la calle della Posta.

Hoy, el lugar alberga la sede de una comunidad de monjas dominicanas que cuidan con mucho cariño y pasión el suntuoso jardín reacondicionado en el espacio que quedó disponible tras las demoliciones del siglo XIX.

Los jesuitas, que tenían conocimientos esotéricos de los gnósticos cristianos, se relacionaban también con los judíos del gueto más cercano a ellos, donde la tradición cabalística estaba ampliamente extendida.

LAS ESTATUAS DE LOS ARCÁNGELES SEALTIEL, URIEL Y BARAQUIEL

❼

Iglesia de los Gesuiti (o de Santa Maria Assunta)
• Horario: todos los días de 10 a 12 h y de 15:30 a 17:30 h

La sorprendente presencia de tres arcángeles desconocidos

En el crucero de la iglesia de los Gesuiti, cuatro estatuas esculpidas por Giuseppe Torretti (alrededor de 1660 - 1743) dominan unos nichos. Los arcángeles Gabriel, Rafael y San Miguel son conocidos, sin embargo, el cuarto arcángel, Sealtiel, no lo es tanto. En el propio coro, encontramos también las estatuas de otros dos arcángeles desconocidos: Uriel y Baraquiel.

Miguel (príncipe de la Milicia Celeste), Gabriel (cuyo nombre en hebreo significa «La Fuerza de Dios» - mensajero celeste*) y Rafael (cuyo nombre significa «Curación de Dios» - protector de los viajeros), Baraquiel, Sealtiel, Uriel y Orifiel (o Jehudiel, aquí ausente) son los siete arcángeles conocidos por la tradición gnóstica. La tradición cabalística hebraica utiliza, para los cuatro últimos, los nombres de Samael, Zadquiel, Anael y Cassiel .

Aunque no se les nombra a todos en la Biblia (sólo se cita a Miguel, Gabriel y Rafael), sí se les menciona a los siete en el Libro de Tobías (cap.12:15): «Yo soy Rafael, uno de los siete ángeles que están delante de la gloria del Señor y tienen acceso a su presencia». La tradición judeocristiana acabó atribuyendo a estos arcángeles el gobierno de los 7 planetas tradicionales:

Sol - Miguel	Luna - Gabriel
Marte - Samael (Baraquiel)	Mercurio - Rafael
Júpiter - Zadquiel (Sealtiel)	Venus - Anael (Uriel)
Saturno - Cassiel (Orifiel –Jehudiel)	

Sealtiel, o anteriormente Zadquiel (según la traducción hebrea significa «Techo o Cabeza de Dios», por lo que es el arcángel «contemplativo» de la Divinidad), es asimismo, según la tradición angelical, el poseedor del cuerno de la abundancia.

Es invocado aquí para satisfacer, mediante su intervención ante la justicia celeste, las necesidades materiales de la Compañía de Jesús (otro de los nombres para designar a los jesuitas).

A *Uriel* («Fuego de Dios», en hebreo) se le identifica con el guardián de las puertas del Paraíso original (Edén) que sujeta una espada flamígera en las manos. Según la tradición apocalíptica, es también la divinidad que abrirá las puertas del Infierno a las almas impuras al final de los tiempos. Su presencia aquí sirve para proteger la iglesia, y por extensión, Venecia, separando el bien del mal, las luces de las tinieblas.

En cuanto a *Baraquiel* («Bendición de Dios», en hebreo) mantiene el estado de gracia del hombre que pone en el camino y al que protege de los enemigos de la fe, garantizándole la beatitud final tras la muerte del cuerpo. Es el arcángel de la Bondad Divina.

* Es él, con el nombre de Djibril, quien reveló a Mahoma los versos del Corán

LAS JERARQUÍAS ANGÉLICAS

En la tradición judeocristiana, los *poderes celestiales* que crearon el Universo, la Tierra y el Hombre están organizados en nueve coros, la *milicia celestial*, compuesta de arcángeles, ángeles, santos y sabios, todos sometidos a la autoridad del arcángel San Miguel, el más cercano al trono de Dios.

Aunque varias autoridades eclesiásticas han opinado sobre el tema (tales como San Ambrosio, San Jerónimo, el papa Gregorio I el Grande, o las autoridades hebraicas, Moisés de León y Moisés Maimónides, así como las obras teológicas *Sefer HaZohar*, *Maseket-Atziluth* y *Berith-Menuja*), la versión universalmente reconocida es la de *Pseudo Dionisio Aeropagita*.

Data del siglo V y está atribuida a la escuela fundada por Dionisio Aeropagita, primer obispo de Atenas, que vivió en el siglo I d.C. Cuentan que fue martirizado por los romanos bajo el reinado del emperador Domiciano. Se le atribuyeron durante siglos los tratados *La Jerarquía Celestial* y *La Jerarquía Eclesiástica*, en realidad escritos, mucho tiempo después, por un grupo anónimo de discípulos neoplatónicos, razón por la cual bautizaron la obra con el nombre de *Pseudo Denisio*.

Según este tratado, aprobado por Santo Tomás de Aquino en la *Suma Teológica* (*Summa Theologica*), existen tres órdenes de *poderes celestiales*, cada uno compuesto por tres coros que forman un total de nueve coros. El orden es el siguiente:

Primer Orden (El Padre): presentes en la génesis del Universo, sus tres coros mantienen la armonía y manifiestan y ejecutan la voluntad de Dios.

Serafines
Querubines
Tronos

Segundo Orden (El Hijo): sus tres coros representan el Poder de Dios en la génesis de los planetas que gobiernan, principalmente la Tierra. Ejecutan las órdenes de los poderes del primer orden y dirigen el tercer orden.

Dominaciones
Virtudes
Potencias

Tercer Orden (El Espíritu Santo): presentes en la génesis del Hombre, sus tres coros protegen y orientan a la Humanidad. Se encargan de llevar nuestros pensamientos y plegarias de amor a Dios.

Principados (Arqueus)
Arcángeles
Ángeles

Este tercer orden recoge las cualidades de los precedentes. Al ser el más cercano al Hombre es al que nos dirigimos, y el que está más a menudo representado en las obras de arte. Los ángeles son los mensajeros de Dios pero los arcángeles son los que anuncian los grandes acontecimientos.

LA SACRISTÍA DE LA IGLESIA DE LOS GESUITI ❽

Iglesia de los Gesuiti (o de Santa Maria Assunta)
• Horario: todos los días de 10 a 12 h y de 15:30 a 17:30 h

> ### Basta con empujar la puerta...

A pesar de su belleza (en particular por sus notables mármoles policromos que decoran casi toda la iglesia), la iglesia de los Gesuiti es poco visitada, y mucho menos su sacristía: aunque la pequeña pancarta delante de la puerta cerrada indica claramente que se puede visitar, escasos son los visitantes que la empujan.

La sacristía, con su techo de madera pintada, se dedica principalmente a la historia de la Orden de los Crociferi y a la a menudo olvidada historia del descubrimiento de la cruz de Cristo por Elena (véase pág. 121).

LOS JESUITAS: EXPULSADOS DE VENECIA EN 1606, READMITIDOS EN 1647 A CAMBIO DE LOS BIENES DE LA ORDEN DE LOS CROCIFERI, DURANTE LA COSTOSA GUERRA DE CANDÍA...

La iglesia de los Gesuiti está construida sobre el emplazamiento de la antigua iglesia y convento de la Orden de los Crociferi (véase pág. 197). Las costumbres disolutas de los monjes de la orden motivaron que el papa Alejandro VII la prohibiera definitivamente en 1656 y que sus importantes bienes fueran trasladados a la Serenísima. La prohibición se produjo en un momento en que Venecia se encontraba inmersa en plena guerra por el control de Candía (Creta) y cuando más le costaba cubrir los importantes gastos relacionados con la guerra. De hecho, tal vez no llegó de casualidad en un momento crítico para la Serenísima: a cambio de los bienes de la Orden de los Crociferi, el papado negoció con Venecia para que ésta autorizase de nuevo la presencia de los jesuitas en su territorio: habían sido expulsados en 1606 tras apoyar al Papa en vez de a Venecia, en un asunto trivial relacionado con dos sacerdotes. Este asunto era sin embargo importante para Venecia que deseaba mantener, por encima de todo, su independencia frente al papado. En 1657 los jesuitas regresaron oficialmente a Venecia al comprar el antiguo convento de los Crociferi, aunque debían renovar la autorización para quedarse en territorio veneciano cada tres años.

LA VERJA DEL ORATORIO DE LOS CROCIFERI

Cannaregio 4905
Campo dei Gesuiti
• Horario: de abril a octubre de 15:30 a 18:30 h. Viernes y sábado incluidos
• Tel: +39 041 309 6605

*Una joya
desconocida*

El oratorio de los Crucíferos es una de las maravillas desconocidas de la ciudad de Venecia. Decorado entre 1583 y 1592 por Jacopo Palma il Giovane, alberga ocho magníficos lienzos del maestro veneciano que describen la historia de los monjes crucíferos y recuerdan, en particular, los dos benefactores principales de la orden: los dogos Renier Zen y Pasquale Cicogna.

El oratorio es la antigua capilla de un hospital fundado a mediados del siglo

XII por los monjes crucíferos para acoger a los peregrinos y a los cruzados que se dirigían a Tierra Santa. En el siglo XIV, se convirtió en un hospital para mujeres sin recursos y viudas, función que sigue manteniendo. Las doce habitaciones comunican directamente con el oratorio. Observe en particular, encima de la puerta de entrada, la verja a través de la cual los enfermos contagiosos podían asistir a misa sin contagiar a los demás fieles.

UN CUADRO ROBADO, COPIADO Y ROBADO DE NUEVO

El lienzo situado detrás del altar principal, que remplaza un lienzo original de Palma il Giovane, *La Adoración de los Reyes Magos*, ha sido, hecho excepcional, robado dos veces. La primera vez fue justo después de la inauguración del oratorio, y la segunda tras pintar una copia Paris Bordone, que también fue robada. La tercera vez, el pintor elegido rechazó copiar el mismo lienzo y ejecutó una *Vergine in Gloria Adorata da Venezia* que sigue en su sitio.

EL MUSEO DE CIENCIAS FÍSICAS
ANTONIO MARIA TRAVERSI

Fondamenta Santa Caterina 4942
• Visitas previa reserva: Tel.: (+39) 347 863 8987
• museo.atraversi@del@liceofoscarini.it
• http://museo.liceofoscarini.it/

Desconocido, el Museo de Ciencias Físicas *Antonio Maria Traversi* está camuflado dentro del liceo clásico Marco-Foscarini.

Un Gabinete de Física del siglo XIX

Alberga una rica colección de más de 200 instrumentos científicos, destinados a la enseñanza e investigación experimental, que pertenecían al Gabinete de Física de la escuela del siglo XIX.

Fundado en 1807, conforme a un decreto de Napoleón, en el complejo del antiguo monasterio de Santa Caterina, el instituto fue primero regentado por el abad Antonio Maria Traversi. Famoso físico e investigador apasionado, este primer director legó su colección de instrumentos científicos al instituto. Esta es la colección que da origen al Gabinete de Física, entonces situado en la actual sala de conferencias. Posteriormente se compraron otros aparatos y encargaron a artesanos habilidosos otros instrumentos de precisión para la investigación y la enseñanza. El gobierno austríaco apoyó esta iniciativa y adoptó una política iluminada para el instituto, tratando de satisfacer las peticiones de los profesores y enriquecer así el preciado patrimonio de la escuela. Los aparatos científicos están distribuidos en varias secciones: Medida, Mecánica, Mecánica de los fluidos, Termodinámica, Óptica, Acústica y Electromagnetismo. Muchos de ellos son piezas únicas o prototipos de instrumentos que posteriormente inspiraron variantes más modernas y perfeccionadas.

Algunos son muy refinados en su construcción, con decoraciones y materiales preciosos. Uno de los objetos más llamativos es una hermosa brújula de navegación del abad Cannini (siglo XVIII), un modelo de colección donde figuran la rosa de los vientos así como alegorías de los cuatro continentes (Oceanía excluida). La colección del museo contiene asimismo una variedad de textos y documentos, además del patrimonio instrumental que cubre un periodo que va desde la segunda mitad del siglo XVII hasta principios del siglo XX.

Para los grupos pequeños, el instituto ofrece guías a disposición de los visitantes: son alumnos que han seguido un curso preparatorio específico para que expliquen con brillantez todo lo que está expuesto en las vitrinas. Por otro lado, la visita del museo incluye la puesta en marcha de algunos aparatos, para regocijo de los jóvenes guías, que hacen demostraciones científicas, sencillas pero significativas. Por último, se pueden ver todos estos instrumentos consultando el museo virtual en la página web.

LOS OJOS DE SANTA LUCÍA

Cuadro de Giambattista Tiepolo - *La última comunión de Santa Lucía*
Capilla Corner
Iglesia de los Santi Apostoli
Cannaregio
• *Vaporetto* Ca d'Oro ó Rialto

Sobre una bandeja

El cuadro de Tiepolo, *La última comunión de Santa Lucía*, en la capilla Corner de la iglesia de los Santi Apostoli, es relativamente desconocido.

Fíjese, en la parte inferior derecha, en los ojos de la santa que descansan, de manera espectacular, sobre un plato al lado de un cuchillo.

La escena se refiere al martirio de Santa Lucía (véase a continuación): cuenta la leyenda que le arrancaron los ojos antes de decapitarla. El lienzo evoca la última comunión de la santa antes de su muerte. Según algunas fuentes, la santa se habría vuelto a colocar los ojos antes de ser decapitada.

SANTA LUCÍA

Nacida en Siracusa, Sicilia, alrededor del año 300, Lucía era una noble siciliana que se había consagrado a Dios, haciendo voto de celibato y pobreza. El marido, a quien la habían prometido, viendo que dilapidaba su fortuna entregándola a los pobres la denunció al cónsul de Siracusa, Paschase (Pascasio en italiano) acusándola de ser una cristiana que actuaba en contra de las reglas imperiales. Éste, tras intentar sin éxito que renegara de su fe en Cristo, quiso que la violaran una multitud de hombres e intentó llevarla a un prostíbulo. Inundada por el Espíritu Santo, se hizo tan pesada que no pudieron moverla ni un centímetro: decenas de hombres, y después, de bueyes, lo intentaron en vano. Tras regarla con orina (según dicen ahuyenta los maleficios) y aceite hirviendo mezclado con pez y resina, ordenó que la degollaran, y según algunas fuentes, que le arrancaran los ojos.

Hecho milagroso, Santa Lucía, con la garganta degollada logró hablar e invocar el nombre de Dios.

Santa Lucía es la patrona de los oculistas y se la invoca en casos de oftalmia.

Según algunas fuentes, Lucía en realidad no habría existido jamás.

El cuadro de Bassano, *El Martirio de Santa Lucía*, que se encuentra en San Giorgio Maggiore, relata la escena de una gran cantidad de bueyes y hombres intentando arrastrar, en vano, a Lucía a su suplicio. El cuerpo de Santa Lucía está oficialmente en Venecia, en la iglesia de los Santi Geremia e Lucia.

EL ANTIGUO CASINO SAGREDO

Hotel Ca' Sagredo
Campo Santa Sofia 4198
• info@casagredo.com
• www.casagredohotel.com
• Tel.: (+39) 041 241 3111

l hotel Ca' Sagredo posee dos magníficas habitaciones que, curiosamente, el establecimiento apenas menciona: las habitaciones 305 y 306 ocupan las seis salas que formaban el antiguo casino de juego del palacio Sagredo (para más información sobre los casinos de juego, véase pág. 27).

Dos magníficas habitaciones en un antiguo casino de juego del siglo XVIII

Decoradas por Carpoforo Mazzetti y Abbondio Stazio en 1718, estas salas son pequeñas joyas decoradas con estucos y frescos. Lamentablemente, la antigua alcoba del casino se encuentra hoy en el *Metropolitan Museum of Art* de Nueva York. El pequeño salón de la habitación 306 es un modelo de refinamiento con sus estucos de animales que miran de reojo a los que la ocupan. En cuanto al pequeño salón de la habitación 305, ofrece una insólita y sorprendente vista sobre *la escalera de los Gigantes* del hotel. Fíjese también en la puerta del pasadizo secreto escondida entre los frescos de uno de los muros que comunicaba la sala de baile (que aún existe) con el *Casino*, permitiendo así a los invitados de los propietarios acceder discretamente a este lugar de placer.

Aunque no se hospede en el hotel Ca' Sagredo, el lugar merece ser visitado: podrá admirar un antiguo y sublime palacio privado muy bien renovado (se han conservado los inmensos volúmenes de los espacios interiores), decorado con frescos de Tiepolo, Longhi o Ricci…

Situado justo frente al mercado de Rialto, el hotel tiene un restaurante con terraza que da al gran canal y cuya cocina no está, por desgracia, a la altura del lugar.

En la entrada, solicite amablemente subir por la monumental escalera principal. Construida por Tirali en el siglo XVII, merece por sí sola el desplazamiento, en especial por los espectaculares frescos de Longhi titulados

La Caída de los Gigantes (1734). Arriba, en la planta noble, entre por la primera puerta a la izquierda para admirar la pintura de Tiepolo que preside el techo de una de las dos salas de los restaurantes, así como la antigua y magnífica sala de baile.

CAÑERÍAS ARTÍSTICAS

Ca' d'Oro, Cannaregio 3933, visibles desde la calle Ca' d'Oro
Ca' Cappello, Castello 6391, visibles desde el puente Cappello
Castello 5507, en la corte Licini

A veces, se puede observar el refinamiento del arte veneciano incluso en ciertos detalles urbanísticos insospechados.

Por ejemplo, en algunos palacios aristocráticos (véanse las direcciones indicadas en el encabezamiento de los lugares aún

> *El refinamiento del urbanismo veneciano*

visibles), las «columnas» huecas de piedra (denominadas *fossa*) que evacuaban las aguas pluviales estaban decoradas, en algunos casos, como si se fueran verdaderas obras de arte.

En una de las esquinas de la Ca' d'Oro, observará que en el cruce de las dos cornisas del tejado, la media columna termina en un capitel cubierto de follaje. Se superpone a este elemento un capitel esculpido donde figura un atlante sentado, rodeado de decoraciones fitomorfas: sujeta la cornisa del lado adyacente del palacio.

La Ca' Capello nos ofrece otro ejemplo de empalme o *fossa* en forma de capitel

gótico cuyos contornos son más sencillos, sin restarle interés como detalle funcional de techado.

Las construcciones menores están pocas veces provistas de este tipo de detalles visibles desde el exterior, seguramente copiados de la arquitectura noble de los palacios. Sin embargo es el caso de un pequeño edificio situado en el número 5507 del *sestiere* de Castello, en la corte Licini, detrás de la iglesia de la Fava: todo su interés radica en la realización de la columna pero también en las formas de los acabados superiores, más sencilla que la de los palacios mencionados anteriormente.

Estas columnas de desagüe alimentaban también los pozos que había en las plazas (*campi*) así como en los patios privados y en el interior de los edificios de viviendas.

EL GRAFITI DE LA RATA

Fondamenta del Traghetto

¡Cinco ratas por veneciano!

Sobre el fuste de una gruesa columna, al final de la calle del Traghetto, frente a la iglesia de San Felice, sobre el Gran Canal, figura desde hace más de tres siglos y medio -si uno se fía de la fecha (1644)- el grafiti de una rata con una larga cola. Seguramente el autor quiso sencillamente recordar a las generaciones futuras que las ratas también formaron parte, durante siglos, de la historia de la Serenísima.

Según un cálculo reciente, a cada veneciano le correspondería un pequeño destacamento de roedores: cinco ratas por cabeza.

Gracias a su increíble capacidad de adaptación, la rata común (*Mus Musculus*), la *pantegana* (*Rattus Norvegicus*, rata de alcantarilla) y el coipo (*Myocastor Coypus*, una especie de rata almizclera, cercana al castor) se han aclimatado perfectamente al peculiar paisaje urbano de Venecia. La presencia de estos roedores también se explica por la progresiva desaparición de las numerosas colonias de gatos venecianos, casi en vías de extinción, a causa de las excesivas y sistemáticas esterilizaciones de las que han sido víctimas recientemente. Se dice que las ratas que venían en los barcos procedentes de tierras lejanas donde la peste hacía estragos fueron las principales responsables de la propagación de esta plaga.

QUÉ VER EN LOS ALREDEDORES

IGLESIA PROTESTANTE ALEMANA - ANTIGUA *SCUOLA* DELL'ANGELO CUSTODE

• Abierto un domingo de cada dos a las 10:30 h o a las 17 h
Los horarios y el programa del mes en curso o del siguiente están publicados en la puerta de la iglesia.

Construida en el siglo XVIII por Andrea Tirali, la antigua scuola dell'Angelo Custode (Escuela del Ángel de la Guarda) está justo enfrente de la iglesia de los SS. Apostoli.

Alberga, desde la supresión del Fondaco dei Tedeschi en 1812, la sede de la iglesia evangélica alemana. Dos veces al mes, la iglesia abre sus puertas para celebrar con el público (será recibido calurosamente), lo que permite admirar, en la capilla de la primer planta, un magnífico lienzo de Sebastiano Ricci, *La Virgen en gloria y el Ángel Rafael*. La celebración es también una ocasión para viajar a través del tiempo y de la historia, fuera de los circuitos turísticos. La puerta de la capilla parece estar incluso cerrada cuando realmente está abierta (sólo hay que empujar), lo que frena la entrada de eventuales curiosos que están de paso.

EL CORNO DUCALE DEL PALACIO MICHIEL DEL BRUSA

Strada Nuova n° 4391
Cannaregio

16

Sobre la entrada del hotel Santi Apostolo en el 4391 de la Strada Nuova en Cannaregio, el escudo de la familia Michiel está rematado con una corona y un *corno ducale* (el tradicional sombrero de los dux de Venecia).

Es uno de los pocos vestigios de este tipo y el único en un palacio privado (ver más arriba): recuerda que la familia propietaria del

> *Para recordar que la familia propietaria del palacio dio un dux a Venecia*

palacio dio al menos un dux a Venecia y resalta la importancia de este.

La familia Michiel era una antigua familia noble veneciana de descendencia romana que dio miembros al clero, tres de los cuales ocuparon en efecto la función de dux: Vitale I Michiel (1096), Domenico Michiel (1117) y Vitale II Michiel (1156).

El palacio actual, que data de 1777, ocupa el emplazamiento del antiguo palacio gótico de la familia Michiel del Brusa que, desgraciadamente, un incendio arrasó en 1774. Su reconstrucción se apoya sobre los vestigios de la fachada gótica original cuyos tres niveles asimétricos siguen dominando las aguas del Gran Canal.

OTROS *CORNO DUCALE* EN VENECIA

En el sur de Castello, la Ca' di Dio (literalmente la Casa de Dios) es un edificio alargado que bordea el Bacino San Marco (Cuenca de San Marcos). Sobre la puerta, un escudo se enorgullece del *corno* del dux Antonio Grimani (1434-1523): este edificio destinado a acoger a los más necesitados estuvo bajo la tutela del dux, quien garantizaba protección y sustento.

En la fachada del campanario de la iglesia de San Giobbe en Cannareggio, un escudo coronado con un corno aludía al dux Cristoforo Moro (1390-1471) que contribuyó caritativamente en la construcción de esta iglesia renacentista.

En la Ruga Vecchia San Giovanni, en San Polo, embellecieron el campanario de la iglesia de San Giovanni Elemosinario con bajorrelieves representando tres figuras, entre ellas un corno rematado por el escudo de armas de la familia Steno. El dux Michele Steno (1331-1413) era el protector de este edificio donde asistía a los oficios todos los miércoles.

EL JARDÍN DEL CASINO DEGLI SPIRITI

Piccola Casa della Provvidenza Cottolengo, Fondamenta Contarini 3539
• Llame a la portería y pregunte a las religiosas si puede visitar el jardín
o contacte con la presidenta del Wigwam Club Giardini Storici Venezia:
• Tel./Fax: (+39) 388 4593091
• giardini.storici.venezia@gmail.com

> ¿Espíritus
> elegidos
> o una pandilla
> de falsificadores?

El palacio Contarini del Zaffo, que el cardenal e ilustrado patricio Gasparo Contarini mandó construir en la primera mitad del siglo XVI, esconde uno de los jardines más hermosos del Renacimiento. En la actualidad, dos instituciones religiosas comparten y gestionan esta propiedad: la *Piccola Casa della Provvidenza Cottolengo* y la *Casa Cardinal Piazza*. El jardín del instituto Cottolengo se extiende sobre un terreno bastante amplio y da sobre la laguna norte, cerca del estanque de la Sacca della Misericordia. Alberga un pequeño edificio conocido con el nombre de *Casino degli Spiriti* (Pabellón de los Espíritus), encantador pabellón donde se reunían los hombres de letras, eruditos y artistas como Tiziano, Sansovino o el Aretino. Decorado por dentro por Guarana, Tiepolo y Fossati -hoy ya no queda nada de estas pinturas- formaba un marco ideal para estimular la creatividad e inspirar a los «espíritus elegidos» durante las cultas conversaciones.

Entre los siglos XVI y XVIII, numerosos visitantes vinieron a admirar el palacio y su maravilloso jardín por sus asombrosas vistas sobre la laguna y por sus antiguas *stanze di verzura* (literalmente "estancias de verdor"). Su abundante patrimonio de estatuas, columnas y fuentes lo convertían en un espacio fastuoso y teatral, donde se celebraban numerosas fiestas y divertimentos varios.

En el siglo XIX, se remodeló completamente el jardín para dejar espacio a un almacén de madera. El *Casino degli Spiriti* quedó abandonado, sumiéndose en un halo de misterio por su emplazamiento aislado en la laguna.

El ruido de la resaca junto con el silbido del viento del Norte alimentaron, entonces, lúgubres leyendas: la fantasía popular mencionaba, unas veces, espectros mugiendo entre los muros y navegando sobre las aguas muertas de la laguna, y otras, a una pandilla de falsificadores que sería la causa principal de estos rumores para mantener a los curiosos alejados de su fábrica clandestina de monedas falsas. Posteriormente, y gracias a una magnífica restauración, el jardín recuperó gran parte de su estructura original, y a escritores como D'Annunzio y Brodsky les llegó el turno de alabar su refinamiento. Hoy el silencio y la belleza de este fabuloso lugar evocan el encanto de la antigua casa donde se reunían los espíritus, lo que nos invita a disfrutar del placer de la contemplación.

> La capilla del instituto Cottolengo ocupa uno de los salones del palacio: aún se aprecian en las paredes rastros de la antigua chimenea. En el techo, los frescos de la escuela de Tiepolo enaltecen la gloria de la familia Contarini.

EL JARDÍN DE LA CASA DEL CARDENAL PIAZZA ⓲

Fondamenta Contarini 3539/A
• Llame a la portería y pregunte a las religiosas si puede visitar el jardín o contacte con la presidenta del Wigwam Club Giardini Storici Venezia:
• Tel./Fax: (+39) 388 4593091
• giardini.storici.venezia@gmail.com • www.giardini-venezia.it

> *El jardín de los camareros disfrazados de esqueleto*

El paseante que bordea la Fondamenta Contarini en dirección a la Sacca della Misericordia puede entrever, a través de la verja en hierro forjado de una ventana, un suntuoso jardín: pertenece a la *Casa Cardinale Piazza*, donde las Misioneras del Sagrado Corazón de Jesús gestionan una casa de huéspedes para ancianos así como un albergue de juventud, que se puede visitar llamando al portal (las hermanas son muy amables). En su interior, el amplio espacio verde abunda de arbustos y plantas seculares. Una de las antiguas paredes del recinto que da al norte está decorada con nichos y edículos que antaño albergaban estatuas y fuentes, constituyendo un decorado ideal para representaciones teatrales.

El lugar tiene, por una parte, el jardín del palacio Contarini dal Zaffo -recientemente dividido con la *Piccola Casa della Provvidenza* (véase pág. 209)-, y por otra parte, el jardín del palacio Minelli-Spada que lo linda. Los Minelli eran adinerados *luganegher* ("tenderos" en veneciano) de Bérgamo, vendedores de salchichas y quesos que, en el siglo XVII, obtuvieron el título de patricios pagando 100 000 ducados.

Antiguamente, este jardín era famoso por sus ricas construcciones y por la belleza de su paisaje, con su alameda bordeada de laureles y su tonel de rosas perfumadas, que conducían a dos puertas de agua enfrente de la laguna norte.

Tras quedar abandonado durante un largo periodo, a finales del siglo XIX, los nuevos propietarios, unos ingleses llamados Johnston rehabilitaron el terreno. El lugar recobró la armonía serena y la dulzura del trazado que perdió a lo largo del tiempo, convirtiéndose de nuevo en el escenario de eventos mundanos. En los años 1950, en plena *Dolce Vita*, el excéntrico propietario, Mr. Eggs, organizó una fiesta legendaria con antorchas evanescentes y camareros disfrazados de esqueleto que revoloteaban entre los invitados.

Cuenta la leyenda que fue en este jardín donde el pintor Morto da Feltre -apodado así por su pálido y espectral tono de piel- se enamoró, en vano, de Cecilia, la modelo preferida de Giorgione.

LOS *ZATTIERI* (LOS ALMADIEROS)
En la gran zona de agua de la Sacca della Misericordia, hay un lugar de fondeo para embarcaciones provisto de garitas de vigilancia. Antiguamente, aquí se reunían los *zatteroni* (armadías) que transportaban la madera del Cadore por vía fluvial, bajo la experta mirada de los *zattieri*.

EL TALLER DE LA FUNDICIÓN VALESE

Madonna dell'Orto 3535
• http://valese.it
• Visitas previa reserva: Tel./Fax: (+39) 041 720 234 • info@valese.it
• Escaparate de presentación:
Calle Fiubera 793 (San Marco) • Tel.: (+39) 041 522 7282

La magia del metal en fusión

A media distancia de la Fondamenta Contarini, no muy lejos del palacio del mismo nombre, una pequeña y discreta puerta da paso a una larga y estrecha callejuela. Al final, tras haber serpenteado entre las altas paredes, se encontrará con el magnífico taller de la fundición Valese, que parece haber escapado al paso del tiempo y a las modas.

Fundada en 1913, el taller utiliza arena de Fontainebleau (de calidad superior) que permite dejar en los moldes de madera una huella del modelo original que se debe reproducir, dividido en dos partes, como las valvas de una concha. Una vez abierto el molde y extraída la pieza, se prepara una red de canales donde el metal fundido, que se desliza sobre la arena, da la forma definitiva al producto manufacturado. No es nada raro que se utilicen viejos moldes, muchos de ellos del siglo XVIII.

La visión del metal en fusión es siempre un momento espectacular. Luego, se crean variados objetos en oro, plata, cobre o latón que parecen joyas: artículos tan voluminosos como arañas o elementos de inspiración antigua, pero también objetos ornamentales siguiendo temas mitológicos, reproducciones de los más famosos monumentos venecianos, ornamentos de góndolas en bronce y accesorios de uso cotidiano como timbres, empuñaduras o pomos (realizados también a medida, en base al dibujo del cliente), sin contar con los moldes metálicos creados para las cristalerías y los tradicionales *musi da porto*, batientes decorados con leones que sujetan en su boca la aldaba en forma de anilla.

LOS ANTIGUOS LEONES DE LA MOSTRA

Hasta los años 1950, los premios que se concedían en la *Mostra Internazionale del Cinema* tenían un aspecto muy distinto a los de hoy. Además de los leones de oro y de chapa plateada -modelados según un dibujo del profesor Soppelsa de Venecia- que se entregaban a los ganadores del Festival, también se concedían otros premios cuyas formas reproducían hipocampos, delfines y pequeñas sirenas de plata. Los premios actuales, mucho más ligeros, son de latón recubierto de hojas de oro o plata. Qué lejos queda la época en que sus predecesores, elaborados con arte por la fundición Valese, hacían felices a los ganadores: a lo largo de los años, la administración del Festival ha recortado el presupuesto y ha hecho los pedidos a una empresa que imita superficialmente la forma de las estatuillas pero no su calidad.

Una curiosidad: en el centro de la "cueva-nevera", la acústica es tan perfecta que el sonido repercute de una manera circular y cautivante, con efecto estereofónico *surrounding* absolutamente sorprendente.

LA ANTIGUA NEVERA DEL JARDÍN DEL PALAZZO RIZZO-PATAROL

Fondamenta de la Madonna dell' Orto 3499

> **Una cueva oculta en la vegetación**

El exuberante jardín del Palacio Rizzo-Patarol, hoy ocupado por el Hotel de los Dogos, tiene una antigua nevera camuflada entre las plantas seculares y el espeso tapiz de hiedra y vincapervinca.

Oculto bajo un montículo, el *grotin del giasso* es una muestra tangible de la intervención romántica a la que fue sometido el jardín en el siglo XVIII.

Esta construcción en ladrillo con forma de cúpula constituía una especie de cueva, constantemente refrigerada por la presencia de bloques de hielo: se utilizaba para conservar los productos alimenticios destinados a las cocinas del palacio, en una época donde evidentemente no existían las neveras.

El jardín Rizzo-Patarol era un espacio verde muy conocido y preciado, hasta tal punto, que el emperador Francisco I de Austria lo visitó en 1815. Fue diseñado en 1700 por Lorenzo Patarol -numismático culto y refinado botanista, autor de un herbolario que conserva el Museo Correr- que tenía especial predilección por los invernaderos de naranjos, jazmines, rosas, lirios y plantas *halófilas* (que crecen bien en los ambientes salinos). Su sobrino Francesco adornó posteriormente el jardín con abundantes variedades de plantas del jardín botánico de Padua.

CORTE CAVALLO: EL PATIO DONDE SE FUNDIÓ EL MONUMENTO ECUESTRE DE BARTOLOMEO COLLEONI

El nombre de la Corte Cavallo (al lado del palacio Rizzo-Patarol) proviene de la fundición donde se creó el famoso monumento ecuestre de Bartolomeo Colleoni, erigido en el Campo Santi Giovanni e Paolo. El florentino Andrea Verrocchio, maestro de Leonardo da Vinci, modeló la estatua en cera pero falleció antes de finalizar su obra. La fundición fue entonces encomendada a Alessandro Leopardi -añadió el pedestal- apodado *Alessandro del Cavallo* (Alejandro del Caballo). El patio donde vivía pasó a llamarse del mismo modo: en el número 3494, aún se pueden ver los vestigios del palacio Leopardi, integrados hoy en una de las alas del Hotel de los Dogos.

Se cuenta que Verrochio, un hombre sumamente irascible, era famoso por el tono mordaz de sus contestaciones. Al enterarse de que se había encomendado la realización del rostro del jinete a un tal Vellano da Padova, se enfadó tanto que decapitó el modelo de su caballo y regresó inmediatamente a Florencia. La Serenísima República amenazó con condenarle a muerte pero respondió con estos términos: «Sería una verdadera lástima, ya que podría hacer una cabeza mucho mejor para mi caballo». La Serenísima quedó impresionada por tanta frialdad: duplicó la retribución del escultor y le volvió a llamar para que terminara su obra.

EL VIVERO DE LA MISERICORDIA

Fondamenta dell' Abbazia 3546
- Tel.: (+39) 041 524 4097
- E-mail: vivaio@lagunafiorita.191.it
- www.lagunafiorita.it
- Visitas durante los horarios de apertura del vivero: de lunes a viernes de 09 a 12:30 h y de 14:30 a 17 h

El terreno sobre el que antaño se erigía el convento de Santa Maria della Misericordia está hoy ocupado por un suntuoso espacio verde que alberga el único vivero del centro histórico de Venecia. En el viejo recinto donde se ven los restos del antiguo campanario de Valverde, tres

Invernaderos, flores y plantas en el corazón del Cannaregio

invernaderos ocupan un espacio que permite vislumbrar también la parte trasera de la abadía y de la Scuola Vecchia della Misericordia.

La *Cooperativa Sociale Laguna Fiorita* gestiona la producción y la venta directa de todo tipo de plantas. Tiene todo lo que un amante de la flora necesita (jarrones, mantillo, abono y productos antiparásitos), sin contar con que esta cooperativa está especializada en el diseño y mantenimiento de terrazas, *altane* (terrazas colgantes en los tejados) y jardines, como el que linda con la Scuola Vecchia della Misericordia.

EL LUGAR DONDE TINTORETTO PINTÓ SU FAMOSO *PARAÍSO*

Tintoretto -que vivía a dos pasos de aquí (véase pág. 221)- utilizó los amplios espacios de la sala superior de la Scuola Vecchia della Misericordia para pintar su gran cuadro *Paraíso*, un gigantesco lienzo de 7 x 22 metros, encargo de la Serenísima República para la Sala del Maggior Consiglio en el Palacio de los Dogos.

QUÉ VER EN LOS ALREDEDORES

LA CORNISA DE LA FACHADA UTILIZADA COMO MUELLE
Campo della Misericordia y Fondamenta della Misericordia
Cannaregio 3599
Cornisas visibles desde el puente de la Misericordia

Desde el puente de la Misericordia, observará un elemento incongruente

sobre la *fondamenta* (el muelle), al sur y al este de la Scuola Grande della Misericordia: en lugar del tradicional muelle, verá la cornisa de una fachada destinada a un edificio desconocido que se recicló en el segundo decenio del siglo XVII.

EL DOBLE JARDÍN DE LA SCUOLA VECCHIA ㉓ DELLA MISERICORDIA

Fondamenta dell' Abbazia 3553
• Llame a la portería y pregunte a las religiosas si puede visitar el jardín o contacte con la presidenta del Sra. Mariagrazia Dammicco en el Wigwam Club Giardini Storici Venezia: Tel./Fax: (+39) 388 4593091
• giardini.storici.venezia@gmail.com • www.giardini-venezia.it

El jardín secreto de la Misericordia

Situado en un terreno que perteneció antiguamente al convento de los hermanos dominicos de la Misericordia, el jardín de la *Scuola Vecchia della Misericordia* (Antigua Cofradía de la Misericordia) se extiende sobre una superficie de 2300 m². Este amplio dominio, que podrá ver a través de la verja del muelle (*fondamenta*) que bordea el rio della Sensa, puede visitarse reservando previamente (véase encabezado).

Este espacio verde -recuerdo de la exuberante isla Valverde- tiene un jardín tradicional, característico de los palacios venecianos, y el jardín de un convento, como los que se ven normalmente en los claustros. A lo largo del tiempo, los dominios de la Misericordia fueron sometidos a numerosas modificaciones.

En el siglo XVII, cuando la cofradía de la Misericordia se trasladó a su nueva sede diseñada por Sansovino, el terreno era un huerto y un cementerio. Tras las supresiones napoleónicas (1808), la *Scuola Vecchia* se convirtió durante un tiempo en un teatro privado y el espacio exterior se transformó en un jardín a la italiana, decorado con setos y platabandas tradicionales con formas geométricas.

Tras sucesivas modificaciones, el complejo -muy deteriorado- fue adquirido en 1920 por el artista Italico Brass que estableció su vivienda y taller. Ahí es donde guardaba su suntuosa colección de obras de arte. Gracias a unas importantes obras de restauración, el edificio fue rehabilitado y engalanado con detalles arquitectónicos adicionales, como la pequeña torre circular con su belvedere octogonal y el *liagò*, una especie de pequeño balcón cubierto, parecido a una atalaya, que da al jardín. El propietario también retocó el jardín devolviéndole su esplendor original: se plantaron cipreses y plantas odoríferas en la parte sobreelevada del cementerio y del antiguo huerto mientras que la parte que está frente al claustro fue transformada en un *hortus conclusus*, con platabandas geométricas y pequeños setos de boj tallados arquitectónicamente siguiendo las reglas del arte de la topiaria.

En 1974, el complejo de la *Scuola Vecchia della Misericordia*, abandonado desde hacía tiempo, fue adquirido por el Estado que instaló un taller de restauración. Hoy pertenece a los museos de Venecia: tanto el jardín como el edificio han sido cuidadosamente restaurados.

Según estudios recientes, el pintor se llama en realidad Jacopo Comin. Le llamaban Tintoretto por la profesión de su padre, el tintero Giovan Battista que tomó el nombre de Robusti tras participar en la enérgica defensa de las puertas de Padua frente a las tropas de asalto imperiales (1509). Su hijo Jacopo, el mayor de sus veintidós hijos, heredó su nombre.

EL ALTORRELIEVE DE HÉRCULES CON UNA MAZA

Fondamenta dei Mori 3399

> *La leyenda de la bruja y de la hija de Tintoretto*

En la fachada de la casa donde Tintoretto residió los últimos veinte años de su vida (falleció en 1594), un altorrelieve, de origen probablemente romano, representa a Hércules desnudo con una maza en la mano. Llama la atención que se haya elegido precisamente este personaje mitológico para decorar la casa del artista: símbolo de fuerza viril, tal vez aluda al origen del mote de la familia (*Robusti*), sin embargo la leyenda nos ofrece otra versión.

En aquel entonces, la costumbre quería que los niños recibieran la hostia todas las mañanas, diez días después de la primera comunión. Un día que Marietta -la hija mayor de Tintoretto- se dirigía a misa a la iglesia de la Madonna dell' Orto, una anciana la abordó y la convenció para que recuperase todas las hostias de la comunión. A cambio, le prometió ser igual que la Santa Virgen.

La pequeña accedió: todas las mañanas recibía la hostia en la lengua pero en vez de tragársela la escondía furtivamente en su camiseta y, una vez en casa, la ocultaba en una caja en el fondo del jardín, cerca del abrevadero de animales. Al cabo de unos días, los animales empezaron a comportarse de forma extraña: se arrodillaban delante del abrevadero y nadie conseguía levantarlos de nuevo.

Marietta, asustada por este curioso fenómeno, le contó todo a su padre. El pintor, que conocía ciertas prácticas de magia, no ignoraba que, a menudo, las brujas viejas ejercían su influencia sobre almas puras y cándidas recurriendo a este tipo de estratagemas. Por la tarde, entró subrepticiamente en la iglesia y dejó las hostias sobre el altar, como si alguien las hubiera olvidado. Entonces, se hizo con un robusto bastón y regresó a su casa. Al llegar el décimo día, le dijo a su hija que desde la ventana invitara a la vieja a subir. Apenas hubo cruzado el umbral, le llovieron los golpes. Repuesta de la sorpresa, la bruja se transformó súbitamente en gato y se puso a trepar por las paredes en busca de una salida. El animal, al verse acorralado, dio un grito atroz y envuelto en una nube de humo se tiró contra la pared, atravesándola. Fue este agujero que Tintoretto recubrió con el relieve esculpido de Hércules portando una maza, a modo de advertencia, para proteger la casa. En cuanto a la bruja, nunca más se supo de ella.

LOS SÍMBOLOS ALQUÍMICOS DEL PALAZZO LEZZE

Palazzo Lezze
Fondamenta della Misericordia 3598

¿La «Residencia Filosofal» de Venecia?

Edificado entre 1611 y 1617 y atribuido al arquitecto Baldassare Longhena (cuyo interés por el hermetismo también se puede ver en la Salute, véase pág. 327), la fachada lateral derecha del Palazzo Lezze tiene unos curiosos y discretos altorrelieves alquímicos. Esto llevó a Fulcanelli a declarar que el palacio era la «Residencia Filosofal» de Venecia.

El primer altorrelieve (el más visible, casi en el ángulo recto de la fachada) muestra un rey con una corona de llamas, flanqueado por dos personajes rematados por el Sol y la Luna y apoyados sobre dos pelícanos. En alquimia, el personaje del Rey representa el oro filosofal, es decir, la conciencia solar simbolizada por el azufre filosofal. Los dos personajes laterales representan el mercurio y la sal, pero no como elementos ordinarios conocidos sino en su quintaesencia.

Aluden igualmente al *Solve-Coagula* (disoluciones-evaporaciones) de la alquimia, esta última simbolizada por el pelícano sobre el que descansa la obra.

En el altorrelieve situado más a la derecha, difícil de ver detrás de las rejas, un personaje de sexo indefinido, en cuclillas, sujeta un arbusto en cada mano. Le acompañan dos animales fantásticos, uno a cada lado, especie de lagarto con cabeza humana, apoyados sobre un grifo con cabeza doble.

El hombre simboliza al hermafrodita, llamado *rebis* en alquimia, alusión

a la perfección humana resultante de la síntesis del mercurio y del azufre, principios de substancia fija y volátil, representados aquí por los lagartos laterales. El grifo retoma el simbolismo de esta síntesis y nos sugiere el vaso alquímico.

Más arriba, está el altorrelieve de un ángel con un ramo de espigas en cada mano que dos pájaros -parecidos a unos fénix- picotean. Debajo, también a cada lado, dos pelícanos con una serpiente en el pico descansan sobre unos peces. El ángel simboliza la sublimación o ascensión del principio de evaporación alquímico y los pájaros que picotean las espigas aluden a la gracia divina de la Caridad, principal virtud y equivalente al Amor de Dios hacia la humanidad. El pelícano, símbolo del arte alquímico, «da picotazos», es decir, domina a las serpientes que representan a las energías masculina y femenina que se oponen durante las fases de la Gran Obra para fundirse al final en un único estado andrógino, aquí evocado por el ángel. Es la razón por la cual la serpiente crucificada o «picoteada» representa la fijación del elemento volátil. Por último, los peces representan el elemento agua ligado a la sal de la Tierra, el principio más denso, y razón por la cual sujetan todo el conjunto alegórico.

El cuarto altorrelieve representa a un águila bicéfala coronada y un blasón

vacío enfrente. Significa la unión y la volatilización (o evaporación) de los principios masculino y femenino como principios eternos sumergidos en la eternidad. La presencia del blasón oval virgen, justo debajo de estas dos cabezas, recuerda que el águila domina la Tierra y el Cielo con sus poderes, el temporal y el espiritual. Es por ello que el águila bicéfala ha sido elegida, a menudo, como emblema de los imperios.

Finalmente, justo encima de la entrada del palacio, la cabeza de una mujer coronada es la representación tradicional, en su forma humana, de la alquimia.

El nombre del Palazzo Lezze proviene de Giovanni Da Lezze, un importante militar y político del siglo XVII fallecido en 1624. La familia Da Lezze se dedicaba a actividades comerciales y de construcción naval. Llegó a Venecia en 973 desde Lecce, región de Apulia, de ahí su nombre. Giovanni Da Lezze estuvo seguramente influenciado por numerosos herméticos pertenecientes a la antigua corte del emperador Carlos V, de quien se sentía cercano.

¿QUÉ ES LA ALQUIMIA?

Para la mayoría de las órdenes religiosas medievales y renacentistas, la *Alquimia* (del copto, *Allah-Chêmia,* o química divina) era considerada como *Arte del Espíritu Santo* o *Arte Real* de la creación divina del Mundo y del Hombre. Estaba enlazada con la doctrina católica ortodoxa. Los adeptos a este arte lo dividen en dos aspectos principales: la *Alquimia Espiritual,* que tiene que ver exclusivamente con la Iluminación del alma, que transforma los elementos impuros del cuerpo en estados refinados de conciencia espiritual, también llamada el *Camino de los Penitentes*; y la *Alquimia de Laboratorio,* llamada *Camino de los filósofos*, creada en el laboratorio y que reproduce el universo alquímico de la transmutación de los elementos impuros de la naturaleza en metales nobles, como la plata y el oro. Normalmente se ejercen estas dos prácticas alquímicas a la vez, convirtiéndose de este modo en el *Camino de los Humildes*, donde la humildad es la del hombre postrado ante la grandeza del universo reproducido en el *laboratorio* (en latín *labor + oratorium*): la alquimia del alma (interior) se expresa exteriormente en el laboratorio.

Los que practican la *Alquimia de Laboratorio* con el único propósito de buscar plata y oro, descuidando los aspectos esenciales de la realización del Alma, fracasarán y se convertirán en *charlatanes*. Seguramente serán cultos pero no tendrán las cualidades morales necesarias. Para evitar convertirse en un *charlatán*, (la Iglesia condenaba este tipo de herético), el adepto debía equilibrar espíritu y corazón, cultura y cualidades morales, penitencia y humildad, convirtiéndose así en un verdadero filósofo.

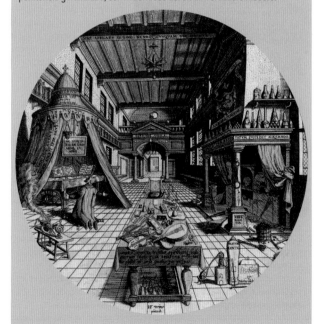

LA ALQUIMIA EN VENECIA

Si en el siglo XVI y a principios del siglo XVII, Praga era el principal centro europeo donde se practicaba la alquimia (ya en el siglo XV el arzobispo de Praga fue perseguido por el Concilio de Constanza por sus prácticas alquimistas), en Venecia, verdaderos alquimistas y charlatanes estaban igualmente en efervescencia. Estos últimos iban minando la ciudad con sus supercherías y sus prácticas dudosas, recurriendo sin cesar a fraudes para obtener dinero, celebridad y poder. A menudo, construían cajas con doble fondo donde escondían oro que mostraban cuando les convenía, o blanqueaban el oro con mercurio para luego devolverle su brillo calentándolo. Un ejemplo flagrante de ello fue el sacerdote italiano Guiseppe Marini.

Se dedicó a la alquimia únicamente por razones materiales, dejando de lado el aspecto espiritual y fracasando por completo en sus prácticas. En su *Tesoro Alquímico*, escrito en 1664, en Venecia, explica cómo perdió a sus padres y a sus amigos, el poder y las ilusiones tras utilizar indebidamente la alquimia. A consecuencia de este tipo de prácticas, Venecia promulgó un decreto en 1530 condenando a muerte a los alquimistas.

Debido a las persecuciones y con objeto de guardar en secreto sus descubrimientos, los verdaderos alquimistas empezaron a usar un lenguaje con abundantes símbolos y metáforas, sólo entendible por los verdaderos iniciados. Sus tratados de alquimia fueron escritos, dibujados, pintados o esculpidos, bajo el nombre de *Rosarios de los Filósofos* o *Rosarios Marianos*. La Virgen María era la santa protectora de su arte ya que había dado a luz a la «Piedra Filosofal» viviente: Cristo. Creada en 1470, la Sociedad Secreta *Voarchadumia* (a la que pertenecieron los alquimistas John Dee y George Ripley) se dedicó a practicar la alquimia y a comunicar con los seres celestes mediante un lenguaje mágico llamado *enoquiano* (cuyo nombre proviene de Enoc, hijo de Noé). Es muy probable que haya sido la principal responsable de la edición de libros de alquimia a lo largo del siglo XVI en Venecia como *Chrisopoiae libri tres* (1515), de Jean Aurelle Augurello (1441-1524), alquimista y poeta italiano que dedicó esta obra al papa León X regalándole una bolsa vacía y diciéndole que quien sabía fabricar oro no necesitaba ningún recipiente para guardarlo. El libro *Continens Liber* (Venecia, 1529) es una obra monumental de medicina inspirada en los conceptos alquímicos del persa Abu al-Razi o Rasis (hacia 865 - 925), cuyos trabajos alquímicos y médicos influyeron mucho en el mundo medieval. También encontramos *Pretiosa Margarita Novella de Thesauro, ac Pretiosissimo Philosophorum Lapide* (Venecia, 1546), de Petrus Bonus (que vivió probablemente en el siglo XIV), un filósofo y alquimista seguramente oriundo de Ferrare, y *I Libri Segreti* (Venecia, 1561 y 1580), de Leonardo Fioravanti, un alquimista y médico boloñés que también publicó en Venecia, en 1564, su tratado de medicina *De Capricci medicinali*.

La alquimia en Venecia estaba a menudo unida a un aspecto puramente filosófico y al ejercicio de la caridad humana, aplicando sin límite sus elementos químicos a la medicina. Su recuerdo sigue presente en los símbolos herméticos de numerosos monumentos antiguos de la ciudad.

LA MILAGROSA ESTATUA DE LA BIENAVENTURADA VIRGEN DE LAS GRACIAS

㉖

Iglesia de San Marziale
• Laudes por la mañana a las 07:15 h, rosario a las 18 h y misa a las 18.30 h
• Via Crucis el viernes a las 15 h

> *Una extraña escultura acheiropoieta de la Virgen*

Olvidada por numerosos turistas y venecianos, la iglesia de San Marziale alberga sin embargo una milagrosa virgen, situada en el lado izquierdo del edificio.

Según una leyenda de 1286: esculpida en un único tronco de árbol por un pastor llamado Rustico, una noche fue desfigurada por el diablo, y dos ángeles fueron los que terminaron de esculpir el rostro de la Virgen (para la definición de la palabra *acheiropoieta*, véase pág. 271). Embarcada en el puerto de Rimini, la estatua llegó a Venecia cerca de la iglesia de San Marziale, empujada por los ángeles. A su llegada, otro milagro: un ciego y su hijo mudo de nacimiento fueron inmediatamente curados por la estatua.

En la sacristía, cinco cuadros (de pintores desconocidos – escuela veneciana del siglo XVI) relatan esta leyenda.

Observe, al pie del altar donde está colocada la estatua, el hermoso bajorrelieve sobre este mismo tema, aunque a veces hay que mover la tela que recubre el altar para verlo mejor. En el techo de la nave, un lienzo de Sebastiano Ricci, *Los ángeles esculpiendo el rostro de la Virgen*, relata una vez más esta leyenda.

> Para recordar este milagro, en 1290 se edificó una capilla en Rimini, remplazada en 1396 por una iglesia franciscana. Esta iglesia sigue siendo objeto de peregrinaciones.

QUÉ VER EN LOS ALREDEDORES

EL LEÓN DIABÓLICO
Calle Diedo 2386/A

㉗

En la pequeña calle Diedo, a lo largo del Palacio Diedo, encima de una puerta, una curiosa y pequeña cabeza de león despliega sus alas de murciélago con aire amenazador. Lo más seguro es que, por su ubicación extremadamente discreta, haya sobrevivido al paso del tiempo sin sufrir daño alguno. Antiguamente, el palacio, hoy ocupado por oficinas del Tribunal, pertenecía

a la ilustre familia Diedo, originaria del Altino (*Altinum* en latín, un antigua ciudad de origen romano que daba a la laguna) y que dio a la Serenísima República arquitectos, obispos, guerreros y hombres de letras.

LAS ANTIGUAS EMBARCACIONES DEL ARZANÀ

28

Calle delle Pignatte 1936/D
• Visitas previa reserva en la web: arzana.org
(+39) 347 262 5999 - 340 309 7191 - 334 331 8621
• associazionearzana@gmail.com

« **B**arca xe casa» (el barco, es la casa): este antiguo adagio de la laguna nunca ha sido más apropiado que en los locales del *Arzanà*, la asociación que promueve la recuperación, estudio y conservación de las embarcaciones tradicionales venecianas. La sede de esta asociación es el antiguo *squero Casal** del rio dei Servi, en activo desde el siglo XV.

> **«El barco, es la casa»**

En su interior, en medio de un desorden tan artístico como ecléctico, hay un pequeño museo privado que conserva numerosos «tesoros» marítimos: velas de época, corchos, flotadores de vidrio, pequeñas sartenes para *burci* y *trabacoli* (barcos que traían vino de Sicilia y madera de Istria), linternas de barco y faros del siglo XIX, cordajes de cáñamo y redes de algodón, maquetas de embarcaciones para lagunas, así como numerosos equipamientos procedentes de donaciones privadas o de tiendas que han cerrado.

La asociación posee asimismo una flotilla compuesta por unas cuarenta embarcaciones de madera -todas de época- entre las que se encuentra la última *peata* que existe en Venecia. Sin embargo, la verdadera joya de la que se enorgullece la asociación es un auténtico *gondolin da fresco*, es decir, una «góndola para la fresca» equipada con su *felze* de origen (capote para guarecer a los pasajeros), un modelo único en el mundo, en perfecto estado de conservación. Este tipo de góndola, llamada *filante*, tenía un casco cuyo grosor se redujo para ir más rápido. Construida entre 1870 y 1880 en este *squero*, se utilizaba en verano para pasear sobre el agua y aprovechar el frescor.

El papel de la asociación ha resultado ser eficaz: actualmente, rescatan por todo Venecia viejas embarcaciones de la destrucción a la que parecían estar abocadas (generalmente los viejos barcos eran considerados una excelente leña, de los que únicamente se recuperaba la chatarra).

Se han utilizado las viejas embarcaciones y los remeros del *Arzanà* en varias películas históricas filmadas en la laguna (como *El Mercader de Venecia* o *Casanova*).

EXCURSIONES EN BARCO ENTRE LOS *SQUERI*

El *Arzanà*, en colaboración con guías turísticos oficiales, propone hermosos paseos en barco para descubrir los *squeri* venecianos. Partiendo del *squero de San Trovaso*, este recorrido guiado les llevará en barco hasta el antiguo *squero Casal*, descubriendo las actividades históricas ligadas al patrimonio de la laguna (para más información contacte con Paola Brolati en el (+39) 348 293 2772.

* Un *squero* es un pequeño astillero, generalmente cubierto, donde se fabrican y reparan góndolas.

¿DE DÓNDE PROVIENE EL NOMBRE DE LA *FONDAMENTA DEGLI ORMESINI*?
La *fondamenta degli Ormesini* (que sigue a la *fondamenta della Misericordia*) debe su nombre a las numerosas tiendas que, en épocas antiguas, vendieron l'*ormesin*, una variedad de seda ligera que se utilizaba en las prendas. Originalmente, la seda provenía de la ciudad de Ormuz (de ahí el nombre de *ormesin*), en la actual Irán.

QUÉ VER EN LOS ALREDEDORES

LA CAPILLA DEL *VOLTO SANTO*

29

Centro di Pastorale Universitaria Santa Fosca
Fondamenta Daniele Canal 2372
• Visitas previa reserva o preguntando directamente allí
• Tel.: (+39) 041 715 775 / 328 7927155 (Horario: de 08 a 12 h
y de 17 a 20 h)
• Misa el martes a las 21 h, en teoría reservada para los estudiantes
• santafosca@cpuvenezia.it

Puede visitar la capilla del Santo Rostro (*Volto Santo*) reservando previamente
o preguntando amablemente en recepción. Erigida a partir de 1360 por la
comunidad de los luqueses (Toscana), la capilla fue consagrada en 1376, en
una época en que estaba adosada a la iglesia de los Servi (véase a continuación).
También la llamaban *Oratorio del Centurión* ya que se veneraba un crucifijo
«con cinturón» (vulgarmente denominados *Genturone o Centurión de la Cruz*),
donde Cristo lleva un cinturón de cuero alrededor de la cintura.

A pesar de haber sido saqueada en el siglo XIX, la capilla conserva su hermoso
techo original con imágenes de los Padres de la Iglesia y los símbolos de los
cuatro evangelistas. Del techo cuelga un crucifijo que nos recuerda el prodigioso
crucifijo que se venera en Lucca, en la basílica de San Martín, donde tuvo lugar
el milagro del crucifijo *acheiropoieta* (véase pág. 246).

> Existen otros lugares que recuerdan la presencia de los habitantes de
> Lucca en Venecia: véase la corte del Volto Santo (pág. 246) y en el Rialto
> (véase pág. 19).

LOS VESTIGIOS DE LA ANTIGUA IGLESIA DEI SERVI

Centro di Pastorale Universitaria Santa Fosca
Fondamenta Daniele Canal 2372

30

• Visita libre o previa reserva (e-mail y teléfono para la visita de la capilla
del Volto Santo)

Del grandioso complejo del siglo XIV de Santa Maria dei Servi sólo
quedan dos majestuosas puertas de entrada, las cuales son absolutamente
desconocidas al estar totalmente fuera del circuito turístico. La magnífica
porta del Pellegrino (puerta del Peregrino), en el rio dei Servi, presenta así
un curioso cromatismo bicolor que nos recuerda el estilo toscano de los
primeros Servitas*, que se trasladaron aquí en el siglo XIV. Hoy el lugar
alberga una residencia *studiantine* y un albergue juvenil.

Iniciada en 1318 y finalizada en 1491, la iglesia ocupaba una superficie muy
importante (era una de las tres iglesias más importantes de la ciudad junto
con la de los Frari y de la San Giovanni e Paolo). Fue destruida en 1813 tras un
incendio que la dañó considerablemente. Antiguamente, aquí se hallaban los
mausoleos de los dogos Andrea Vendramin y Francesco Donà, que hoy están
en la iglesia de San Giovanni e Paolo. En 1570-76, Paolo Veronese pintó, para
el refectorio del convento, la *Cena in casa del Fariseo*, un importante cuadro
que fue regalado al rey Luis XIV (conservado actualmente en Versalles). El
hermano servita Paolo Sarpi vivió y murió aquí.

* Creada en Toscana en 1223 por un grupo de siete personas, la Orden de los Servitas u Orden
de los frailes Siervos de María es una orden mendicante de la iglesia católica que une la vida
contemplativa y el apostolado.

HUELLAS DE PASOS EN EL PUENTE DE SANTA FOSCA

③①

Ponte de Santa Fosca

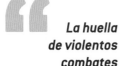

La huella de violentos combates del pasado

El paseante que cruza distraído el canal de Santa Fosca corre el riesgo de no reparar en las cuatro huellas de pie, en piedra de Istria, que marcan cada esquina de la cima del puente. Menos conocido que el de San Barnaba, al lado del campo Santa Margherita -donde se pueden ver las mismas huellas, llamadas *sampe*- el puente era conocido antaño con el nombre de *Ponte de la Guera*[1].

Entre septiembre y Navidad, se enfrentaban aquí los dos equipos adversarios de los *Nicolotti* y *Castellani*. Estos combates seguían un protocolo preciso: cada campo nombraba un «padrino» que ejercía de árbitro y se asistía a desafíos individuales y colectivos antes de la melé general. Como en el rugby, los adversarios avanzaban en formación de ataque para ocupar el espacio en la cima del puente. Se daban puñetazos y patadas. Cualquier golpe, incluso el más bajo, estaba permitido. En aquel entonces, los puentes no tenían ningún parapeto, por lo que, en los momentos cruciales, los desafortunados acababan directamente en el canal, a menudo después de recibir una paliza. Vencía el equipo que conseguía plantar la bandera roja (*Castellani*) o negra (*Nicolotti*) en la cima del puente.

1 Guera, sí, con una sola «r», el veneciano no marca las consonantes dobles, a diferencia del italiano.

LA RIVALIDAD ENTRE LOS *CASTELLANI* Y *NICOLOTTI*

Los *Castellani* residían en la parte oriental de la ciudad, en el *sestiere* de Castello. Se trataba sobre todo de obreros del Arsenal y llevaban, como seña distintiva, una bufanda y una boina roja.

Los *Nicolotti* -que llevaban un sombrero y una bufanda negra- eran pescadores que vivían en la vertiente occidental de la ciudad, cuyo extremo estaba antaño simbolizado por la iglesia de San Nicolò dei Mendicoli.

Se desconoce el origen de estos enfrentamientos entre ambas facciones. ¿Tal vez el asesinato de un obispo de Castello por uno de los *Nicolloti*? Sin embargo, sí se sabe que, en los primeros combates, los adversarios utilizaban bastones y palos, antes de contentarse únicamente con los puños.

DIVIDI ET IMPERA

Gracias a estos combates en el puente la Serenísima República podía contar con hombres acostumbrados a violentos enfrentamientos cuerpo a cuerpo. También le permitían vigilar a ambas facciones para evitar cualquier tipo de coaliciones. Es así como el gobierno fomentaba su rivalidad siguiendo este astucioso adagio romano: *dividi et impera* (divide y gobierna).

Asimismo, gracias a estos enfrentamientos, los sujetos más rebeldes y más agresivos podían desahogarse en cualquier momento y en lugares circunscritos, sin alterar el orden público.

Otros lugares testigos de violentas batallas entre las dos facciones: el puente de los Pugni, en San Barnaba (donde también se ven los *sampe*), el puente de los Carmini cerca de Santa Margherita y el *Ponte de la Guera* en San Zulian, no muy lejos de San Lio.

1705: EL ÚLTIMO COMBATE SOBRE EL PUENTE DE LOS PUGNI

Hubo casos en los que no se limitaron a empujar a los adversarios al canal. En 1705, el puente de los Pugni, en San Barnaba, fue el escenario de una histórica lucha entre ambas facciones, cuyo resultado fue tan dramático que el *Maggior Consiglio* (el Gran Consejo) de la Serenísima decidió abolir para siempre esta vieja tradición. Ese día, el enfrentamiento entre

los dos bandos se tornó sangriento: empezaron lanzándose piedras antes de sacar los cuchillos. Cada uno combatía con tanto ardor que nadie abandonó el terreno para ir a apagar el violento incendio que se había declarado en San Geralamo. El sacerdote de San Barnaba tuvo que intervenir. Con valentía y recibiendo golpes, logró separar a los enfurecidos combatientes blandiendo un crucifijo en la melé.

LA FARMACIA *ALL' ERCOLE D'ORO*

Strada Nuova 2233, Santa Fosca
• Tel.: (+39) 041 720 600
• Visitas durante los horarios de apertura de la farmacia de Santa Fosca:
De lunes a sábado de 09 a 12:30 h y de 15 a 19:30 h. Domingo de 10:30
a 13 h y de 15 a 18:30 h

> *Las milagrosas píldoras de Santa Fosca*

Al lado de la moderna farmacia de Santa Fosca, la antigua *spezieria all' Ercole d'Oro* posee una hermosa sala con su mobiliario de origen y antiguos tarros para las preparaciones farmacéuticas. La reciente restauración ha hecho desaparecer por completo la pátina oscura del siglo XIX que recubría la carpintería para devolverle el cálido matiz característico de la raíz de nogal. La sala ha conservado todo su encanto barroco: fíjese en las puertas, el mostrador y los grandes armarios de madera maciza cincelada en los que se alinean, siguiendo un orden perfecto, los tarros procedentes de Bassano. Es como si se hubiese esculpido el mobiliario expresamente para esas puertas ricamente decoradas que podrían haber pertenecido a una iglesia o a una cofradía. Las esculturas en madera han sido atribuidas a los hijos de Francesco Pianta, alumno de Brustolon.

En la *spezieria all' Ercole d'Oro* se congregaban los patricios eruditos, los eclesiásticos y los académicos a quienes les gustaba reunirse tanto en la farmacia como en el café, para compartir conversaciones ilustradas y encuentros intelectuales. Especializada en la preparación de productos farmacéuticos muy apreciados, disponía de un laboratorio dotado de una *Sala dei Veleni* (Sala de Venenos) donde se conservaban hierbas raras, polvos medicinales y especias procedentes de lejanas comarcas. Era famosa por una preparación laxante llamada píldoras purgativas de *Santa Fosca* o del *Piovan*, que en veneciano significa *cura*: cuenta la tradición que un sacerdote del barrio preparaba este remedio. Muy apreciadas por su eficacia y conocidas más allá del territorio veneciano, estas *píldoras del Piovan* se fabricaron hasta 1975.

EL ACEITE DE ESCORPIÓN: CIEN ESCORPIONES SUMERGIDOS EN DOS LITROS DE ACEITE DE OLIVA

Los antiguos farmacéuticos venecianos (*spezier da medicine*) contaban con todo lo necesario para preparar sus medicamentos: los instrumentos en vidrio se fabricaban en la laguna y, desde Oriente, se importaba una gran variedad de hierbas medicinales, especias y decocciones. Producían curiosas especialidades como el *Olio di Scorpioni* (aceite de escorpión) para las heridas, una preparación que contenía cien escorpiones sumergidos en dos litros de aceite de oliva. Sin embargo, eran famosos por el *Mitridato*[1] -a base de hierbas y *castoreum*, una substancia aceitosa extraída de las glándulas sexuales del castor- y la *Theriaca* (véase pág. 44).

1 *El rey Mitrídates VI (132 – 63 a.C.), famoso por ser inmune a los venenos.*

¿POR QUÉ SE LLAMA IGLESIA DE LA MAGDALENA?

Además de venerar a Santa María Magdalena, la iglesia debe su nombre a la paz firmada en 1355 tras la batalla entre venecianos y genoveses. Aunque la paz se firmó el 1 de julio de 1355, sólo se hizo pública y oficial el 22 de julio, día de María Magdalena.

LOS SÍMBOLOS MASÓNICOS DE LA IGLESIA DE LA MADDALENA

Campo della Maddalena
• Abre esporádicamente con motivo de una exposición o de la Bienal

> *La última construcción religiosa de la Serenísima en Venecia*

Iniciada en 1763 (y finalizada en 1790) por Tommaso Temanza, la iglesia *de la Maddalena* (de la Magdalena) es la última construcción religiosa realizada en Venecia durante la independencia de la Serenísima. Todas las construcciones posteriores fueron llevadas a cabo por Napoleón o por los austríacos, sin mencionar la época moderna.

Aunque la iglesia suele estar cerrada (abre esporádicamente, cuando se celebran exposiciones o la Bienal), llama la atención por su forma circular en el exterior (la única de este tipo en Venecia junto a la Salute y San Simeon Piccolo) y por el curioso ojo del triángulo situado encima de la puerta de la entrada (véase siguiente doble página). Sobre el frontón se lee: «la sabiduría se ha edificado a sí misma», fórmula considerada, por algunos, como demasiado laica para una iglesia católica y negadora de la importancia de la divinidad.

La forma circular de las iglesias ya existía en la Antigüedad (véase el Panteón o la iglesia de Santo Stefano Rotondo en Roma) y el ojo del triángulo es también un símbolo cristiano. Sin embargo, no podemos evitar reparar en estos dos aspectos la probable influencia de la masonería: en una época (siglo XVIII) donde el racionalismo iluminado y la masonería estaban en pleno desarrollo, durante lo que pasó a llamarse el *Siglo de las Luces*, es muy probable que Temanza se viera influenciado por estas ideas. Se relacionaba, en particular, con Andrea Memmo, procurador de San Marco, uno de los primeros masones notorios de Venecia, junto con sus hermanos Bernardo y Lorenzo, iniciados por Casanova (véase pág. 142).

Descubrirá otro rastro en el interior: aunque desde entonces se han construido dos altares (seguramente para intentar «borrar» esta huella masónica), originalmente la iglesia tenía un solo y único altar, «para un único ser Supremo», tal y como recomendaba el credo masón. De este modo, no había altares adicionales para honrar a la Virgen, ni a María Magdalena, ni a ningún otro santo, como era habitual en las iglesias venecianas y en la antigua iglesia (probablemente de los siglo XI y XII) sobre la que se erigió la actual iglesia de la Maddalena.

Último rastro: dentro, delante de la segunda salida de la iglesia, está la lápida del arquitecto Temanza con la fecha de su muerte: 1789. Debajo, un compás, una regla y una escuadra. Son los instrumentos de los arquitectos, pero también se trata de conocidos símbolos masónicos.

EL OJO DEL TRIÁNGULO

La tradición del ojo del triángulo, presente en la mayoría de los templos cristianos, tiene su origen en los primeros padres apostólicos del cristianismo. Es una herencia del Egipto de los faraones que las escrituras persas mantuvieron y que el cristianismo retomó en Alejandría, Egipto. El dios Sol (*Ra*) central y resplandeciente fue sustituido por el ojo de la Divina Providencia envuelto en un aura luminosa de gloria que rodea el triángulo (Delta Luminoso).

Si para los antiguos egipcios el triángulo equilátero representaba la *Triada Osiríaca*, formada por Osiris, Horus e Isis, para los cristianos representaba la Divina Trinidad formada por el Padre, el Hijo y el Espíritu Santo, como un único ser indivisible, encarnado por el Ojo o Sol de Egipto y a menudo llamado Dios, *Jehová*, muchas veces separado en cuatro letras hebraicas *Iod-He-Vau-Heth*.

El triángulo equilátero simboliza la expresión de la Santísima Trinidad en sus lados y ángulos iguales, o más bien, en tres hipóstasis que emanan del logos único simbolizado por el Sol de Egipto u «Ojo que todo lo ve», una forma de decir que lo Absoluto reina en todo el Universo.

La marca de la Trinidad y del triángulo es prácticamente universal pues está presente en la mayoría de las religiones tradicionales. En la *Trimurti* (Trinidad) hindú queda reflejada por Brahma, Visnú y Shiva, pero es sobre todo en el antiguo Egipto donde este símbolo aparece en diversas fases de su historia. Además de la *Triada Osiríaca*, estaba la *Triada Menfita* formada por Ptah, Sacmis, Nefertem (Padre, Madre e Hijo) y la *Triada Tebana* formada por Amón, Jonsu y Mut, todos ellos dioses primordiales del panteón de este pueblo. En Persia eran Ahura Mazda, Vohu Mano y Asha Vahista, es decir, el Maestro Sabio, el Buen Pensamiento y la más alta Rectitud, y es a partir de esta trinidad que los cristianos concibieron la suya.

En el siglo XVIII, con la aparición de la masonería especulativa, los masones adoptaron inmediatamente este símbolo al que llamaron Delta Luminoso, con un Sol, un Ojo o sencillamente la G en el centro, designando así al Gran Arquitecto del Universo, la Divinidad creadora de todo y de todos, el Supremo geómetra.

A veces los masones sustituyen el triángulo por tres puntos colocados en triángulo que significan el Pasado, el Presente y el Futuro, mientras que el triángulo entero representa la Eternidad o el Dios Eterno. Los tres ángulos simbolizan las tres fases de la revolución perpetua de la existencia: Nacimiento, Vida y Muerte, una revolución que Dios gobierna sin ser gobernado.

En resumen, el ojo del triángulo radiante es el emblema de la Divinidad Uno (único) en Esencia, y Trino (trinitario) en cuanto a su manifestación. Es por ello que es considerado como la expresión del Espíritu Perfecto y del Verdadero Iniciado unido a Dios Uno-Trino.

LAS SALAS DE WAGNER EN CA' VENDRAMIN 34 CALERGI

Ca' Vendramin Calergi, 2040. Visita guiada organizada por la Asociación Richard Wagner de Venecia (ARWV)
• Acceso exclusivamente con reserva nominativa. Martes y sábados por la mañana y jueves por la tarde
• Contacte con la ARWV antes del mediodía, la víspera de la visita
• Tel.: (+39) 041 276 0407 - 338 416 4174 • arwv@libero.it
• Traer un documento de identidad: se accede a las salas por la entrada principal del Casino de Venecia

El lugar donde Wagner pasó los últimos días de su vida

El Museo Richard Wagner está situado en el entresuelo del Palacio Vendramin Calergi. Es un lugar desconocido que posee, sin embargo, la colección privada más importante dedicada al famoso compositor, después de la de Bayreuth (la no menos célebre ciudad bávara donde, cada año, se celebra el *Bayreuther Festspiele*, un festival inaugurado por el compositor en 1876 y enteramente dedicado, aún hoy, a sus diez obras maestras o *Gesamtkunstwerke*). Sólo se visitan tres salas del museo -constituyen lo más interesante del recorrido- de las 25 a 28 estancias habitadas por Wagner y su familia. Las otras salas están ocupadas por las oficinas administrativas del Casino de Venecia cuya sede está en el palacio.

Tanto por razones artísticas como sentimentales, el compositor alemán estuvo, a lo largo de su vida, muy unido a Venecia, ciudad italiana elegida entre todas, donde residió en seis ocasiones entre 1858 y 1883. En su última estancia, subarrendó el entresuelo, incluida el *Ala Bianca* (ala blanca), el lado este del Palacio Vendramin Calergi con vistas al jardín a lo largo del Gran Canal, que incluía un cómodo apartamento, calentado por estufas de carbón (detalle nada insignificante para un hombre tan friolero como Wagner). Aquí pasó, junto a su mujer y a sus cuatro hijos, su último invierno (1882-1883), hasta que falleció en su gabinete personal el 13 de febrero de 1883. El museo expone objetos y documentos relacionados con la vida del gran compositor alemán. En 2003, amplió su contenido con los *Fondos Joseph Lienhart*, una extensa colección privada de partituras musicales, programas, facsímiles, manuscritos, cartas autógrafas, libros, discos, cuadros y litografías. Solicitándolo con antelación, los investigadores y especialistas pueden consultar libremente esta colección.

CONCIERTOS WAGNERIANOS EN LA SALA DE FIESTAS DE CA' VENDRAMIN CALERGI

Programa e invitaciones disponibles en la Secretaria de la ARWV - Venecia:
• Tel.: (+39) 041 276 0407 • 338 416 4174 • arwv@libero.it
La Asociación Richard Wagner de Venecia organiza toda una serie de actividades relacionadas con el estudio y análisis profundo de la obra musical y literaria del maestro romántico, y cada año celebra un concierto en homenaje a Richard Wagner. Asimismo, durante las jornadas wagnerianas, organiza un ciclo de recitales de jóvenes concertistas que interpretan fragmentos del maestro o de los compositores que incidieron en su formación o que tienen una clara influencia wagneriana.

LA INSCRIPCIÓN «*NON NOBIS DOMINE, NON NOBIS*» ㉟

Fachada del Palacio Vendramin Calergi

« *El pecado voluntario es la muerte verdadera* »

A la izquierda de la fachada principal del Palacio Vendramin Calergi, en el Gran Canal, la inscripción «*non nobis domine, non nobis*» intriga a numerosos investigadores.

Extraída del Antiguo Testamento (Salmos 114:1 en su versión latina, y Salmos 115:1 en la Biblia de Jerusalén), esta fórmula es, de hecho, el comienzo de la célebre fórmula de los Templarios «*non nobis domine, non nobis, sed nomini tuo da gloriam*», que se traduce por «*nada para nosotros, Señor, nada para nosotros, sino para la gloria de tu nombre*».

Es interesante observar que el significado cabalístico de este salmo (en su conjunto) sería el siguiente: «Gloria al Dios único. Humildad cristiana. Protección de los débiles, de los niños y de los ancianos. La muerte terrestre es sólo un punto de partida. El pecado voluntario es la muerte verdadera».

Acabado en 1509 por el arquitecto Mauro Codussi, el palacio fue inicialmente construido por Andrea Loredan, quien se supone defendía las ideas y el legado de los Templarios. La máxima se convirtió, más tarde, en el lema de la familia Loredan.

Las hojas de roble que enmarcan la inscripción son, en la tradición latina, el emblema del *defensor urbis*, el que se involucra en la defensa de la ciudad y del bien público. Más tarde señalarían el significado de la humildad frente a la grandeza divina y la gloria de la República, compartida por los Loredan y por la élite de los patricios venecianos de la época.

LOS TEMPLARIOS Y VENECIA: MITO Y REALIDAD

Según la leyenda, llegados a Venecia a mediados del siglo XII, los Templarios habrían traído consigo un tesoro que enterraron en la isla de San Giorgio in Alga. La realidad histórica es distinta: esta isla albergaba un monasterio benedictino fundado hacia el año 1000, donde los Templarios encontraron inicialmente refugio. Los monjes benedictinos y cistercienses les instruyeron en las ciencias sacras y el pretendido tesoro, más que un tesoro material, consistía en el saber espiritual que estos monjes y los Templarios guardaban, debido a su cercanía con las fuentes de la Tradición Iniciática.

Recuerde que la regla de los Templarios fue escrita por San Bernardo de Clarival, monje cisterciense que seguía la regla benedictina. Por otro lado, en 1397 se fundó la orden benedictina de los *Canonici Regolari di San Giorgio in Alga* en la isla, donde se formaron los futuros papas Eugenio IV y Gregorio XII así como Lorenzo Giustiniani. Esta orden se apoyó precisamente en los conocimientos iniciáticos de los monjes y de los Templarios.

Las relaciones entre los Templarios y Venecia fueron importantes. Además del almacén que poseían en Sant' Aponal (véase pág. 144) en Venecia, jugaron un papel importante durante la estancia del papa Alejandro III en 1177, formando su guardia personal. Según parece, fueron propietarios de un edificio próximo a San Marcos que se convirtió en el hotel *Della Luna*. No obstante, se ha comprobado que contrariamente a la creencia, los Templarios nunca ocuparon el actual convento de la Orden de Malta (véase pág. 289).

Por otro lado Venecia que había obtenido gran parte de su prosperidad gracias al comercio con Oriente, era víctima de la actividad de los piratas y de la falta de relevo in situ, lo que le hubiera permitido asentar más sólidamente su supremacía. Fueron pues los Templarios, junto con su flota y sus posesiones en Tierra Santa, quienes permitieron -en gran parte- mantener el flujo comercial entre Venecia y Oriente.

A principios del siglo XIV el rey Felipe IV de Francia se opuso a los Templarios de cuyas riquezas quería apropiarse e impuso al Papa que aboliera esta orden. Tras huir de Roma, muchos llegaron a Venecia, considerada tierra de libertad religiosa frente a la iglesia romana.

Sin embargo, en 1307, Felipe IV -aprovechando las derrotas militares de los Templarios en Tierra Santa y la pérdida de sus importantes posesiones in situ- se alió con los mercaderes de Venecia y Génova contra los Templarios. Acusados de herejía, homosexualidad y brujería, los Templarios fueron perseguidos por la oligarquía financiera veneciana.

Poco tiempo después, la mayoría de los Templarios de Europa se refugió en Portugal que los acogió con la única condición de que cambiaran de nombre. Los Templarios se convirtieron así en los Caballeros de la Orden de Cristo. Una nueva historia se iniciaba (véase *Lisboa insólita y secreta*, del mismo editor)...

¿QUIÉNES ERAN EN REALIDAD LOS TEMPLARIOS?

La Orden de los Pobres Caballeros de Cristo y del Templo de Salomón (en latín *Pauperes Commilitones Christi Templique Salomonici*), más conocida como la Orden de los Templarios u Orden del Temple, fue la orden medieval de carácter religioso y militar más famosa. Se creó cuando la primera cruzada regresó en 1099 con la finalidad aparente de proteger a los cristianos que deseaban peregrinar a Jerusalén. Existió durante casi dos siglos.

Oficialmente reconocida por el papa Honorio II en la primavera de 1128, la Orden del Temple se convirtió rápidamente en la orden de caridad predilecta de toda la Cristiandad. Creció con rapidez tanto en número de miembros como en poder. Los caballeros templarios, vestidos con su característico manto blanco (por seguir la Regla de Cluny, cisterciense) con la cruz patada roja, formaban las unidades de combate más cualificadas de las cruzadas. Los miembros no combatientes de la orden regentaban una amplia estructura económica en toda la Cristiandad (inventaron la letra de crédito -embrión del sistema bancario moderno-) y levantaron numerosos castillos y templos por toda Europa y Tierra Santa.

La magnífica organización de los Templarios tenía un doble objetivo: la constitución de lo que hoy podríamos denominar los *Estados Unidos de Europa* y, la *Instrucción Pública*, obligatoria y gratuita, pero templaria y no laica. Es por ello que la orden se organizó sobre dos planos: uno exterior y visible y otro interior o esotérico. La sección profana se componía de hombres de acción, dinámicos y militares, mientras que la sección iniciática estaba integrada por la verdadera élite, sabios y sacerdotes en retaguardia de los caballeros y guerreros. Las dos facciones sólo rendían cuentas al Gran Maestre, y no a los reyes ni al Papa, siendo considerados sospechosos de herejía, a pesar de practicar únicamente el ejercicio de la obediencia. Asimismo se decía que los Templarios practicaban cultos heréticos debido al secretismo de sus ceremonias, lo cual nunca se pudo comprobar, ya que *«en las casas de los militares, los civiles no entran»*. La orden era rigurosamente católica y apostólica, exceptuando el interés intelectual de algunos de sus miembros por otras culturas y teologías, en particular por el gnosticismo, cuyos símbolos quedaron marcados en algunos templos y castillos que construyó esta institución.

De entre la élite de estos distinguidos Iniciados, San Bernardo de Claraval, mentor espiritual de la Orden del Temple, seleccionó inicialmente nueve miembros y los envió a Jerusalén, donde el rey Balduino II les permitió instalarse en los establos que había bajo las ruinas del Templo de Salomón. Según algunas tradiciones secretas, fue ahí donde encontraron la copa de Salomón -perdida o escondida desde la época de Jesucristo - el famoso *Santo Grial* -, que trajeron a Occidente, empezando a partir de ese momento su dominación sobre el mundo al mismo tiempo que se iniciaba el ascenso fulgurante de la orden.

Con la pérdida de Tierra Santa, la Orden del Temple empezó a perder el apoyo de las coronas europeas. El rey Felipe IV de Francia había contraído una enorme deuda con la orden y no tenía con qué saldarla. Empezó a presionar al papa Clemente V para que iniciara un proceso contra los Templarios. Se forjaron pruebas y corrió el rumor sobre la sexualidad de éstos y sobre la sobriedad de su fe, insistiendo mucho en el hecho de que adoraban a un extraño personaje demoníaco llamado *Baphomet* o *Bafumet*, que nunca se supo bien quién era, y a sabiendas de que era pura inventiva. De este modo en 1307 gran parte de los templarios de Francia fueron arrestados y torturados hasta conseguir falsas confesiones. Fueron quemados vivos o condenados a las galeras. El 22 de marzo de 1312 el papa Clemente V, presionado por el rey Felipe IV, abolió la orden.

En Portugal el rey Don Dinis consideraba que los Templarios eran inocentes y muchos de los que huían de Francia recibieron aquí una protección inmediata. Una vez la orden disuelta, el rey portugués fundó inmediatamente otra en la que los antiguos templarios se integraron: la Orden Militar de Nuestro Señor Jesucristo u Orden de Cristo. La repentina desaparición de gran parte de la infraestructura europea de la Orden del Temple dio paso a especulaciones o leyendas más o menos exóticas.

EL MILAGRO DEL SANTO VOLTO

Cuenta la leyenda que el *Santo Volto* (Rostro Santo) es un crucifijo de madera famoso por su parecido con el verdadero rostro de Cristo: cuando José de Arimatea y Nicodemo, dos discípulos de Cristo, bajaron a Jesús de la Cruz, le encargaron a Nicodemo que reprodujera la escena lo más fielmente posible. Como Nicodemo no tenía talento como escultor, el crucifijo fue hecho milagrosamente durante la noche por una mano anónima. Al morir Nicodemo, lo escondieron en un lugar seguro. Seiscientos años después, enviaron el crucifijo al obispo Gualfredo, en tierra cristiana, a petición de un ángel. El preciado objeto llegó en barco a Luni, una ciudad de Liguria, cuyos habitantes quisieron conservarlo. El destino final del crucifijo fue encomendado a dos bueyes que tiraban de un carro y que, de motu propio, tomaron la dirección de Lucca. Hoy el *Volto Santo* está expuesto en un pequeño templo en el interior de la catedral de San Martino y se venera el 13 de septiembre durante la procesión de la *Luminara*.

LOS ROSTROS DE LA CORTE DEL SANTO VOLTO

Corte del Santo Volto

36

Alguien atento observará en el rio Terà di Maddalena, cerca del canal di Santa Marcuola, un altorrelieve con un rostro esculpido con corona. Al entrar en el patio, aparece de nuevo el mismo rostro sobre el pozo y en el muro al entrar a la derecha.

Vestigios de la antigua scuola de los luqueses

Este rostro no es más que la reproducción del famoso *Santo Volto* (Rostro Santo) de Lucca y delimita la zona donde residían los mercaderes originarios de Lucca.

Una treintena de familias nobles y más de 300 artesanos huyeron de Lucca

en 1309 (ó 1317 según otras fuentes), cuando Castruccio Castracani se convirtió en el señor de la ciudad. Instalados en Venecia, desarrollaron el trabajo de la seda que ya había enriquecido a Lucca.

En 1360 fundaron una corporación (la *Scuola del Volto Santo* o *Scuola dei Lucchesi*) y compraron el actual emplazamiento el 6 de septiembre de 1398. La propia scuola quedó destruida en el gran incendio que asoló casi todo el barrio en 1789.

Un lienzo de Franceso Guardi expuesto en el Museo de la Academia rememora el incendio del 20 de noviembre de 1789. El incendio se originó accidentalmente no muy lejos, en un almacén de aceite cercano al campiello del Tagliapietra. Ardieron unas 60 casas, donde vivían 140 familias, de las cuales 50 eran familias indigentes.

MAPA DE VENECIA DE LAS ZONAS DE TRANSPORTE AUTORIZADAS PARA LOS JUDÍOS DE VENECIA

Sinagoga española
• Abierto durante las celebraciones (viernes en la puesta de sol - sábado por la mañana a las 9 h) o durante las visitas organizadas

Una insólita adaptación de una práctica hebraica ancestral

En la planta baja de la sinagoga española, antes de llegar a la escalera de la derecha que lleva a la primera planta y a la sinagoga propiamente dicha, hay un curioso mapa de Venecia en la pared donde figuran los límites del *Eruv*.

El *Eruv* se refiere a una tradición hebraica

COMUNITÀ EBRAICA DI VENEZIA
JEWISH COMMUNITY OF VENICE
קהילה יהודית בונציה

Confini dell'Eruv
Borders of the Eruv
גבולות העירוב

Aree non comprese nell'Eruv
Areas not included in the Eruv
אזורים בתי כלולים בעירוב

LA CORTE SCONTA DETTA ARCANA NO EXISTE

Son numerosos los visitantes del gueto que buscan la Corte Sconta detta Arcana de la que habla Hugo Pratt en su colección dedicada a Venecia. Este patio no existe en el gueto. En realidad el autor se inspiró de la Corte Botera cerca de la iglesia de S. Giovanni e Paolo (véase pág. 250).

cuyas raíces están en la Biblia: según la interpretación tradicional de dos fragmentos del Éxodo (Ex 16:29 y Ex 36:6), durante el Sabbat (sábado) y la fiesta del Kippur está prohibido transportar cualquier cosa de un lugar privado a uno público y viceversa, siendo la tolerancia de sólo dos metros de distancia. Si se toma al pie de la letra, la prohibición es especialmente estricta ya que incluye todo tipo de transporte, de cualquier tipo, cualquiera que sea su peso: por ejemplo, uno no puede llevar unas gafas en el bolsillo (pero sí ponérselas), ni las llaves, ni un libro, ni, evidentemente, ningún otro objeto más pesado o voluminoso.

Para sortear esta dificultad, la comunidad hebraica de Venecia firmó un acuerdo con la Comuna de Venecia (a cambio de un módico alquiler) según el cual algunas zonas públicas, formadas por un conjunto contiguo de propiedades privadas, son consideradas privadas y pertenecientes a la comunidad. De este modo, en estas zonas -denominadas *Eruv**- pueden transportar diferentes objetos, ya que en la práctica son consideradas como grupos de propiedades privadas excluidas de la prohibición.

QUÉ VER EN LOS ALREDEDORES

LOS GOZNES DE LAS ANTIGUAS PUERTAS DEL GUETO ③⑧
Ponte Farnese y Ponte Vecchio

Aunque en la actualidad tres son los puentes que dan acceso al gueto, antaño sólo había dos: no existía el puente que conduce al río de la Misericordia. Las puertas de las casas que encabezan los dos accesos al gueto histórico siguen teniendo los agujeros donde iban colocados los goznes de las puertas y verjas que se cerraban al caer la noche.

Si mira un mapa de la ciudad, entenderá perfectamente cómo este barrio quedaba aislado del resto de la ciudad con suma facilidad.

* Si en Venecia el *Eruv* no está físicamente marcado en la ciudad, en otros lugares no siempre es así: por ejemplo, en Israel estas zonas están delimitadas a menudo por un muro, una puerta o unos postes.

CORTO MALTÉS: ¿UN AUTORRETRATO IDEALIZADO DE HUGO PRATT?

Corto Maltés aparece por primera vez en 1967 en *La balada del mar salado* y por última vez en *Mu*, en 1988, unos años antes de la muerte de su autor (1995). En menos de veinte años se creó el mito del marino cosmopolita, viajero que persigue un sueño, que busca nuevas aventuras o que defiende la libertad. El prototipo de Corto -personaje irónico, anarquista y libertario, autorretrato idealizado de Pratt- encarna al héroe romántico cuyos viajes, bajo un móvil aparente, no son en realidad más que el pretexto para la búsqueda de su identidad.

¿QUÉ LUGARES DE VENECIA PUEDEN VERSE EN LOS CORTO MALTÉS?

Para los que deseen seguir el rastro del famoso marino, he aquí una lista de los topónimos que aparecen con nombres poéticos o imaginarios en la introducción de *Fábula de Venecia*:

Ponte della Nostalgia: puente Widmann, cerca del Chiesa dei Miracoli, Cannaregio.

Sotoportego dei Cattivi Pensieri (soportal de los Malos Pensamientos): sottoportego dell'Anzolo que da a la calle Magno del lado del Arsenal, Castello.

Campiello de l'Arabo d'oro (plaza del Árabe de Oro): Corte Rotta en San Martino, en los alrededores del campo Do Pozzi, Castello.

Corte del maltese o di Bocca Dorata (corte del Maltés o de la Boca Dorada): Corte Buello, cerca de la Corte Nova, detrás de la reja del número 2862, Castello.

Calle dei Marrani: Salizada Santa Giustina, cerca del campo San Francesco della Vigna, Castello.

Corte Sconta detta Arcana (Corte Secreta de los Arcanos): Corte Botera, en los alrededores de la iglesia Santi Giovanni e Paolo, y no en el gueto, como aparece al comienzo de ***La corte secreta de los arcanos*** (1979).

El hostal que aparece en los álbumes de Corto es la ***Trattoria da Scarso***, situada en la pequeña plaza de Malamocco donde Hugo Pratt quedaba con sus amigos.

Pratt escogió la casa del pintor Tiziano como **domicilio de Corto**. La casa está en el Cannaregio, en la **Corte de Tiziano**, al lado del campo de la Carità, no muy lejos de la calle del Fumo.

Tras la publicación de las aventuras de Corto, las consecuencias de su poder de seducción fueron tales que repercutieron en el imaginario urbano: una verdadera **Corte Sconta** apareció en el restaurante del mismo nombre de la calle del Pestrin, en Bragora (barrio del Arsenal), y un **campiello Corto Maltese** fue dedicado al marino en el interior del hotel Sofitel, uno de los destinos favoritos de Pratt que era amigo del propietario (Santa Croce 245, cerca del jardín Papadopoli).

LOS PERSONAJES FEMENINOS DE CORTO MALTÉS INSPIRADOS EN MUJERES QUE EXISTIERON REALMENTE

En los álbumes de Corto Maltés, el universo femenino ocupa siempre un lugar importante. Casi siempre son mujeres muy hermosas y seductoras, pero en algunos episodios también aparecen mujeres que existieron realmente en la época en que Corto vivió sus aventuras (principios del siglo XX). Basta con pensar en la joven pintora sin escrúpulos e icono del art decó **Tamara de Lempicka** (figura emblemática de los años locos 1920-1930) y en **Louise Brookszowyc**, cuyo personaje representa a la refinada actriz Louise Brooks, sin dejar de mencionar a *Valentina* (homenaje a su creador, Guido Crepax). Sin embargo, las figuras más destacables son mujeres con una fuerte personalidad como:

• **Esmeralda, la amiga gitana:** Nini Rosa -gran amiga veneciana de Pratt y experta bailarina de tango- inspiró el personaje de la gitana argentina seductora, de piel aterciopelada, compañera de numerosas aventuras de Corto.

• **Boca Dorada, la hechicera aliada.** Boca Dorada es una echadora de cartas criolla de Bahía, experta hechicera de vudú del Caribe, un tipo de *pasionaria* sudamericana que asocia los ritos esotéricos a los asuntos de su *Compañía Financiera Atlántica de Transportes Marítimos*. Fiel confidente de Corto -al que a menudo da, entre dos tiradas de tarot, buenos consejos detrás del humo de su cigarrillo-. Parece que esté inspirada en un amor de juventud de Pratt.

• **Veneciana Stevenson, la legendaria antagonista.** El modelo de Veneciana Stevenson es Mariolina, la esposa de Guido Fuga (colaborador y compañero de viaje del artista, junto a Lele Vianello). De aspecto y carácter muy diferentes, Veneciana es una aventurera a la que Corto se enfrenta fatalmente en más de una ocasión, ya que a menudo buscan los mismos tesoros y van detrás de los mismos sueños.

¿POR QUÉ CORTO SE LLAMA MALTÉS?

Los trazos claramente mediterráneos y el patronímico de este personaje de nacionalidad británica -nacido en La Valette, en la isla de Malta, el 10 de julio de 1887, de padre originario de Cornualles, marinero de la Royal Navy, y de madre gitana, nacida en Sevilla- rinden homenaje a la independencia de la isla de Malta como respuesta local a las obligaciones de los cómics americanos, referencia casi obligatoria en la época en que Pratt empezó a publicar sus primeros dibujos.

Para los admiradores de Pratt que tenga curiosidad por conocer donde se hicieron los primeros cómics de Corto Maltés, la dirección más interesante es, tal vez, la de la casa donde vivió Pratt con su familia en los años 1960. Está en la isla del Lido, en la última planta de la via Doge Galla 21, en **Malamocco** (al que se llega fácilmente en el autobús que va a los Alberoni del Piazzale Santa Maria Elisabetta).

EL CRISTO DE LA IGLESIA DE LOS SANTI GEREMIA E LUCIA

39

•Horario: de 08:30 a 12 h y de 16 a 18:30 h durante la semana.
Días festivos: de 09:30 a 12:15 h y de 17:30 a 18:30 h
• Misa a las 18 h durante la semana, a las 10 h los días festivos

> *Un Cristo*
> *acheiropoieto*
> *milagroso*

A la derecha de la capilla de Santa Lucía, la iglesia de los santos Jeremías y Lucía posee una milagrosa escultura *acheiropoieta* («no acabada por la mano del hombre»: véase a continuación) de Cristo: el padre capuchino responsable de su realización no conseguía acabar el rostro como él quería. Antes de morir, confió su finalización al padre Colombano. Tras morir su amigo, éste observó que la escultura que debía terminar estaba perfectamente acabada…

Tras permanecer en la iglesia de San Geremia durante la Cuaresma del año 1602, el padre Colombano la regaló a la parroquia recomendándoles a todos que le tuvieran una especial devoción ya que la milagrosa escultura había concedido numerosas gracias.

Durante el Jubileo de 1700, fue traída a Roma, donde también concedió numerosas gracias.

CUANDO LOS BRAZOS ARTICULADOS PERMITÍAN EL TRANSPORTE DE LAS RELIQUIAS MILAGROSAS…

Tradicionalmente, en los años jubilares (primero fue cada 100 años, actualmente cada 25 años) se traían a Roma todas las reliquias milagrosas de Italia. Varios Cristos milagrosos fueron creados para facilitar su transporte: los brazos eran articulables para poder colocarlos de nuevo en la cruz.

OBRAS DE ARTE LLAMADAS *ACHEIROPOIETOS*

En la religión cristiana se designa con el término *acheiropoietos* a las obras de arte «no hechas por la mano del hombre». Son imágenes creadas por transposición mecánica (el Santo Sudario de Turín, el velo de Verónica) o por intervención celeste.

Esta palabra fue aparentemente inventada por el propio San Pablo en un contexto muy particular: durante una estancia en Éfeso, se sublevó contra la idolatría pagana y, en concreto, contra las numerosas estatuas de Artemisa, madre de los Dioses, representada con muchas mamas, afirmando que los «dioses hechos por la mano del hombre no son dioses». De este modo, al inventarse la palabra *acheiropoieto*, respetaba la prohibición judaica de las imágenes, atacaba a los ídolos paganos presentándoles el verdadero cuerpo de Cristo y evitando todo abuso al afirmar que el cuerpo de Cristo era exclusivamente su cuerpo tras la transfiguración (véase pág. 21), es decir, tras un acontecimiento ocurrido después de la resurrección.

Además del famoso Santo Sudario de Turín y del velo de Verónica (véase *Roma insólita y secreta*, del mismo editor), según la tradición existen todavía algunas, aunque escasas, imágenes *acheiropoietos*.

Unas se encuentran en el monte Athos en Grecia: esta monarquía teocrática, aislada en una península al noreste de Grecia y cuyo acceso está prohibido para las mujeres, niños y animales hembra desde el siglo IX, esconde dos iconos *acheiropoietos*. Uno está en el monasterio de la Gran Laura y el otro en el monasterio de Iviron.

En Francia, la iglesia de Nuestra Señora de los Milagros, en Saint-Maur, cerca de París, también posee uno (véase la guía *Las afueras de París, insólitas y secretas*, del mismo editor).

De la misma manera, la Santa Faz de Edesa de la iglesia de San Bartolomé de Génova, habría sido pintada por el propio Cristo. La pintura de Cristo, que se conserva en el Santa Sanctorum de San Juan de Letrán, en Roma, habría sido pintada por el propio San Lucas y terminada por unos ángeles. El famoso Volto Santo de Lucca, en la Toscana, habría sido esculpido por Nicodemo, que asistió a la crucifixión de Cristo junto a José de Arimatea, y acabada por los ángeles...

A·PIETA·DEGLI·AVI·NEL·1313·ERESSE·E·DEDICO·IN
TA·LVCIA·LA·CHIESA·RINNOVATA·AGLI·INIZI·DEL
LITA·NEL·1860·

RROCCHIALE·DI·SAN·GEREMIA·PROFETA·CVSTOI
VENERATO·CORPO·DELLA·MARTIRE·CRISTIA
A·CVRA·DELL'AZIONE·CATTOLICA

LA PLACA DE LA ANTIGUA IGLESIA DE SANTA LUCIA

Fondamenta Santa Lucia
• Vaporetto Scalzi

J usto delante de las escaleras de la estación de Venecia, una discreta placa (que pisan millones de personas todos los años) recuerda que la construcción de la estación causó la destrucción de la iglesia de Santa Lucia entre 1861 y 1863.

> **El recuerdo de una iglesia destruida para construir la estación**

En el museo Thyssen-Bornemisza de Madrid, una pintura de Francesco Guardi (1712-1793) muestra muy bien la elegancia de la antigua iglesia (a la izquierda, ver la ilustración). Para seguir honrando a la santa y sus reliquias,

en 1863 se añadió una nueva capilla a la iglesia de San Geremia, que se convirtió sencillamente en la iglesia de los Santi Geremia e Lucia (ver p. 270)

LOS EXPLOSIVOS DEL PUENTE DE LA LIBERTAD

Los austriacos construyeron en 1846 el puente de la Libertad, que une Venecia con el continente. Con 270 metros de largo, tiene 48 espacios concebidos para meter explosivos en caso de tener que realizar una destrucción rápida.

QUÉ VER EN LOS ALREDEDORES

EL ALTAR DE LA CRIPTA DE LA IGLESIA DEI SANTI GEREMIA E LUCIA
Iglesia dei Santi Geremia e Lucia
• Abierto de 08:30 a 12 h y de 16 a 18:30 h durante la semana.
Festivos: de 09:30 a 12:15 h y de 17:30 a 18:30 h
• Misa a las 18 h durante la semana, a las 10 h los días festivos

En 1753, la iglesia de San Geremia, edificada en el siglo XIII, mostraba signos de cansancio. Gracias a las numerosas donaciones recibidas para el Cristo milagroso (véase doble página anterior), pudieron demoler la antigua iglesia para construir una nueva. Colocaron el magnífico altar que albergaba la escultura *acheiropoieto* en la cripta, donde permanece. Preguntando amablemente, seguramente logre entrar. Restaurada hace poco, contiene numerosos instrumentos de la Pasión de Cristo: la mano de Judas y la bolsa de monedas, la linterna de los soldados, el gallo de San Pedro, la jarra del agua con la que Poncio Pilatos se lavó las manos, los clavos, los dados, el martillo, la tenaza.

CONVENTO DE LOS CARMELITAS DESCALZOS (SCALZI)

42

Visitas guiadas para diez personas mínimo
• Reservar llamando al 041 8224006
• info@chiesadegliscalzi.it
• www.chiesadegliscalzi.it

El jardín místico de los Carmelitas Descalzos

Cerca de la estación de Santa Lucia, no muy lejos de la iglesia de Santa María de Nazareth, el antiguo brolo del convento de los Carmelitas Descalzos, que data de 1650, se transformó en un "jardín místico". Este jardín cercado vio su tamaño reducido a la mitad cuando ampliaron la estación en 1870: antiguamente llegaba hasta el actual andén nº 5 y tenía una magnífica vista panorámica.

Este jardín, protegido por un muro, tiene siete sectores principales que se suceden, como los siete días de la Creación (el número de plantas respeta también la simbología de la Biblia). Un césped reproduce el paisaje campestre: 8 parterres con 33 especies de hierbas aromáticas y medicinales, a los que se añade otro parterre más grande para la melisa con la que los carmelitas producen desde hace siglos un agua con propiedades terapéuticas (no hay que olvidar que sus huertos tienen vocación medicinal). Disuelto en agua con extractos de clavo, cidro y canela, el aceite esencial de melisa se convierte en agua de melisa, que sirve para combatir el estrés o para resolver problemas digestivos.

El jardín de los simples (*hortus simplicium*, del latín medieval *medicamentum o medicina simplex*) está reservado según manda la tradición de los monasterios a las plantas medicinales, mientras que las plantas destinadas a la alimentación crecen en el jardín de los monjes.

Gracias a elementos genéticos extraídos de viejas cepas de conventos, jardines y jardines cercados venecianos, la cooperativa vinícola de Venecia ha conseguido revivir aquí las antiguas viñas de la Serenísima. Hoy la viña ocupa siete filas, y en el "huerto de los gustos perdidos" maduran cuarenta variedades antiguas de frutas. Los trece olivos hacen alusión a Cristo y a los apóstoles.

Por último, en la arboleda, lugar idóneo para el retiro, crecen arbustos de frutos del bosque, así como el "césped de la pasión" donde se puede ver la *marruca* (Corona de Cristo), un arbusto con ramas espinosas con el que, como su nombre indica, se hizo la corona de espinas de Cristo, así como el árbol de Judea y el sauce, con cuyas ramas se azotó a Jesucristo.

En los bordes se ve un jardín florido, algunas plantas trepadoras y otros dos céspedes con árboles llenos de significados para otras culturas distintas al cristianismo, como el caqui o el kiwi, símbolos de paz y de caridad para los japoneses y los maorís.

Un granado se alza en el centro del jardín: san Juan de la Cruz lo alaba en su *Cántico espiritual.* Este sacerdote de la Orden de los Carmelitas Descalzos, doctor de la Iglesia (1542-1591), veía en la granada el símbolo de los misterios divinos y en su jugo, la metáfora de lo que el alma piadosa recibe del conocimiento de Dios y del amor que resulta de ello.

Brolo: este término, extendido sobre todo en Italia del Norte, designaba un jardín, un huerto o un vergel, a menudo rodeado de una cerca o un muro.

CASTELLO

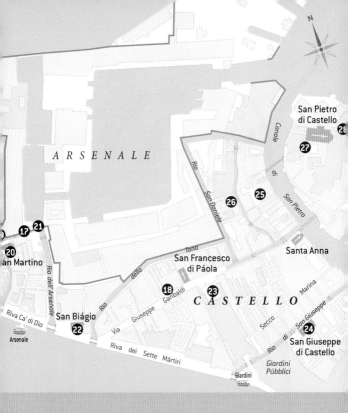

GIUSEPPE LUCARINI

L'INTERO SUO PATRIMONIO
AL PATRIO SPEDALE CIVICO
LEGAVA

LA PREPOSITURA
DEI PII ISTITUTI RIUNITI
POSE
MDCCCLXVIII

M IN VENEZIA NEL DI XVI GENNAIO MDCCCLXVII

SALA SAN MARCO
BIBLIOTECA

LA BIBLIOTECA SAN MARCO

Campo San Giovanni e Paolo
• Entrada gratuita para los visitantes individuales de lunes a viernes de 08:30 a 14 h (excepto los días festivos, la semana del 15 de Agosto, y del 24 de Diciembre al 1 de Enero)
• Comentario: dado el aspecto sanguinario de algunos instrumentos quirúrgicos, los menores de 14 años sólo pueden entrar si están acompañados por sus padres o por un profesor que asuman toda la responsabilidad

Una joya escondida

Ubicada en la antigua Sala del Capítulo de la Scuola Grande di San Marco, la suntuosa Biblioteca San Marco es uno de los grandes secretos de Venecia. Para entrar hay que cruzar el antiguo vestíbulo de la Scuola di San Marco -hoy, entrada del hospital San Giovanni e Paolo-, girar a la derecha y subir a la primera planta. En el centro del magnífico techo dorado y esculpido -reflejo del poder de la *Scuola* (cofradía), dedicada al patrón de la ciudad y sede de la misma- destaca el león de San Marcos con el libro abierto, rodeado de símbolos de otras cofradías: el águila (*San Giovanni Evangelista*), la cruz con círculos concéntricos (*Carità*), la sigla SR (*San Rocco*) y SMV (*Santa Maria di Valverde* o de la Misericordia).

Desde 1985, la sala alberga la sede de la biblioteca médico-científica y una exposición permanente: *La memoria de la salud – Venecia y su hospital del siglo XVI al siglo XX*. El recorrido de la exposición muestra unos textos de gran importancia de la sección antigua de la biblioteca (tratados, atlantes anatómicos, grabados y dibujos), los proyectos de remodelación del complejo hospitalario y una amplia colección de instrumentos quirúrgicos, como un estuche con instrumental para realizar trepanaciones craneales con, entre otros, una sierra para huesos.

La *Scuola* cuidaba y asistía a pobres y enfermos. Destruida por un incendio en 1485, fue de inmediato reconstruida con la ayuda del Senado. La Sala del Capítulo estaba decorada con pinturas sobre San Marcos, como las de Palma el Joven (*Cristo en gloria y los Santos Marcos, Pedro y Pablo*) y Domenico Tintoretto, hijo de Jacopo (*Traslación del cuerpo de San Marcos, La llegada del navío a Venecia, San Marcos bendice las islas venecianas*), aún visibles. Antes de las expoliaciones napoleónicas, la *Scuola* poseía también cuatro obras de

Tintoretto (padre): tres de ellas están hoy expuestas en el Museo de la Academia (*El milagro del Esclavo, San Marcos salvando a un sarraceno del naufragio, El cuerpo de San Marcos es sacado de la hoguera después de su martirio*). El cuarto está en la Pinacoteca de Brera en Milán (La *invención (o hallazgo) del cuerpo de San Marcos*).

En 1806, la *Scuola* fue trasformada en cuartel, luego en hospital militar, y en 1819 en hospital municipal, con más de 120 pacientes hasta su restauración en 1948.

EL GRAFITI DEL CORAZÓN HUMANO ❷

Fachada del hospital civil de Venecia

Recuerdo de un matricidio dramático

En un trozo de la pared trasera, entre la entrada del hospital civil de Venecia (antigua Scuola Grande di San Marco) y la fachada derecha del edificio, a unos 30 cm de altura, hay un curioso grafiti de un hombre con un corazón en la mano. Es el vestigio de una extraña historia.

En este barrio vivió una mujer que tuvo un hijo con un judío convertido en ciudadano turco. El hijo, que vivía con su padre en la Giudecca, visitaba a menudo a su madre, que le adoraba. Mitad veneciano y mitad levantino (parte oriental del Mediterráneo), éste, que vestía como un verdadero turco, tenía dificultades para encontrar su identidad, siendo rechazado por ambas comunidades. Como resultado, el joven era un tanto violento: pegaba a menudo a su madre quien, por amor maternal, le perdonaba.

Una noche, en un ataque de cólera particularmente violento, el joven perdió la cabeza, apuñaló a su madre y le arrancó literalmente el corazón. Presa del pánico, huyó con el corazón sanguinolento en la mano hacia el puente situado frente al hospital actual. Tropezó y se le cayó el corazón que, según la leyenda, pronunció las siguientes palabras -*hijo mío, ¿estás herido?*- . Corrió hacia la laguna, se tiró y murió.

Un tal Cesco, antiguo tallador de piedra que dormía cada noche bajo el pórtico de la *Scuola*, fue testigo de esta espectacular escena. Impresionado, no pudo evitar grabar en la pared la escena del joven con el corazón de su madre en la mano. Así es como distinguimos el perfil de un hombre con turbante, al estilo turco, con un corazón en la mano izquierda.

Justo enfrente hay otros grafitis de barcos, aparentemente grabados por Cesco, que recuerdan la actividad de los navíos que cargaban y descargaban las mercancías en el *campo*. Cesco, que perdió a su joven esposa en 1501 debido a una enfermedad grave, participó, entre otras, en la ejecución de la maravillosa fachada. Inconsolable, acabó durmiendo y mendigando delante de su antiguo lugar de trabajo, y grabando de vez en cuando las escenas que veía.

EL FRESCO DE MARCANTONIO BRAGADIN

Iglesia de San Giovanni e Paolo
• Horario: todos los días de 07:30 a 18:30 h (domingo de 12 a 19:30 h)

> *La macabra historia de la piel de un despellejado vivo*

Justo a la derecha, al entrar en la iglesia de San Giovanni e Paolo, hay un altar dedicado a Marcantonio Bragadin. Su busto descansa en una urna, encima de la cual un fresco desconocido describe de manera espectacular la escena en la que se despelleja vivo al héroe veneciano.

La piel de Marcantonio Bragadin, preservada en la urna en cuestión, no está visible al público: se abrió la urna por última vez en 1961 (sólo para especialistas), y por razones de conservación obvias, no está previsto volver a abrirla a corto plazo.

Elegido gobernador de la isla de Chipre en 1569, Marcantonio Bragadin llegó a Famagusta desde donde dirigió el gobierno civil de la isla. Las modernas fortificaciones que mandó erigir no impidieron que la flota del sultán turco Selim II desembarcara en la isla el 3 de julio de 1570.

A pesar de un desequilibrio en la relación de fuerzas (6000 venecianos contra 200 000 turcos), la resistencia de los venecianos, que duró casi un año, fue heroica. En julio de 1571, los turcos penetraron al fin en el recinto y Bragadin fue despellejado vivo. Sus miembros fueron repartidos entre los diferentes cuerpos de la armada turca, rellenaron su piel con paja y la cosieron. El macabro trofeo, junto a las cabezas de Alvise Martinengo y de Gianantonio Querini, fue izado en el navío del comandante turco Lala Mustafa Pacha y llevado a Constantinopla.

En 1580, un esclavo veneciano, Gerolamo Polidori, robó la piel de Bragadin del arsenal de Constantinopla y la devolvió a Venecia. Tras permanecer en la iglesia de San Gregorio, hoy se encuentra en San Giovanni e Paolo.

QUÉ VER EN LOS ALREDEDORES

EL BRAZO QUE FALTA DE LA ESTATUA DE POMPEO GIUSTINIANI

Al otro lado de la nave, en dirección al coro, está la estatua de Pompeo Giustiniani. Antes de prestar sus servicios a Venecia y convertirse en gobernador de Candía (antiguo nombre de Creta), participó, apoyando a España, en el sitio de Ostende donde la bala de un cañón le arrancó el brazo. Tras fallecer en 1616, mientras combatía contra los alemanes, se erigió una estatua en su honor. Representa a Giustiniani, a caballo, del lado izquierdo, para ocultar que le falta un brazo.

LOS LUGARES DE CASANOVA EN VENECIA

Hombre brillante y culto, Giacomo Casanova (Venecia 1725 – Dux, Bohemia 1798) es famoso por sus amores rocambolescos con mujeres aristócratas y plebeyas. Espía por cuenta de la Inquisición, masón, ocultista y gran viajero, vivió en Venecia durante diversos periodos de su vida, hasta su exilio definitivo en Dux, en 1783. He aquí la lista de los lugares de Venecia donde desarrolló sus múltiples talentos.

Abad para un sólo sermón en la iglesia de San Samuele - Campo San Samuele (San Marco)

La iglesia de San Samuele, cerca de Santo Stefano -donde hoy se celebran exposiciones- fue el escenario de la primera prédica de Casanova, que abrazó, tempranamente, una carrera eclesiástica para complacer los deseos de su madre Zanetta, actriz de teatro, que quería convertirle en abad esperando así asegurar su futuro. El sermón del pequeño abad de quince años tuvo mucho éxito, sobre todo entre las personas de sexo femenino, que lo cubrieron de dinero y notas amorosas. Su segunda prédica, tras memorables libaciones, fue tal fiasco que Casanova puso inmediatamente un punto y final a este capítulo de su vida.

Violinista en el Palacio Soranzo para llegar a fin de mes - Campo San Polo 2169-2171 (San Polo)

En la época en que vivió Casanova, el exterior del Palacio Soranzo, visible desde el campo San Polo, estaba decorado con frescos de Giorgione, hoy desaparecidos. Es ahí donde, en 1746, el joven seductor trabajó tres noches seguidas como violinista en la fastuosa celebración de la boda de Canziana Soranzo y Girolamo Corsaro. Al finalizar la fiesta, Casanova se dio cuenta de que al cónsul Matteo Bragadin se le había caído una carta al subir a su góndola. La recogió. En agradecimiento, Bragadin le propuso llevarle a su casa. Durante el viaje, el cónsul tuvo un malestar y Casanova supo intervenir a tiempo y practicarle una sangría, salvándole la vida. Es así como se inició su amistad con Bragadin quien se convertiría en su protector más generoso.

Hijo adoptivo y cabalista en el Palacio Bragadin Barabba - Ramo Bragadin 6050 (Castello)

Durante casi diez años, Giacomo vivió en el palacio del cónsul Bragadin en calidad de hijo adoptivo. Le ofreció incluso una renta mensual de 10 *zecchini*, ducados de oro venecianos, (suma nada despreciable para la época). Cuentan que Casanova, que entonces tenía veinte años, tenía por costumbre distraer al cónsul invitándole a sesiones de espiritismo - ritual que hacían o inventaban principalmente conocidos suyos- en las que también participaban sus amigos patricios Marco Dandolo y Marco Barbaro, apasionados del ocultismo.

Seductor en la *Hostaria del Selvadego* - Bocca di Piazza 1238 (San Marco)
La *Hostaria del Selvadego* -hoy un hotel, situado detrás de la plaza San
Marco- fue un albergue muy famoso durante casi cinco siglos (cerró en
1870). Casanova, junto con su conquista del momento, frecuentaba este
lugar a la hora de la cena, dispuesto a seguir la velada en los pisos de arriba.
Dicen que este edificio, de estilo véneto-bizantino, fue originariamente una
especie de casa de arresto, lo que explicaría la presencia de rejas en las
ventanas y la austera fachada que se parece más a la de una prisión que
a la de un albergue.

Jugador de azar en el Ridotto - Palazzo Dandolo – Calle Vallaresso 1332
(San Marco)
Como tantos otros venecianos de su época, a Giacomo le encantaba jugar.
Su garito preferido era el *Ridotto* (véase pág. 53) donde acudía a menudo,
escondido bajo una máscara, para probar suerte o proseguir con alguna
aventura amorosa.

**El convento de Santa Maria degli Angeli de M.M., amada novicia de
Casanova -** Fondamenta Venier (Murano)
En Murano, a la izquierda de la parada del *vaporetto Murano Venier*, hay un
arco gótico que da al antiguo convento de Santa Maria degli Angeli, desde
hace tiempo caído en desuso. Es ahí donde Casanova, enmascarado, se
reunía por la noche con M.M., la seductora religiosa con quien mantenía
una relación. Muchas de las monjas agustinas, procedentes de las mejores
familias venecianas, estaban obligadas a pronunciar sus votos siendo aún
niñas, con objeto de evitar malgastar el patrimonio familiar.

El Palacio Morosini del Pestrin, residencia familiar de M.M. - Ramo del
Pestrin 6140 (Castello)
El palacio de M.M. (hoy propiedad privada) dispone de un patio interior
con dos estatuas de estilo neoclásico, visibles desde la verja. La palabra
del Pestrin se refiere al emplazamiento del edificio, no muy lejos de
Santa Maria Formosa, al lado de una mantequería (*pestrin* en veneciano,
generalmente con un establo adyacente).
Numerosas son las hipótesis sobre la identidad de la misteriosa religiosa
M.M. Seguramente estas iniciales ocultan a la encantadora aristócrata
Marina Morosini, nacida en 1731 en el Palacio Morosini del Pestrin, que
entró en el convento con ocho años.

Al Cavallo, cita sorpresa - Campo San Giovanni e Paolo (Castello)
En su *Historia de mi vida*, Casanova relata una cita romántica con M. M.
frente al monumento ecuestre de Bartolomeo Colleoni, en la plaza de San
Giovanni e Paolo. Justo después de caer la noche, a la hora fijada, Giacomo
vio acercarse a lo largo del rio dei Mendicanti una góndola proveniente de
Murano de la que surgió una silueta, y Casanova se quedo sorprendido al
ver que llevaba una máscara de hombre. Estaba a punto de irse cuando
reconoció a su «ángel disfrazado de hombre», que había protegido
prudentemente su anonimato para reunirse con su amante.

SALA DE MÚSICA DE L'OSPEDALETTO ❺

Venecia, Castello 6691
• Barbaria de le Tole
• Abierto únicamente previa reserva • Precio de la visita: 60€
• Reservar por e-mail: cultura@fondazioneveneziaservizi.it
  o llamando al +39 041 3096605 • Vaporetto: Ospedale

*Una
preciosa
desconocida*

La iglesia de Santa Maria dei Derelitti fue construida en 1575 en el mismo lugar donde hubo, hasta 1528, un hospital que acogía a enfermos, indigentes, personas mayores, huérfanas y niños cuyas familias no podían encargarse de ellos.

Apodado Ospedaletto por lo pequeño que era, se cree que la sede de la institución se construyó según un proyecto de Andrea Palladio. Gracias a la generosidad de los benefactores del hospital, durante los siglos XVII y XVIII, la

iglesia se enriqueció con obras valiosas de Giovanni Battista Tiepolo, Carl Loth y Pietro Liberi, así como con la espectacular fachada de Baldassarre Longhena.

El lugar también se hizo famoso por la tradición musical de los coros de jóvenes huérfanas a quienes enseñaban profesores talentosos, como así lo demuestran no solo un instrumento musical de 1751, el órgano de Pietro Nacchini, sobre el altar mayor, en el amplio púlpito para el órgano de la iglesia, sino también la sala de música.

El aristócrata veneciano Girolamo Miani creó efectivamente el método de formación literaria y artística de las huérfanas, así como la enseñanza del canto, método que se extendió posteriormente por toda la ciudad.

Desde la fundación del hospital, las jóvenes huérfanas que habían encontrado refugio en él cantaban en la iglesia durante la misa. Su fama no tardó en conquistar la ciudad: durante sus actuaciones, se aprovechaba para recolectar donaciones con las que reunían progresivamente una dote para que pudiesen abandonar el hospital y casarse.

También enseñaban a las jóvenes a tocar un instrumento y fue así como nació una auténtica orquesta (de hasta 40 miembros) que originó una importante tradición veneciana, la de los coros de jovencitas.

El siglo XVI vio cómo crecía poco a poco la escuela de música del Ospedaletto, auténtico fenómeno socio-educativo que los otros hospitales imitaron enseguida, acogiendo también a huérfanas, hasta tal punto que empezó a crearse un clima de competición entre los distintos coros.

Para favorecer estas representaciones musicales, en 1776 se construyó una sala apropiada donde estaban las cocinas del hospital de San Gerolamo Miani: la Sala de Música. Desconocida, esta sala fue pintada al fresco en 1777 por un alumno de Giovanni Battista Tiepolo, Jacopo Guarana, con la ayuda de Agostino Mengozzi Colonna, últimos protagonistas de esta tradición pictórica que, en el siglo XVIII, alcanzó el apogeo de su esplendor gracias a Tiepolo.

En este lugar destaca también la magnífica escalera ovalada y el patio, no menos espléndido, de Longhena, con un auténtico brocal de pozo y una logia en la que se yerguen las estatuas de las Cuatro Estaciones.

OTROS VESTIGIOS DEL *RISORGIMENTO* EN VENECIA:

– **La bala de cañón de la fachada de la iglesia de San Salvador** (1849), no muy lejos de Mercerie, cerca de Rialto.

– **La columna conmemorativa de la gloriosa resistencia veneciana en el campo San Salvador** (1898) que rinde homenaje a la resistencia de Venecia acaecida entre 1848 y 1849: una inscripción en bronce recuerda la histórica fecha del 22 de marzo de MDCCCXLVIII, día en que la ciudad logró al fin liberarse de la ocupación austriaca tras cincuenta años de sumisión a un gobierno extranjero.

– **La bomba austriaca de la fachada de la iglesia de San Nicolò da Toletino** (1849), cerca del Piazzale Roma.

– **El hotel San Fantin** (n° 1930/A, cerca del teatro de la Fenice) **decorado con proyectiles y cañones utilizados por las armadas austriacas** para bombardear Venecia en 1849 (el edificio fue construido en 1869).

– **Los retratos esculpidos de los patriotas del *Risorgimento*** en la calle Larga del'Ascension (cerca de la Bocca di Piazza, entre el Museo Correr, la oficina de correos y las trastiendas que dan a la plaza San Marcos).

LAS INICIALES ESCONDIDAS DEL REY VÍCTOR MANUEL II

❻

Puente de Borgoloco

> **Un puente que oculta un mensaje político**

El puente de Borgoloco -que conduce al campo Santa Maria Formosa bordeando el Palacio Ruzzini- oculta, entre las elegantes volutas de su parapeto en hierro forjado, un mensaje patriótico. A simple vista parecen corazones pero si observa detenidamente distinguirá las letras W V E, que significan *Viva Vittorio Emanuele* (rey de Italia).

En la época de la ocupación austriaca, los patriotas italianos no podían hablar abiertamente de numerosos temas -en particular de política-, por lo que a menudo recurrían a mensajes codificados dirigidos a la población.

OTRO EJEMPLO DE ESLOGAN ESCONDIDO: «*¡VIVA VERDI!*» EN LA PELÍCULA *SENSO*

El eslogan «*¡Viva Verdi!*», aparente homenaje al músico, es en realidad un famoso acróstico del *Risorgimento* que significaba «*Viva V(ittorio) E(manuele) R(ei) D'I(talia)*».

En la película *Senso* de Luchino Visconti (1954), la fuerza de la secuencia filmada en la Fenice radica en el juego entre lo que pasa en la sala y el melodrama que se desarrolla en la escena. En efecto, el coro, armado, canta «*All'armi, all'armi! Eccone presti / a pugnar teco, teco a morir*» («*¡A las armas, a las armas! ¡Estamos preparados/para combatir contigo, para morir contigo!*»), desafiando así a las primeras filas de las butacas de patio desde donde los oficiales austriacos asisten al *Il Trovatore* de Verdi. Al mismo tiempo, al grito de *¡Viva Verdi!* y *¡Viva Italia!*, los patriotas irredentistas tiran desde el gallinero unos panfletos tricolores y entonan un himno contestatario a favor de una Italia unificada. La película se desarrolla en Venecia en 1866 durante el último periodo de la ocupación austriaca.

¿QUÉ SIGNIFICA *BORGOLOCO*?

Se cree que la palabra *Borgoloco* deriva de la expresión veneciana *tegnir uno a loco e foco* (literalmente: proponer a alguien una casa y un hogar), es decir, albergar a alguien, seguramente porque había albergues y habitaciones de alquiler en los alrededores de Santa Maria Formosa.

EL AGUJERO ENCIMA DEL ÁNGEL DEL PALACIO SORANZO

❼

Fachada del Palacio Soranzo
• San Marco

> *¿Un agujero que atravesó el diablo en 1552?*

Saliendo de la plaza San Marco a lo largo de la fachada izquierda de la basílica de San Marcos, tome la calle Canonica y gire a la izquierda en la primera calle. Camine unos cincuenta metros hasta el puente llamado del Angelo. Es el mejor lugar para ver el ángel esculpido de la fachada del Palacio Soranzo. El ángel, con un globo adornado con una cruz, está rematado por un fresco casi invisible de la Virgen y el Niño rodeados de dos ángeles, y por un agujero en la fachada. Es el testigo de una extraña historia que se remonta a 1552.

En esa época un abogado de la Curia del Dogo vivía en este palacio. A pesar de su imagen de hombre piadoso y tranquilo, se había enriqueció de manera deshonesta. Una noche invitó a cenar al padre capuchino Matteo da Bascio. Al contarle que tenía a su servicio un mono amaestrado para realizar todas las tareas domésticas, el religioso quiso verlo. Reconociendo inmediatamente al demonio bajo la apariencia de mono, le interrogó. El demonio le contestó que se encontraba allí para llevarse el alma del abogado al infierno, que se lo merecía sobradamente por numerosos motivos, y que si no lo había hecho hasta entonces es porque cada noche, antes de acostarse, el abogado recitaba una oración a la Virgen. "En cuanto la olvide", prosiguió el demonio, "me lo llevaré al infierno".

El padre Matteo le ordenó que abandonara la casa. El demonio aceptó con la condición de poder causar antes algunos daños. El sacerdote consintió pero sólo si él decidía qué daños podía causar: de este modo, al salir de la casa, el demonio sólo pudo atravesar el muro dejando un gran agujero, que serviría de testimonio de lo sucedido.

Tras esto, Don Matteo cenó con el abogado y le reprochó los errores que había cometido en su vida. Al terminar, cogió la punta del mantel, la retorció e hizo brotar sangre, diciéndole al abogado que era la sangre de todos los pobres a los que había explotado. Carcomido por los remordimientos, el abogado lloró y agradeció al capuchino la gracia concedida. Sin embargo, expresó su miedo de que el demonio pudiera regresar por el agujero que había dejado en la pared. Don Matteo le tranquilizó y le sugirió que colocara la estatua de un ángel al lado del agujero para ahuyentar a cualquier espíritu maligno que quisiera entrar en el palacio.

LA BIBLIOTECA DE LA ASOCIACIÓN CIENTÍFICA DEL PALACIO CAPPELLO

❽

Calle Cappello 6391
• Abierto al público
• Tel.: (+39) 041 522 1307

> *Más de 10 000 volúmenes sobre la decoración y restauración de los estucos*

E l hermoso Palacio Cappello, dibujado al fondo del *Milagro de la Verdadera Cruz, cerca del puente de San Lorenzo* de Giovanni Bellini, alberga varias organizaciones que, al contrario de lo que se puede pensar, se pueden visitar: la Asociación científica del Palacio Cappello, el Centro internacional de decoración y restauración de decorados y accesorios y la Biblioteca y gabinete de planificación arquitectónica para la restauración.

La biblioteca -especializada en la restauración y decoración de estucos barrocos y neoclásicos- ocupa unas magníficas salas con vigas aparentes decoradas. Sus techos del siglo XVI están pintados a fresco, y su magnífico suelo embaldosado *a la veneciana* tiene incrustaciones de malaquita. La preciada documentación bibliográfica -un patrimonio de más de 10 000 volúmenes que tapizan la mayoría de las paredes- puede ser consultada por docentes, investigadores universitarios, estudiantes que preparan su diploma o su doctorado, y en general, por cualquiera que esté interesado en la conservación del patrimonio arquitectónico desde un punto de vista histórico, y en las técnicas de restauración del arte del estuco.

El lugar también alberga la curiosa colección privada del director de la asociación, el arquitecto y profesor Francesco Amendolagine: una serie de antiguos instrumentos de cálculo científicos que datan de finales del siglo XVII a principios del siglo XX, como un metro inglés del siglo XVIII. En los años 1930, una intensa vida mundana animaba este palacio donde recibía una aristócrata, la Señora Ivancich, viuda de Elti di Rodeano, descendiente de una familia de armadores de Trieste emigrados a Venecia. En los años 1970, el *piano nobile* fue entregado al liceo científico Benedetti.

La asociación organiza encuentros y exposiciones sobre temas relacionados con la restauración y las decoraciones barrocas y neoclásicas. Con un equipo de profesionales coordinados por el director, el centro de planificación arquitectónico realiza importantes obras y ambiciosos proyectos como la recuperación de los decorados y accesorios del teatro de la Fenice y la restauración del Molino Stucky.

CAPILLA DE LA VISIÓN DE SAN MARCOS ⑨

Patio del «patronato» de la iglesia de San Francesco della Vigna
• Se puede visitar previa petición durante los horarios de apertura
de la iglesia

*Un lugar
primordial
en la historia
de la fundación
de Venecia*

Totalmente olvidada, la capilla de la visión de San Marcos, al final del convento de San Francesco della Vigna, es sin embargo uno de los lugares más importantes de la fundación de la mítica Venecia.

Se encuentra en el lugar donde San Marcos, regresando (o yendo, según otras fuentes) de una misión de evangelización a Aquilea, tuvo que detenerse al verse atrapado en una tempestad. Es entonces cuando, supuestamente, se le apareció un ángel que le dijo: «La paz esté contigo, Marcos, aquí descansará tu cuerpo», palabras que, en parte, se convirtieron en el lema de Venecia («Pax tibi Marce Evangelista meum»).

Al oír estas palabras, el apóstol creyó que le había llegado su hora, pero el ángel prosiguió: «no tengas miedo, evangelista de Dios, aún tendrás que sufrir. Después de tu muerte, aquí se levantará una ciudad donde trasladarán tu cuerpo y te convertirás en su protector». De regreso a Roma, Marcos le contó

lo sucedido a su maestro, el apóstol Pedro, y le pidió que nombrara a Ermagora, testigo de su visión, obispo de Aquilea.

La primera construcción, en madera, de la capilla San Marco in Gemini data de 774. La capilla sufrió varias reconstrucciones, la última, de la que ha guardado el estilo, es probablemente del siglo XVIII. La capilla es hoy un almacén que no tiene ningún interés estético o artístico particular.

¿ORGANIZARON EL RAPTO DE LOS RESTOS MORTALES DE SAN MARCOS EN ALEJANDRÍA PARA OPONERSE A AQUILEA?

Para algunos expertos, la visión de San Marcos fue simplemente una leyenda que se inventaron los venecianos para asegurarse la supremacía política y religiosa de la región, en detrimento de Aquilea y de Grado, a donde el emperador Heraclio envió en 628, el pretendido púlpito de San Marcos (recuperado más tarde por Venecia).

Así, durante el sínodo de Mantua de 827, Venecia sufrió un revés importante en su deseo de controlar la jurisdicción de Grado: el patriarca de Aquilea, Majencio, consiguió incorporar Grado a Aquilea basándose precisamente en la predicación de San Marcos en Aquilea. La reacción de Venecia fue rápida y eficaz: un año más tarde, en 828, Venecia robó los restos mortales de San Marcos de Alejandría.

Según otros expertos, la leyenda de la visión de San Marcos se inventó paralelamente, precisando además, sin basarse en prueba alguna, que San Marcos no solo se detuvo en Venecia misma, y no en una de las numerosas islas de la laguna, sino que además lo hizo de camino a Grado y a Aquilea, y no volviendo de estas, cambiando así la primacía de una ciudad sobre otra.

Otro dato de interés de esta importante reliquia: permitía a Venecia emanciparse de la tutela de los Imperios romanos de Oriente y Occidente afirmando simbólicamente la independencia de la Iglesia de Venecia.

LOS HUERTOS DE LA IGLESIA DE SAN FRANCESCO DELLA VIGNA

Iglesia de San Francesco della Vigna
- Horario: todos los días de 08 a 12: 30 h y de 15 a 19 h
- Se puede visitar a veces (sobre todo en septiembre) preguntando in situ

Un sabor a paraíso

A veces se puede visitar, reservando con antelación, el extraordinario huerto del convento de San Francesco della Vigna. Visitarlo en septiembre puede ser mágico: mientras pasea por las alamedas del jardín con un monje por guía, seguramente pruebe las uvas directamente de las viñas. Se cultivan varios tipos de uva en el jardín, como la famosa *fragola*, con ese inimitable sabor a fresa, que se utiliza en la elaboración del no menos conocido *fragolino*.

Las viñas son evidentemente las dignas herederas de las viñas originales que dieron su nombre al monasterio. En 1253 Marco Ziani, hijo del dogo Pietro Ziani, las regaló a los Hermanos Menores de la Orden Franciscana.

LAS MEDIDAS CABALÍSTICAS DE LA IGLESIA DE SAN FRANCESCO DELLA VIGNA ⑪

Iglesia de San Francesco della Vigna

Una cábala musical pitagórica

Construida a partir del siglo XIII por Marino da Pisa, la iglesia de San Francesco della Vigna fue reconstruida en el siglo XVI por su mal estado, siguiendo los deseos del dogo Gritti, que poseía un palacio no muy lejos de ahí. El 15 de Agosto de 1534, día de la Asunción, el dogo Gritti puso la primera piedra. Los planos iniciales de Sansovino fueron ampliamente modificados por el monje franciscano Francesco Zorzi, encargado de las obras.

Siguiendo los principios de la cábala musical (véase pág. 302), Zorzi (véase pág. 280) insistió para que las proporciones del edificio incluyeran las consonancias musicales pitagóricas de modo que la iglesia «reflejara en su totalidad la armonía universal», según los principios del Hermetismo (véase pág. 186). Para ello se basó en la cifra 3, que según él es la cifra divina, símbolo de la Trinidad: Padre, Hijo y Espíritu Santo.

De este modo, la iglesia debía ser 3 veces más larga que ancha: 27 (3x9) pies de largo por 9 (3x3) pies de ancho; las capillas laterales debían medir 3 pies de ancho y la capilla situada detrás del altar debía medir 6 pies de ancho por 9 pies de largo (véase esquema pág. contigua).

La cifra 3 recordaba además las 3 vibraciones de las notas fundamentales de la tradición musical pitagórica: Do, Sol, Mi, en armonía con las exigencias musicales del ritmo, de la melodía y de la armonía. En la cábala musical, éstas representan el Espíritu Santo (Do - Cuerpo - longitud de la nave), el Hijo (Mi - el Alma - ancho de las capillas laterales) y por último, el Padre (Sol - El Espíritu - la altura de la capilla detrás del coro).

Más allá de las proporciones relacionadas con el número 3, a Zorzi le parecían igualmente importantes los vínculos de las dimensiones de la iglesia que debían corresponder con los intervalos musicales (véase también el texto sobre la cábala musical pág. 282): por ejemplo, los vínculos de las dimensiones de la iglesia 4/3 corresponden a la cuarta, los vínculos 3/6 a la octava y los vínculos 6/9 a la quinta.

> La unidad de medida utilizada para la construcción de la iglesia es el pie veneciano. Existe un modelo de este pie en la entrada del Arsenal Militar. Es posible verlo informándose en la recepción del Arsenal.

LA CIFRA 3, UNA CIFRA DIVINA

La cifra 3 sería la cifra en la que se inspiró Moisés para construir el Arca de la Alianza y en el que se basarían las proporciones humanas, como dice San Pablo en su carta a los Corintios. Asimismo sería el origen de las dimensiones del Templo de Salomón en Jerusalén.

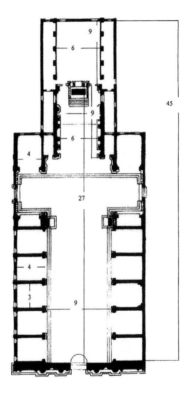

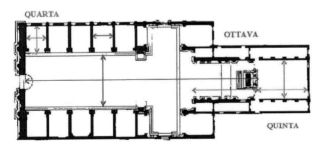

FRANCESCO ZORZI (1453-1540): UN MONJE FRANCISCANO CABALISTA

Nacido en Venecia en 1453 en el seno de una familia noble, Francesco Giorgio Dardi ingresó, con tan sólo 18 años y gracias a su padre, en el *Maggior Consiglio* de Venecia (equivalente al Parlamento).

Siguiendo su vocación, ingresó en la orden franciscana con el nombre de Francesco, abandonando el nombre de Dardi, siendo por ello desheredado por su madre. Ordenado sacerdote en San Francesco della Vigna, donde permaneció casi toda su vida, se convirtió rápidamente en un experto en filosofía platónica y en cábala.

Entre 1490 y 1500, viajó a Palestina -para confrontar sus ideas con los sabios hebreos-, visitó los lugares sagrados y aprendió hebreo. De regreso a Venecia, fue nombrado en 1504 director espiritual de dos hermanas del monasterio del Santo Sepulcro de Venecia: Chiara Bugni y Orsola Ausnaga. Éstas, obtuvieron pronto una reputación de santidad, siendo Zorzi (nombre en veneciano de Giorgio) testigo ocular de varios milagros realizados por ambas religiosas como hacer florecer un trozo de metal y recibir del propio Cristo una ampolla con su sangre.

En 1510, le pidieron que supervisara las obras del santuario de la Madonna dei Miracoli, en Motta di Livenza, donde el 8 de Agosto la Virgen se le había aparecido a Ludovico Cigana. Incluso, el papa Clemente VII le pidió su opinión sobre el divorcio de Enrique VIII de Inglaterra.

Hombre sumamente respetado y estimado, publicó en 1525 *De Harmonia Mundi*. Dedicada al papa Clemente VII, esta obra mayor es cercana a las teorías de Pico della Mirandola y sobre todo de Marsile Ficin. En ella desarrolla sus teorías sobre la construcción de la iglesia de San Francesco della Vigna según los principios de la cábala hebraica (véase pág. 185) y de la cábala musical (véase siguiente doble página).

Condenó la decadencia de las costumbres, fue testigo de la separación -a principios del siglo XVI- de los franciscanos observantes (o menores, a los que pertenecía, deseosos de volver a la austeridad y a la pobreza de San Francisco de Asís) y los convencionales (partidarios de una evolución de la Orden), así como, en el propio seno de los observantes, al movimiento de reforma de la Orden, futuro origen de la fundación de los franciscanos capuchinos.

En su calidad de ministro provincial de la Orden de los Franciscanos, se había opuesto con firmeza a esta escisión. Al final de su vida, se retiró solo al convento de San Jerónimo, en Asolo, en el interior del país, donde murió el 1 de abril de 1540. Al interpretar las Santas Escrituras según los principios cabalísticos, Zorzi tuvo evidentemente numerosos opositores. Muchos de sus libros fueron prohibidos en varios países europeos.

FRANCISCANOS OBSERVANTES DE SAN FRANCESCO DELLA VIGNA CONTRA FRANCISCANOS CONVENCIONALES DE LOS FRARI...

La reconstrucción de la iglesia de San Francesco della Vigna se realizó en una época en que los franciscanos vivían un verdadero cisma entre los hermanos menores u observantes (que deseaban volver a la austeridad y pobreza de San Francisco de Asís) y los hermanos convencionales (partidarios de una evolución de la Orden). Los franciscanos de San Francesco della Vigna, observantes, rivalizaban con los convencionales de los Frari, en San Polo. El prestigio de sus respectivas iglesias era de toda evidencia un elemento importante de su disputa.

FRANCISCI
GEORGII VENETI,
MINORITANÆ FAMILIÆ,
de harmonia Mundi totius Cantica tria. Cum
indice eorum, quæ inter legendum ad-
notatu digna visa fuere ,nunc
recens addito.

Talia probarint, spiritus quibus spirat.

Cum priuilegio.

PARISIIS

Apud Andream Berthelin,via ad diuum Iacobum, in domo
Gulielmi Rolandi sub insigni aureæ coronæ:& in vico Lon-
gobardorum in domo eiusdem G. Rolandi.

1 5 4 5.

PRINCIPIOS DE LA CÁBALA MUSICAL

La cábala musical se basa en el hecho de que, según los pitagóricos (lo cual era discutido por Aristóteles), los planetas del sistema solar emiten, durante sus revoluciones, un sonido sólo audible por Dios, siendo inaudible para el oído humano (concepto de la *música de las esferas*). Siguiendo este principio, las distancias entre los planetas (por ejemplo, según Plinio el Viejo la distancia Tierra-Luna corresponde a una tonalidad musical) o las respectivas velocidades de los planetas (por ejemplo, Cicerón en el *Sueño de Escipión*, donde la Luna, que giraba muy lentamente, emitía el sonido más grave) equivalían a intervalos musicales, encontrándose la Tierra en el centro de este sistema.

Si posteriormente los sonidos de la creación del Universo (considerados por definición perfectos) conseguían ser comprendidos y reproducidos en la Tierra, entonces, era cada vez más fácil recrear en la Tierra la armonía universal. El siguiente paso fue superado por Pitágoras que fue el primero en conceptualizar los intervalos musicales, seguido de Platón que relacionó estos intervalos con la *música de las esferas*. Había nacido la música, como instrumento de difusión de la armonía celeste. Posteriormente, con la integración de los intervalos musicales en los conceptos arquitectónicos (utilizando aquellas proporciones que en música dan el resultado más harmonioso), se podía recrear igualmente esta armonía en las construcciones humanas.

Según la leyenda, Pitágoras (Samos, hacia 571 a. C.- Metaponte, hacia 497 a. C.) habría sido guiado por los dioses en el descubrimiento de las relaciones matemáticas que existen detrás de los sonidos, tras observar la longitud de los sonidos de los martillos de los herreros golpeando los yunques. Trasladó esta medida a una cuerda y, presionando un punto situado en la $3/4$ de su longitud desde su extremo y al «pellizcarlo», se escuchaba la cuarta por encima del sonido que reproducía la cuerda. Al apretar en los $2/3$ de la longitud, se escuchaba una quinta por encima y en la mitad $(1/2)$ se obtenía una octava por encima del sonido original. A partir de este experimento los intervalos tomaron el nombre de consonancias pitagóricas.

De este modo, si la longitud original de la cuerda es de 12 y se la reduce a 9, escucharemos la cuarta; a 8, la quinta; y a 6, la octava. Aplicando estas relaciones a la longitud de las cuerdas de un instrumento llamado canon o monocorde, los adeptos de Pitágoras fueron capaces de determinar matemáticamente la tonalidad de todo un sistema musical. Es así como la música se convirtió en una extensión natural de las matemáticas, y en un arte de filosofar, gracias a la intervención de Platón que retomó el tema musical de Pitágoras.

Para los antiguos pitagóricos, de los que Ptolemeo obtuvo sus informaciones astronómicas, cada uno de los siete planetas del sistema solar correspondía asimismo con una nota y un color: el Sol a la nota Re y al naranja, la Luna a la nota Si y al violeta, Marte a la nota Do y al rojo, Saturno a la nota Fa y al verde, Venus a la nota La y al azul, Mercurio a la nota Mi y al amarillo, y Júpiter a la nota Sol y al púrpura. La fusión de estos colores y de estas notas se visualizaba desde la Tierra como un arcoíris de sinfonía musical denominada, por el propio Pitágoras, *música de las esferas*.

Durante la Edad Media y el Renacimiento, las matemáticas y los descubrimientos musicales de Pitágoras tuvieron una influencia crucial en el desarrollo de la música y en el traslado de los principios numéricos a la arquitectura. Debemos a San Agustín y a Boece (hacia el siglo IV d. C.) la conservación del simbolismo pitagórico de la música presente en la tradición cristiana de los constructores medievales de los grandes edificios religiosos europeos, tales como la iglesia de San

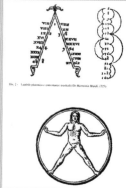

Francesco della Vigna (véase pág. 298). Tal y como lo han reconocido los especialistas en esta materia, la cábala musical también está presente en las partituras de los grandes maestros de la música como Bach, Beethoven, Mozart y Wagner.

Sin embargo, en el siglo XVI, la revolución copernicana (que afirmó que el Sol no giraba alrededor de la Tierra, sino que era la Tierra la que giraba alrededor del Sol) revolucionó todos los fundamentos de la cábala musical.

Del mismo modo, al ser el hombre una creación divina, el estudio de las proporciones humanas y su aplicación en la arquitectura permitía, por ejemplo, crear edificios perfectamente acordes con la armonía universal. Es todo el significado del famoso *Hombre de Vitruvio* de Leonardo da Vinci, conservado en las galerías de la Academia en Venecia. En una época moderna, las obras de Le Corbusier en el *Modulor*, una especie de actualización del *Hombre de Vitruvio*, comparte exactamente el mismo concepto.

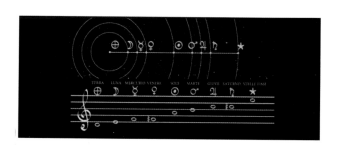

LAS PROFECÍAS DE SAN MALAQUÍAS: ¿REVELACIONES EN VENECIA SOBRE EL FIN DE LA IGLESIA CATÓLICA ROMANA?

San Malaquías, monje benedictino irlandés del siglo XI, nacido en Armagh en 1094, se convirtió, siendo aún adolescente, en abad de su convento. Empezó a tener visiones en 1139, coincidiendo con su primer viaje a Roma, donde fue recibido por el papa Inocencio III (Papa del 14 de febrero de 1130 al 24 de septiembre de 1143). Tras esta visita, Malaquías O'Morgair escribió sus profecías, compuestas de 111 frases en latín correspondientes a los 111 pontífices, partiendo de Celestino II (1143-1144) hasta el último Papa, *Petrus Romanus* (Pedro el Romano). El actual papa Benedicto XVI es el penúltimo.

Según la profecía de San Malaquías, con el último Papa, *Petrus Romanus*, que algunos auguran que será portugués, la Iglesia católica romana cerrará su ciclo: «*En la persecución final de la Santa Iglesia Romana reinará Petrus Romanus, quien alimentará a su rebaño en medio de muchas tribulaciones. Después de esto, la ciudad de las siete colinas será destruida y el temido juez juzgará a su pueblo*». El texto apocalíptico está redactado en latín y es, aún hoy, objeto de numerosas controversias.

San Malaquías murió en la fecha exacta predicha por él, el 2 de noviembre de 1148, en Claraval, entre los brazos de su gran amigo Bernardo de Claraval. El 6 de julio de 1199 fue canonizado por el papa Clemente III, y las *Profecías de San Malaquías* se guardaron en los archivos del Vaticano donde cayeron en el olvido hasta que un monje, *El Monje de Padua*, las publicó parcialmente en Venecia en 1527, con el nombre de *Profecías de un monje de Padua*. En relación con las de San Malaquías éstas estaban incompletas pues sólo contenían una veintena de nombres de Papas.

En 1595, Arnold de Wyon completó la lista y publicó en Venecia las *Profecías de San Malaquías* dentro de su obra *Lignum Vitae*, tras haber añadido seguramente sus propias anotaciones. Todas las profecías originales del santo figuran en este libro.

Haber elegido Venecia como lugar para publicar por primera vez las *Profecías de un monje de Padua* y sobre todo la de *San Malaquías*, se explica probablemente porque esta ciudad había sido y seguiría siendo la cuna de numerosos Papas: Gregorio VII, Eugenio IV, Pablo II, Alejandro VIII y Clemente XIII nacieron, en efecto, en Venecia (véase a continuación).

LOS PAPAS VENECIANOS EN LAS PROFECÍAS DE SAN MALAQUÍAS

Gregorio XII (Angelo Correr). Pontificado: 30 de noviembre de 1406 a 4 de julio de 1415. *Nauta de ponte nigro* (Marino del Mar Negro). La palabra *nauta* (raíz de náutica) recuerda su origen veneciano y *ponte nigro* alude al hecho de que Gregorio XII fue también obispo de la isla de Negroponte (o Eubea), isla veneciana en el siglo XV, hoy griega, situada en el Mar Egeo cerca del Mar Negro.

Eugenio IV (Gabriele Condulmer). Pontificado: 3 de marzo de 1431 a 23 de febrero de 1447. *Lupa coelestina* (Loba Celestina). La *loba* figura en los escudos de armas de Siena donde fue obispo y *celestina* alude a la Orden de los Celestinos integrada en la de los Agustinos, donde Eugenio IV fue profesor.

Pablo II (Pietro Barbo). Pontificado: 30 de agosto de 1464 a 26 de julio de 1471. *De cervo et leone* (Del Ciervo y el León). El león sería el de San Marcos de Venecia, donde nació Pablo II, anteriormente obispo de Cervia (ciervo), una pequeña ciudad cercana a Ravena, en la costa adriática.

Alejandro VIII (Pietro Vito Ottoboni). Pontificado: 6 de octubre de 1689 a 1 de febrero de 1691. *Poenitentia gloriosa* (La penitencia gloriosa). La *penitencia gloriosa* alude a la vida penitente de San Bruno. Alejandro VIII fue elegido el día de su onomástica.

Clemente XIII (Carlo della Torre Rezzonico). Pontificado: 6 de julio de 1758 a 2 de febrero de 1769. *Rosa Umbriae* (La Rosa Umbría). La *rosa umbría* alude directamente a Clemente XIII que fue gobernador de Rieti, en Umbría, donde se encuentra la ciudad de Asís, de San Francisco de Asís, la *Rosa* de la cristiandad.

Pío X (Giuseppe Melchiorre Sarto). Pontificado: 9 de agosto de 1903 a 20 de agosto de 1914. *Ignis ardens* (Fuego Ardiente). Aunque nació en Riese, Véneto, fue elegido patriarca de Venecia en 1896. *Fuego ardiente* se refiere a la Primera Guerra Mundial. Cuando estalló la guerra, Pío X quiso ir al frente de batalla para impedir los combates. En el siglo XX, otros dos patriarcas de Venecia, no nacidos en Venecia, fueron elegidos Papas:

Juan XXIII, Cardenal-Patriarca de Venecia entre 1953 y 1958. Se le atribuyen también dotes proféticas presentes en una obra poco conocida, *Profecías de Juan XXIII*. Se asemejan a la previsión apocalíptica de Malaquías pero señalan como salvadora a la Madre de Dios, bajo el nombre de *Rosa Blanca* y *Mar Celeste*. En las Profecías de Malaquías, Juan XXIII (Angelo Giuseppe Roncalli - Pontificado del 4 de noviembre de 1958 al 3 de julio de 1963) es descrito como *Pastor et nauta* (Pastor y Navegante), referencia al sacerdocio pontificio de la Iglesia establecido por el Concilio Vaticano II, inaugurado y clausurado por Pío XII, que le dio una nueva dirección.

Juan Pablo I (Albino Luciani – Pontificado del 26 de agosto de 1978 al 25 septiembre de 1978), nacido en 1912 en Forno di Canale, en Véneto. Fue Cardenal-Patriarca de Venecia en 1978, antes de ser elegido Papa. En las *Profecías de San Malaquías* hace referencia a *De medietate lunae* (De la Mitad de Luna), alusión a su nacimiento en Canale d´Agordo, en la diócesis de (Bel) *luno*, el 17 de octubre de 1912.

El Palacio Altieri, cerca de Viterbo, Italia, alberga una colección de retratos a la que, a partir de Celestino II, acompaña una frase en latín de las *Profecías de Malaquías*.

LA PIEDRA ROJA DEL *SOTTOPORTEGO* DE LA CORTE NOVA

> ## El milagro de la peste

En el luneto que domina el *sottoportego de la Corte Nova*, una inscripción recuerda los milagros -obrados por intercesión de la Virgen- de los que fue testigo este lugar. Según cuentan, más de una vez la Fe arrancó de manos de la Muerte a algunos habitantes de la *corte*, sacándoles de una epidemia memorable cuyo rastro, -una losa-, está grabado en el suelo.

Durante la epidemia de 1630 -que sólo en Venecia mató a más de 500 000 personas- una joven llamada Giovanna, residente de la *Corte Nova*, exhortó al vecindario para que no perdiera la esperanza: dibujó un cuadro donde figuraba la Virgen Santa acompañada de San Roque (patrón de los apestados), San Sebastián y San Lorenzo Justiniano (protectores de las epidemias). Lo colocó en el *sottoportego* donde los habitantes de la *corte* se reunían todos los días para rezar juntos. La peste, que seguía asolando la ciudad, dejó de causar estragos justo en los alrededores del cuadro, y todos los habitantes se salvaron.

Como recuerdo de este milagro, decidieron marcar el embaldosado de la

corte con una piedra de mármol rosa de Verona. Aún hoy, no es extraño ver a alguien -sobre todo a estudiantes- rendir homenaje a la tradición popular de andar sobre la piedra como si de un amuleto de la suerte se tratase, aunque algunos pretenden que podría tener el efecto contrario.

Durante la Primera Guerra Mundial (1914-1918), siguiendo el ejemplo de sus antepasados, algunos habitantes de la *corte* imploraron la inmunidad que podía concederles la Madona: en definitiva, parece que la Fe dio sus frutos sirviendo de *escudo* defensivo contra los bombardeos enemigos, ya que no hubo ninguna víctima en el barrio.

Cada año, el primer martes de mayo y el 21 de noviembre, se celebra Nuestra Señora del Rosario en el *sottoportego de la Corte Nova*: el lugar se convierte en un pequeño santuario, decorado con flores y velas (para más información llame al (+39) 041 520 6102).

LA SEDE DEL GRAN PRIORATO DE LA ORDEN DE MALTA EN VENECIA

Palazzo Malta
Castello 3253
• Tel.: (+39) 041 522 2452
• www.ordinedimaltaitalia.org
• Visitas mediante reserva llamando al (+39) 041 241 0027

*El palacio
Malta
y su iglesia
pueden visitarse*

Reservando previamente, es posible visitar el Gran Priorato de la Orden de Malta en Venecia. Un convento, un hospital y un cuartel: es lo que, durante siglos, ha caracterizado la sede del Gran Priorato de Lombardía y Venecia de la Soberana Orden Militar de San Juan de Jerusalén, llamada Orden de Rodas, Orden de Malta (véase siguiente página). El complejo, que incluye la iglesia y el palacio, se articula alrededor del claustro central y abre sobre un amplio jardín -uno de los más grandes de Venecia- utilizado por el convento y el hospital como jardín de los simples.

En 1187, Monseñor Gerardo, arzobispo de Rávena, quiso dar a la Orden -creada en Jerusalén en la segunda mitad del siglo XI y que se extendió rápidamente por toda Europa- y a sus caballeros, ya presentes en la laguna, un terreno donde pudieran construir su propia sede, con el nombre de San Juan del Templo (es decir, Jerusalén).

A la iglesia, dedicada a San Juan Bautista, patrón de la Orden, se le agregó un primer hospital pequeño al que se le añadió, durante el siglo XIV, el gran hospital de Santa Catalina. En 1451, se cedió parte de este hospital a la Orden de la Cofradía de San Jorge y San Trifón, también denominada Orden de los Esclavones (los dalmacios presentes en Venecia).

Otra parte del hospital más pequeña, fue atribuida a la Cofradía de San Juan Bautista, hoy desaparecida, a diferencia de la adyacente Cofradía Dálmata, aunque una inscripción en el lado derecho de la fachada da fe de su existencia: *Schola de S. Zuane del Tempio* (Cofradía de San Juan del Templo).

Numerosos muros estaban pintados a fresco como atestigua el ciclo de las *Historias de Santa Catalina de Alejandría* que data del siglo XIV. Debemos al padre prior Sebastiano Michiel el gran cuadro situado en el altar mayor de la iglesia, donde figuran el *Bautizo de Cristo* y el propio Prior, rezando de rodillas, obra de principios del siglo XIV atribuida al taller de Giovanni Bellini.

A menudo restaurado en los siglos XVI, XVII y XVIII, el palacio (y la iglesia) fueron confiscados por el Estado tras la caída de la Serenísima República en 1797 y las expoliaciones de Bonaparte. Fue en 1841 cuando el emperador de Austria, Fernando I, restituyó a la Orden la parte monumental del complejo, mientras que otros muchos edificios habían sido vendidos a particulares.

El Priorato de Venecia se unió entonces al de Lombardía para constituir el Gran Priorato de Lombardía y Venecia.

La iglesia, cuyas decoraciones fueron desvalijadas, fue amueblada de nuevo por el Priorato que adquirió el antiguo altar mayor de la iglesia de San Geminiano (véase pág. 88) y que pidió que le fuese devuelto el cuadro del taller de Bellini.

En el siglo XIX, se restableció asimismo la función sanitaria del Priorato con la apertura de un dispensario. El Gran Priorato de Lombardía y Venecia manda, aún hoy, sobre la presencia de la Orden de Malta en Italia del Norte y Cerdaña.

Al contrario de lo que muchos piensan, debido a la presencia de la inscripción *Schola de S. Zuane del Tempio*, el lugar nunca fue sede de los Templarios en Venecia: en la Edad Media, la futura Orden de Malta era denominada indistintamente Orden de San Juan de Jerusalén u Orden de San Juan del Templo. Además, si la futura Orden de Malta siempre ha tenido como patrón a San Juan, los Templarios profesaban una devoción particular a la Virgen, y no a San Juan.

LA ORDEN DE MALTA ES LA ÚNICA ORGANIZACIÓN PRIVADA DEL MUNDO QUE POSEE LOS MISMOS PRIVILEGIOS QUE UN PAÍS: EXTRATERRITORIALIDAD, EMBAJADAS...

La Soberana Orden Militar y Hospitalaria de San Juan de Jerusalén, de Rodas y de Malta, más comúnmente denominada, según las épocas, Orden del Hospital, Orden Hospitalaria, Orden de Rodas u Orden de Malta, es una de las órdenes religiosas católicas más antiguas cuya actual misión es la defensa de la fe y la ayuda a los pobres y a los enfermos.

Esta comunidad monástica dedicada a San Juan Bautista fue creada en Jerusalén en la segunda mitad del siglo XI por mercaderes de la antigua República de Amalfi con el fin de asistir a los peregrinos que iban a Tierra Santa. En 1113 fue reconocida como orden religiosa por el papa Pascual II.

Con la toma de Jerusalén, tras las cruzadas de 1099, se convirtió rápidamente en una orden militar, poco antes de que se establecieran los Templarios. Tras la pérdida de Jerusalén y de San Juan de Acre en 1291, la Orden se retiró a Chipre entre 1291 y 1309. Siendo las relaciones con el Rey de Chipre cada vez más difíciles, la Orden conquistó la isla de Rodas, por aquel entonces bajo soberanía bizantina, donde estableció su nueva sede entre 1310 y 1523. Marcada por la insularidad, la Orden construyó una flota que le dio notoriedad. Vencida por los turcos, se dirigió a Civitavecchia y a Viterbo, Italia, antes de marchar a Niza y establecerse, en 1530, en Malta - territorio cedido por Carlos V que había comprendido la utilidad que podía representar esta Orden frente a los posibles avances de los otomanos. Fue expulsada por Napoleón en 1798 y acogida finalmente en Roma por el Papa en 1834.

Antes de la pérdida de Malta, estaba compuesta en su mayoría por religiosos que habían pronunciado los tres votos de pobreza, castidad y obediencia. Aún hoy, algunos miembros de la Orden son monjes pero la mayoría de los Caballeros y Damas que la componen (más de 12 500 en la actualidad) son laicos. En 1798 la Orden dejó de ejercer su función militar. Antiguamente, los Caballeros de la Orden procedían de familias cristianas nobles y caballerescas. Hoy en día es suficiente con distinguirse por su fe, moralidad y por sus méritos a la Iglesia y a la propia Orden. Aunque no se aceptan candidaturas, los voluntarios son siempre bienvenidos.

La Orden mantiene relaciones diplomáticas con 104 países a través de sus embajadas. Posee una condición muy particular que la convierte en la única institución privada considerada casi como un país. Financia sus actividades con las donaciones de sus propios miembros, las donaciones privadas así como los ingresos generados por sus propiedades.

La Orden posee dos sedes en Roma que gozan de la condición de extraterritorialidad: el Palacio Magistral en Via dei Condotti 68, residencia del Gran Maestre y lugar de reunión de los órganos de gobierno; y la Villa Magistral, en la colina del Aventino, sede del Gran Priorato de Roma, de la embajada de la Orden ante la Santa Sede y de la embajada de la Orden ante el Estado italiano.

¿CRUZ DE LA ORDEN DE MALTA O CRUZ DEL GRAN MAESTRE DE LA ORDEN DE MALTA?

La famosa cruz de la Orden de Malta es en realidad la cruz del Gran Maestre de la Orden de Malta y no de la propia Orden.
La cruz de la Orden es una sencilla cruz, blanca sobre fondo rojo, similar a las armas de la casa de Saboya. Con el transcurso del tiempo, y por analogía, la cruz del Gran Maestre de la Orden fue confundida con la de la Orden.

¿CUÁL ES EL ORIGEN DE LA CRUZ DE LA ORDEN DE MALTA?

Fundada en Jerusalén en la segunda mitad del siglo XI por mercaderes amalfitanos (de Amalfi, cerca de Nápoles), la Soberana Orden Militar y Hospitalaria de San Juan de Jerusalén, de Rodas y de Malta, futura Orden de Malta, adoptó el emblema del puerto de Amalfi sin conservar el fondo azul. En 1130, Raymond du Puy, que transformó la orden caritativa en orden militar, obtuvo permiso del papa Inocencio II para que su emblema cruciforme fuera de color blanco, con el fin de diferenciarlo del de los Templarios, que llevaba una cruz roja.
En 1523, la Orden fue expulsada de la isla de Rodas por los turcos y se instaló poco después en Malta. La bandera roja de la isla, herencia de la ocupación normanda, sirvió entonces de soporte a la cruz blanca. Acababa de nacer la Cruz de Malta.

EL SIGNIFICADO DE LAS OCHO PUNTAS DE LA CRUZ DE MALTA:

Las ocho puntas de la Cruz de Malta pueden tener varios significados. Representarían:
- las ocho fachadas de la Cúpula de la Roca en Jerusalén
- las ocho nacionalidades de origen de los caballeros de la Orden de San Juan de Jerusalén (futura Orden de Malta) o los ocho principios que éstos tenían que respetar: espiritualidad, sencillez, humildad, compasión, justicia, misericordia, sinceridad y paciencia.
- las ocho puntas corresponden, para la Orden de Malta, a las virtudes de las que tenían que estar dotados los caballeros: lealtad, piedad, franqueza, coraje, gloria y honor, desprecio por la muerte, solidaridad hacia los pobres y enfermos y respeto por la Iglesia católica.
NB: para los cristianos, las puntas simbolizan también las ocho bienaventuranzas que Jesús pronunció en el Sermón del Monte (según San Mateo):
«Bienaventurados los pobres de espíritu: porque de ellos es el reino de los cielos». (Mt, V, 3) • «Bienaventurados los mansos: porque ellos poseerán la tierra». (Mt, V, 4) • «Bienaventurados los que lloran: porque ellos serán consolados». (Mt V, 5) • «Bienaventurados los que tienen hambre y sed de justicia: porque ellos serán saciados». (Mt, V, 6) • «Bienaventurados los misericordiosos: porque ellos obtendrán misericordia». (Mt, V, 7) • «Bienaventurados los limpios de corazón: porque ellos verán a Dios». (Mt, V, 8) • «Bienaventurados los pacíficos: porque ellos serán llamados hijos de Dios». (Mt, V, 9) • «Bienaventurados los que sufren persecución por la justicia, pues de ellos es el reino de los cielos». (Mt, V, 10)

VESTIGIOS DEL TORNO DEL ABANDONO DEL CONVENTO DE LA PIETÀ

Calle de la Pietà

E l único vestigio visible del torno del abandono que existió en la pared del convento de la Pietà es, contrariamente a lo que se oye a veces, el exterior de la puerta circular de madera, situada en la entrada, a la derecha de la calle de la Pietà. Ahora forma

> *Para abandonar a su hijo con toda tranquilidad*

parte del Hotel Metropole, situado donde antaño estaba el convento y la iglesia de la Pietà (véase doble página siguiente). El hotel conserva en el vestíbulo (entrando al fondo a la derecha) dos columnas de la iglesia.

A la derecha de la puerta circular, se puede leer debajo del altorrelieve de la Virgen con el Niño la inscripción «*oferta agli esposti*» que enmarca una ranura donde los visitantes podían depositar sus donativos ayudando así al convento a acoger y educar a los recién nacidos.

LOS TORNOS DEL ABANDONO

Dateo, cura de Milán, habría colocado desde 787 un capazo en el exterior de su iglesia con el fin de acoger a los recién nacidos abandonados. Posteriormente, a partir de 1188, las primeras iniciativas para acoger a los niños abandonados tuvieron lugar en el hospicio de Chanoines en Marsella. Sin embargo fue el papa Inocencio III (1160 – 1216, Papa desde 1198 hasta su muerte) quien institucionalizó esta práctica. Testigo del terrible espectáculo de cadáveres de niños abandonados flotando sobre el Tíber en Roma, decidió poner en marcha un procedimiento para salvarlos.

Colocados en las puertas de los conventos y diseñados para preservar el anonimato de los padres que se veían obligados a llegar a esta situación extrema, los «tornos de los inocentes» tenían una cuna giratoria accesible desde el exterior. Depositaban al niño y tocaban una campanilla para avisar a las monjas, las cuales, ya prevenidas, accionaban el torno para poner al niño a buen recaudo en el convento. Hay que tener en cuenta que el acceso al torno estaba protegido por una verja que tenía las medidas justas para que sólo pudieran caber los recién nacidos más pequeños... El papa Gregorio VII y Gengis Kan forman parte de los bebés abandonados más famosos. Abandonado desde el siglo XIX, este sistema, ha tenido que volver a utilizarse más o menos por toda Europa, a causa del fuerte aumento de niños abandonados. Existen tornos históricos, donde se abandonaban a los recién nacidos, en el Vaticano, en Pisa y en Florencia (consulte la guía *Roma insólita y secreta*, del mismo editor), en Bayona y en Barcelona (consulte la guía *Barcelona insólita y secreta*).

LA PLACA QUE PROHÍBE EL ABANDONO ABUSIVO DE NIÑOS ⓯

Calle del la Pietà

> *¡Bajo pena de ser «malditos y excomulgados» !*

En el lado este de la iglesia de la Pietà una sorprendente placa recuerda que, conforme a una bula del papa Pablo III del 12 de noviembre de 1548, está estrictamente prohibido (¡los contraventores serán *«malditos y excomulgados»!*) abandonar a sus hijos en el monasterio de la Pietà si los padres tienen suficientes recursos para educarlos. No se debe confundir esta placa ni su emplazamiento con el antiguo torno del abandono (véase anterior doble página), que está al otro lado de la calle. Originalmente esta placa estaba al lado del vestigio del actual torno.

Si bien el primer convento de la Pietà fue fundado en 1348, la actual iglesia de la Pietà data de 1760 y remplaza, dentro del conjunto del monasterio, una antigua y pequeña iglesia (véase el dibujo de la época).

LA PIETÀ: UNA IGLESIA DISEÑADA COMO UNA SALA DE CONCIERTO

Desde su inicio, la Pietà tiene la sorprendente particularidad de haber sido diseñada por su arquitecto Massari como una sala de concierto. En efecto, los antiguos huérfanos, acogidos por el monasterio, celebraban en esta iglesia unos conciertos muy famosos de música clásica.

Aún hoy se pueden ver las verjas en hierro forjado a ambos lados de la iglesia y sobre la entrada principal. Es ahí donde se colocaban los niños músicos.

La sorprendente forma ovoide de la iglesia también fue pensada para optimizar su acústica. Asimismo, el atrio que precede la entrada de la iglesia fue construido para aislar la iglesia de los ruidos del exterior.

NO, VIVALDI JAMÁS TOCÓ EN LA ACTUAL IGLESIA DE LA PIETÀ

Contrariamente a lo que cuenta una tenaz leyenda, Vivaldi nunca tocó en la actual iglesia de la Pietà por la sencilla razón de que a su muerte (en 1743), la iglesia, construida en 1760, no existía aún. Sin embargo, sí tocó en la antigua iglesia de la Pietà. El Hotel Metropole conserva dos de sus columnas, al fondo a la derecha del vestíbulo.

EL CONDE DE SAINT-GERMAIN: UN MAGO EN VENECIA

Aunque escasas, las pruebas de la presencia del famoso conde de Saint-Germain en Venecia son sólidas. Nos las proporciona sobre todo, su enemigo, el célebre Giacomo Casanova (Venecia, 2 de abril de 1725 - Dux, Bohemia, 4 de junio de 1798), en sus *Memorias*. Mientras que Giacomo Casanova encarna el vicio y era proclive a la magia negra hasta el punto de dedicarle un tratado novelado, *Icosameron* o *Icosaméron*, que sin duda empezó a escribir en Venecia y terminó en Bohemia; el otro representa la virtud.

MARQUIS SAINT GERMAIN DER WUNDERMANN.

Original Gemalde im Besitze der Marquise von Urfé
1783 in Kupfer gestochen von N. Thomas in Paris.

Maestro Perfecto de Magia Blanca, dejó un tratado ilustrado, *A Santíssima Trinosofia*, que probablemente comenzó a escribir en Venecia y acabó en Troyes, Francia, cuya biblioteca aún conserva el original. Las fechas del nacimiento y la muerte del conde de Saint-Germain son inciertas. Sólo se sabe que aparece ligado al Príncipe de Transilvania.

Sólo se sabe que aparece ligado al Príncipe de Transilvania, Francis II Rakowsky, hacia el 28 de mayo de 1696, pero no podemos afirmar que nació en esa fecha ni que este príncipe sea efectivamente su padre. En cuanto a su supuesta muerte ocurrida el 27 de febrero de 1784, en Eckernförd, Alemania, aparte de los registros de la iglesia de este lugar, nada está probado y no se sabe si se trata de la misma persona ni dónde se encuentran sus restos mortales.

El conde de Saint-Germain destacó por sus excepcionales dotes de verdadero alquimista, mago, profeta y hombre político en varias cortes europeas, obrando para conseguir acuerdos de paz, como el de Alemania y Austria concluido en 1761. Benefactor de los desfavorecidos, fabricó remedios que entregaba a los pobres. En los círculos esotéricos le consideran el Maestro Perfecto, el Maestro Desconocido de los Rosacruz y Masones.

Según las *Memorias* de Casanova, el músico Rameau y la condesa de Gergy, viuda del embajador de Francia en Venecia, juraron que conocieron al conde de Saint-Germain en esa ciudad en 1710. Ostentaba el título de marqués de Montferrat y utilizaba el nombre de Lorenzo Paolo Domiciani, e iba acompañado de su esposa, Lorenza Anunziata Feliciani. Los dos eran muy guapos. Contradiciendo la fecha oficial de su muerte, el conde de Châlons, al regresar de su embajada en Venecia en 1788, aseguró a la condesa de Adhemar (hecho que ella misma dejó anotado en sus *Memorias*) que había hablado con el conde de Saint-Germain en la plaza San Marcos, un día antes de dejar la ciudad rumbo a Portugal.

En Venecia, Saint-Germain fue amigo del embajador inglés, Lord Holdernesse, como lo fue del embajador francés, el conde de Gergy.

En 1764, Saint-Germain se instala en Venecia (donde se dice que desde la Edad Media vivían numerosos químicos y alquimistas) para desarrollar su técnica de tinte de seda y obtener los colores que necesitaba, principalmente, el púrpura. En aquella época vivía en Venecia el conde Maximiliano de Lamberg, un diplomático brillante y hombre de letras espiritual que escribió en sus *Memorias*: «Un personaje digno de mención es el Marqués de Aymar, o Belmar, más conocido como St. Germain. Desde hace algún tiempo reside en Venecia, donde se dedica, junto a un centenar de mujeres que encontró con la ayuda de una abadesa, a experimentar con el lino, que blanquea hasta convertirlo en algo idéntico a la seda salvaje de Italia». Es probable que estas mujeres fueran las del *Ospedale della Pietà*, convento y orfanato veneciano para jovencitas que se hizo famoso en el siglo XVIII cuando se convirtió también en una escuela musical para huérfanas con talento, siendo uno de los principales lugares de trabajo del compositor Antonio Vivaldi (véase pág. 315).

LA VENECIA DEL RENACIMIENTO: UN REFUGIO PARA HEREJES, OCULTISTAS Y HERMETISTAS DE TODA EUROPA

En el siglo XVI, Roma y Venecia se enfrentaban a menudo por cuestiones políticas inmediatas o por debates sobre la doctrina religiosa, pero sobre todo por la voluntad de Venecia de mantener su independencia frente a Roma, rápidamente considerada invasora. El Papa en aquella época, Clemente VIII (24 de febrero de 1536 - 3 de marzo de 1605), que no tenía nada de clemente, sospechaba que Venecia no era más que un inmenso refugio de «herejes», calvinistas, luteranos y ocultistas que promovían la reforma religiosa del siglo. En efecto Venecia asumía el papel de centro intelectual, filosófico y hermético de la época, lo que disgustaba soberanamente a los adeptos de la Contra Reforma.

Los *libros prohibidos* -que contenían ideas y conceptos distintos a los de la Iglesia de Roma, y que figuraban en el *Index* católico romano (*Index Librorum Prohibitorum*), que Clemente VIII reeditó en 1596-, circulaban libremente en las calles de Venecia, sobre todo en el barrio judío.

De hecho, el patriarca veneciano mantenía continuamente una actitud desafiante ante el totalitarismo represor de la curia papal, e incluso, llegó a crear en 1521 sus propias reglas para la Inquisición, prohibiendo la tortura como método de inquisición.

Clemente VIII destacó por sancionar y reprimir todo lo que podía significar progreso. Incluso el café, introducido en Venecia hacia 1570, era visto como una bebida mahometana prohibida para los cristianos. Durante su visita a Venecia, el Papa lo probó, le gustó, y levantó la prohibición.

La liberalidad de Venecia desentonaba con el resto de Europa, dominada el yugo tenaz de la Inquisición romana, lo que explica que la ciudad atrajese a numerosos intelectuales y pensadores indignados por el rigor papal.

Uno de los más famosos fue Giordano Bruno (1548-1600), un neoplatónico que fijó su residencia en Venecia en 1590, invitado por el noble veneciano Giovanni Mocenigo con el pretexto de enseñarle la mnemotécnica, el arte de desarrollar la memoria. Mocenigo traicionó a Giordano Bruno y le entregó a las tropas papales que le trajeron a Roma donde fue quemado vivo en el campo dei Fiori, el 17 de febrero de 1600.

La independencia de Venecia de Roma generaba tal animosidad que el rey de Francia Enrique III (1521-1589), famoso por su inclinación por la magia y el hermetismo (había sido protector del famoso profeta Nostradamus) fue asesinado. Venecia dio inmediatamente asilo a su primo y sucesor Enrique IV (1553-1610).

En 1587, el filósofo y hermetista Fabio Paolini fundó en Venecia la *Accademia degli Uranici*, en el convento de San Francesco della Vigna. Ésta reunía a los ocultistas y herméticos más famosos del Renacimiento europeo. En 1589, Fabio Paolini publicó un tratado de filosofía neoplatónica y hermética titulado *Hebdomades*, o más exactamente, *Hebdomades siue Septem de septenario Libri*, inmediatamente considerado como la obra más importante del ocultismo veneciano.

En general, las reuniones de la *Accademia degli Uranici* se celebraban en las casas de sus miembros, al abrigo de las miradas indiscretas. La Academia contaba entre sus miembros, además de ocultistas y pensadores liberales, con libreros adeptos del ocultismo de Venecia. Uno de ellos fue Giovanni Battista, conocido como *Ciotto*, adepto de las ideas de Giordano Bruno sobre los mundos paralelos, y propietario de la librería *Minerva* situada en la Mercerie. Años más tarde la Academia tuvo que cerrar presionada por el clero. De hecho, la Inquisición detuvo a algunos de sus miembros que no revelaron nada sobre las reuniones, llegando incluso a negar su afición por el ocultismo y a desmentir sobre su interés por la magia y el hermetismo.

En 1788, el famoso «Superior desconocido» de los Rosacruces y de la Masonería, Alejandro Cagliostro, conde de San Leo y Fénix, residió en Venecia durante seis semanas, introduciendo el Rito Copto o egipcio.

Un grupo de socianianistas (secta protestante que rechaza la doctrina de la Santa Trinidad) pidió permiso a Cagliostro para fundar una logia masónica ya que se negaban a participar en sus ritos mágico-cabalísticos. El conde fundó entonces en Venecia el *Rito de Menfis*, otorgando a los socianianistas los grados menores de la gran Logia de Inglaterra y encomendando los altos grados a la masonería templaria alemana.

EL CORAZÓN EN LADRILLO DEL *SOTTOPORTEGO* DEI PRETI

Sottoportego dei Preti
Salizada del Pignater

> *El recuerdo del amor entre un pescador y una sirena...*

El *sottoportego dei Preti*, situado cerca de la iglesia de San Giovanni in Bragora, une la *salizada* del Pignater con la calle del Pestrin. Debajo del *sottoportego*, justo encima del arco que da a la *salizada*, hay un curioso y pequeño corazón en ladrillo rojo.

Recuerda una sorprendente leyenda que cuenta que en esta casa vivía Orio, un joven pescador que tenía por costumbre tirar sus redes cerca de Malamocco. Una noche, escuchó unas voces: «*Por favor, libérame, te lo ruego*» y vio la cara de una hermosa joven salir de entre las aguas. «*No te preocupes,* prosiguió, *no soy una bruja, me llamo Melusina*». Ambos sonrieron y él se dio cuenta de que tenía una gran cola de pez. Se enamoró inmediatamente de ella, hablándole hasta el amanecer, prometiéndose, a partir de ese momento, de verse todas las noches.

Un día Orio quiso casarse con ella. Melusina, que para ello necesitaba dos piernas, consintió pero puso una condición: hasta la boda no podrían verse los sábados. Durante dos semanas todo fue perfecto, pero el tercer sábado, Orio, no pudo resistir y fue a su punto de encuentro habitual. Ella no estaba, pero al cabo de un rato, se formó un pequeño remolino y una gran serpiente salió de entre las aguas diciendo: «*¡Te dije que no vinieras! Un maleficio me obliga a transformarme en serpiente todos los sábados pero si te casas conmigo, siempre seré tan guapa como cuando me conociste*».

Se casaron y tuvieron tres hijos, pero un día Melusina enfermó y murió. Devolvieron su cuerpo al mar, como lo había solicitado. Solo con sus tres hijos, Orio pensó que no saldría adelante con su trabajo y la casa pero curiosamente, cada vez que regresaba a su casa, ésta estaba perfectamente ordenada. Pensó que su vecina, por amabilidad, ordenaba la casa sin decirle nada. Sin embargo un día, regresó más temprano y se encontró con una serpiente en la cocina. La mató. A partir de ese momento la casa siempre estuvo desordenada y se dio cuenta de que, en realidad, la serpiente no era otra que Melusina, y que la había matado definitivamente.

En recuerdo de esta historia se colocó un corazón en ladrillo rojo en el emplazamiento de su casa. Actualmente el corazón es como un amuleto de la suerte: hay que tocarlo y pedir un deseo que, supuestamente, se cumplirá durante el año.

EL PATRÓN DEL PASO VENECIANO ⓱

• Entrada del Arsenal por vía terrestre • Abierto en horario de oficinas

Justo después de la entrada por vía terrestre del Arsenal (a la izquierda de los leones), en el muro de la izquierda, enfrente de la portería, hay dos barras de metal de longitud dispar: son los patrones del metro y del paso vénetos. El segundo se utilizó como unidad de medida de longitud hasta 1875. El patrón del metro se colocó en la entrada del Arsenal hacia finales del siglo XIX para que los venecianos se familiarizasen con el nuevo sistema de medida.

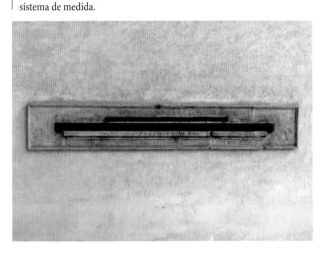

¿QUÉ ES EL PASO VENECIANO?

El paso veneciano era una unidad de medida de longitud que, en los territorios vénetos, correspondía a 5 pies (1,738674 m). Derivó del tipo de medida que adoptaron los romanos: el *gradus* (paso sencillo de 2 ½ pies, que equivaldría a unos 73,5 cm) y el *passus* (doble paso de 5 pies).

Antes de adoptar el nuevo sistema métrico decimal en 1875, el paso se utilizó en otras regiones, pero, según las ciudades, ni el nombre ni las medidas correspondían. En Roma, equivalía a 1,49 m; en Génova medía lo mismo pero lo llamaban *paso geométrico*. En Bolonia, el paso era igual a 1,80 m mientras que en Nápoles diferenciaron el *paso itinerario* (1,85 m) del *paso de tierra* (1,93 m). Posteriormente, y para complicar las cosas, también existieron los *pasos cuadrados* y los *pasos cubos* que no tenían el mismo valor según las regiones.

El 20 de mayo de 1875, 17 Estados, incluido Italia, firmaron un acuerdo sobre la convención del metro, comprometiéndose así a difundir en sus respectivos países el uso de medidas métricas tradicionales.

¿CÓMO SE DEFINIÓ EL METRO?

Fruto del espíritu de las Luces y de la Revolución Francesa, la Academia de Ciencias de París definió por primera vez el metro en 1791 como sustituto de las unidades de medida que hacían referencia al ser humano (pulgada, pie). Por esencia, los seres humanos eran relativamente dispares, a menudo la referencia era el soberano, lo que constituía un símbolo monárquico muy fuerte, que la Revolución deseaba evidentemente borrar. De este modo, la Academia definió el metro (del griego *metron*, *medida*) como diezmillonésima parte de un cuarto de meridiano terrestre. Según esta definición, la Tierra tenía una circunferencia (igual a la longitud de un meridiano) de 40 000 km. Como en esa época era imposible medir un cuarto de meridiano, la solución adoptada fue medir una parte y deducir por extensión el valor total. El arco de meridiano elegido fue el que separa Dunkerque de Barcelona y fueron los científicos franceses Delambre (entre Dunkerque y Rodez) y Méchian (entre Rodez y Barcelona, y luego Barcelona e Ibiza) quienes realizaron las mediciones.

En 1795, Francia fue la primera en adoptar el metro como medida oficial. Entre 1796 y 1797, la Convención mandó colocar en París 16 metros estándar grabados en mármol para que la población se familiarizase con este nuevo sistema de medida. Hoy siguen habiendo dos: a la derecha del porche del número 36 de la rue de Vaugirard (véase fotografía inferior), el único que está en su emplazamiento original, y en el 13 de la place Vendôme, a la izquierda de la entrada del Ministerio de Justicia (Véase París insólita y secreta, del mismo editor).

17 Estados firmaron la convención del metro en 1875. En 1899, la Oficina de Pesas y Medidas mandó construir una barra en una aleación de platino-iridio (cuyas variaciones se suponían ínfimas) que definía concretamente el tamaño del metro. Esta barra aún existe y se conserva en Sèvres (Hauts-de-Seine, Francia).

En 1960, con la llegada del láser, la conferencia general de Pesas y Medidas (CGPM) definió el metro -de manera complicada para los no científicos- como 1.650.765,73 longitudes de onda de una radiación anaranjada emitida por el isótopo 86 del kriptón.

De un modo aún más hermético, la conferencia de 1983 redefinió el metro como la distancia recorrida por la luz en el vacío en 1/299.792.458 segundos. Como la velocidad de la luz en el vacío es siempre la misma según la teoría de la relatividad, esta definición es considerada como la más precisa.

QUÉ VER EN LOS ALREDEDORES

LA SOCIEDAD DE AUXILIO MUTUO DE CARPINTEROS Y CALAFATEADORES
Via Garibaldi 1791 • Visitas sólo mediante reserva llamando al
(+39) 041 526 6813 • smscc@smscc.it

El n° 1791 de la Via Garibaldi expone de manera rotatoria en sus vitrinas antiguas herramientas y maquetas tradicionales de embarcaciones venecianas. Es la sede de la Sociedad de Auxilio Mutuo de carpinteros y calafateadores. En el interior se conservan otras herramientas que pertenecieron a obreros del Arsenal, como la *marmotta*, una especie de asiento de madera utilizado para trabajar en los barcos, que tiene todas las herramientas necesarias para calafatear. La sociedad posee asimismo su *mariegola*, el registro de las matrículas y de los estatutos de la sociedad, donde figuran los nombres de los miembros honorarios ilustres como Umberto di Savoia y Giuseppe Garibaldi. Se conserva incluso la firma autógrafa -el original se encuentra en un cofre en el banco- que el *Héroe de los dos mundos* regaló a la sociedad en 1870.

Fundada en 1867, la Sociedad de Auxilio Mutuo de carpinteros y calafateadores reunía a los *marangoni da nave* (carpinteros) y *calafati* (calafateadores) en una especie de cooperativa de oficio, donde los miembros -que trabajaban en astilleros públicos o privados- suscribían mutuamente una cotización para crear un fondo social de asistencia pública. Hoy, la sociedad -también propietaria de un *squero da sotil* (un astillero para barcos pequeños) en la Fondamenta Sant' Iseppo, en San Pietro- está abierta a todos los ciudadanos venecianos.

La asistencia pública se basa en el reparto de los recursos puestos a disposición de los miembros mediante el pago de una contribución anual. Entre sus miembros hay categorías de artesanos a punto de desaparecer como los últimos calafateadores (*calafati* y *squeraroli*).

RASTROS DE LAS ANTIGUAS CASAS DE LOS OBREROS DEL ARSENAL
Los obreros del Arsenal, apodados *arsenalotti*, formaban una especie de élite dentro de los artesanos: carpinteros, calafateadores, aserradores, braceros y aprendices trabajaban en equipo, orgullosos de servir a la potencia naval de la Serenísima República. Formaban la guardia de honor durante la elección del Dogo, remaban a bordo de Bucintoro durante las ceremonias oficiales y tenían también el deber de cooperar cuando se declaraba un incendio. Vivían en alojamientos gratuitos o de alquiler moderado, cerca de la muralla del Arsenal. En San Martino, a lo largo del rio delle Gorne, en la Fondamenta dei Penini (cuyo nombre proviene de una tienda que vendía pies de cordero hervidos, los *penini*), en los números 2446 y 2445, hay dos inscripciones con la antigua numeración que señalan el alojamiento de un maestro albañil (*capomastro*) de la serrería del Arsenal y de un responsable de los calafateadores (*calafati*): N°.47. CAPPO MRO ALLE SEGHE e N°.46. APPUNTADOR DE CALAFAI

QUÉ VER EN LOS ALREDEDORES

LAS HERRAMIENTAS DE LOS OBREROS DEL ARSENAL EN EL SUELO DE LA IGLESIA DE SAN MARTINO

Iglesia de San Martino

En la iglesia de San Martino, entre dos hileras de bancos, poco antes del coro, están grabadas en el suelo las diferentes herramientas de los obreros del Arsenal, situado muy cerca. La iglesia y el Arsenal fueron restaurados en 1972. Los obreros también tenían un altar (el segundo a la derecha), decorado con un cuadro que representa a san Foca, su patrón, con un timón debajo de sus pies.

Asimismo, los *calafati* tenían otro altar en Santo Stefano, donde su congregación (creada en el siglo XIII) se reunió a partir de 1454. Tiene la siguiente inscripción «*Altare Artis Calaphactorvm*» (altar del arte de los *Calafati*).

San Martín fue el primer santo cristiano que no fue martirizado.

LOS *PEGOLOTI* O *CALAFATI*

Los *calafati* o *pegoloti* eran obreros del Arsenal encargados de garantizar la estanqueidad de los cascos de los barcos mediante el calafateo. Los *calafati da figger* fijaban la estructura de la embarcación con clavos, y los *calafati da maggio* introducían la estopa recubierta de pez en las juntas y los intersticios de las tablazones del casco, de la carena y del puente del barco para hacerlos estancos. Estaban exentos del servicio militar y podían trabajar fuera del Arsenal en la construcción de navíos comerciales.

LAS INSCRIPCIONES RÚNICAS
DE LOS LEONES DEL ARSENAL

Campo Arsenale

Delante de las puertas de entrada al Arsenal Militar, varios leones montan la guardia. El que está a la izquierda posee unas curiosas inscripciones grabadas en sus flancos izquierdo y derecho.

Rastros de vikingos en Venecia

En 1687, el dogo Francesco Morosini (que pasó a la posteridad por ser el artífice de la explosión del Partenón de Atenas, donde se encontraba el polvorín de los turcos) lo trajo de Atenas. Antiguamente este león montaba la guardia en la entrada del puerto de Pireo, cerca de Atenas. Era tan famoso que a veces se referían al puerto como el puerto del León.

Expuesto en Venecia como botín de guerra, el león, cuyas inscripciones no eran ni griegas ni árabes, intrigaba a los venecianos. El misterio se resolvió en el siglo XIX cuando un erudito danés, C.C. Rafn, distinguió las runas nórdicas que habrían sido grabadas en el siglo XI por orden del rey noruego Harald III Sigurdsson (1015 - 1066). Tras la muerte de su hermanastro Olaf II, partió a Constantinopla donde se convirtió en el jefe de la guardia varega, un cuerpo de élite de la armada bizantina, y conquistó Atenas, donde aparentemente había venido a sofocar una insurrección.

Las inscripciones se tradujeron como sigue: «Haakon, con la ayuda de Ulf, Asmud y Orn, conquistó este puerto. Sus hombres, así como Harald el Grande, sufrieron muchas pérdidas a causa de la revuelta del pueblo griego. Dalk estuvo cautivo en países lejanos. Egil hizo la guerra, en compañía de Ragnar, en Rumanía y Armenia» y «Asmund grabó estas runas, ayudado por Asgeir, Thorleif, Thord e Ivar, por orden de Harald el Grande, aunque los griegos quisieran oponerse».

A continuación, Harald el Grande regresó a su país, convirtiéndose en rey de Noruega en 1047. Murió en la batalla de Stamford Bridge, en Yorkshire, en 1066, combatiendo contra Harold Godwinson, unos días antes de que éste cayera derrotado en la famosa batalla de Hastings.

LA BENDICIÓN DE LA GARGANTA

Iglesia de San Biagio
Ceremonia de las velas el 3 de febrero a las 10 y a las 18 h
• Bendición de las velas durante la misa del 2 de febrero a las 18 h
• Iglesia abierta el domingo por la mañana para la misa a las 11:30 h

> *¡Proteja su garganta de los rigores del invierno!*

Una vez al año, en pleno invierno, se celebra una sorprendente bendición el 3 de febrero, día de San Blas. Ese día se celebran dos misas en la iglesia de San Biagio (San Blas). Después de cada misa se procede a la bendición y se distribuye pan bendecido. Durante la ceremonia el cura coloca dos velas cruzadas sobre la garganta de la persona bendecida diciendo: «Por intercesión de San Blas, obispo y mártir, Dios te libre de los males de garganta y de cualquier otro mal, en el nombre del Padre, del Hijo y del Espíritu Santo». Esta tradición tiene su origen en la vida del santo: ver a continuación.

Como San Blas era armenio, en Venecia, la misa del 3 de febrero de las 18 h se celebra en presencia del abad general de los sacerdotes armenios mekhitaristas [véase pág. 369].

¿POR QUÉ INVOCAMOS A SAN BLAS PARA PROTEGERNOS LA GARGANTA?

Nacido en Armenia en el siglo III d. C., Blas fue elegido obispo de Sebaste. Cuando estalló la persecución de Diocleciano contra los cristianos, se retiró a una cueva, rodeado de fieras salvajes. San Blas es conocido por sus milagros. Salvó a un niño que se estaba ahogando con una espina de pescado que tenía atravesada en la garganta. Colocó sus manos sobre la cabeza del niño y rezó para que sanara y para que todos los que hicieran una petición en su nombre también se curaran.

Poco después, San Blas logró que una mujer recuperara el puerco que un lobo le había arrebatado. Como agradecimiento, la mujer mató al cochino, le llevó la cabeza y las patas así como una vela y pan. San Blas se comió el cerdo y le dijo que todo aquel que encendiera una vela en una iglesia en su nombre obtendría algún favor. Ambos hechos explican el origen de la bendición de la garganta con velas de cera. Torturado con peines de hierro incandescentes, fue finalmente decapitado en 287 o en 316, según las fuentes de información.

LAS INNUMERABLES RELIQUIAS DE SAN BLAS

San Blas es, sin lugar a dudas, el santo con más reliquias «oficiales»: si creemos a todos los que poseen una, San Blas tendría más de un centenar de brazos. Si su cuerpo está en Maratea, en el sur de Italia, existe otro cuerpo en San Marcello, Roma. La iglesia de SS. Bagio y Carlo ai Cattenari (*Bagio* es el nombre en italiano de Blas) albergaría «el hueso del cuello» del santo.

Refrán: «Por San Blas la cigüeña verás, y si no la vieres, año de nieves».

LA ESTATUA DE GIUSEPPE ZOLLI

Viale Garibaldi

❷❸

La estatua de un fantasma...

En 1921, un hombre llamado Vinicio Salvi, que paseaba por los jardines cercanos a la actual Bienal, llegó a la altura de la estatua de Garibaldi cuando de repente sintió un golpe violento en el brazo que le tumbó. Al levantarse vio una «sombra roja» alejarse.

Al contar su aventura a sus amigos, éstos se burlaron de él, diciéndole que las únicas sombras que existían eran las que salían del cercano bar (en veneciano, una *ombra* es un pequeño vaso de vino tinto). Sin embargo, una semana más tarde la sombra roja volvió a manifestarse, siempre cerca de la estatua de Garibaldi, ante una pareja de enamorados, y a un pescador que, incluso, regresó a su casa con un chichón. La gente empezaba a preocuparse y enviaron vigilantes al lugar. Cuando llegaron cerca de la estatua, fueron proyectados hacia atrás y la sombra roja se materializó ante ellos: vieron entonces un seguidor de Garibaldi con una camisa roja.

Un habitante del barrio le reconoció: se trataba de Giuseppe Zolli, fallecido poco tiempo antes. Nacido en 1838, había prometido a Garibaldi, durante la expedición de los 1000, que le protegería incluso después de su muerte. En un impulso de simpatía por esta aparición, los habitantes del barrio mandaron erigir una estatua de bronce de Giuseppe Zolli para vigilar y proteger al general. Las apariciones de la sombra roja cesaron rápidamente.

RIO Y FONDAMENTA DELLA TANA: ¿DE DÓNDE PROVIENE LA PALABRA *TANA*?

Justo detrás de la via Garibaldi, el rio y la Fondamenta della Tana bordean los muros situados al sur del Arsenal. La palabra *Tana* proviene de la ciudad de La Tana, en la desembocadura del río Tanais, actual Don, en Rusia. Era una colonia mercante véneto-genovesa donde los venecianos compraban el cáñamo para fabricar las cuerdas de los navíos del Arsenal.

LA ROSA DE ORO
DE LA *DOGARESSA* MOROSINA MOROSINI

㉔

Iglesia de San Giuseppe di Castello
• Horario: sábado de 17:30 a 18:45 h y domingo de 09 a 12 h

> *El recuerdo de una extraordinaria costumbre olvidada*

L a hermosa y desconocida iglesia de San Giuseppe di Castello alberga a la izquierda, cerca de la entrada, el monumental mausoleo del dogo Marino Grimani (1532- 1605). A los pies de las dos columnas de la derecha, un bajorrelieve representa a la *dogaressa* (mujer del dogo) Morosina Morosini, que recibe de manos del nuncio apostólico (enviado del Papa) la rosa de oro, ornamento sagrado que cada año el Papa otorgaba a una personalidad a la que deseaba honrar, una tradición que hoy ha caído completamente en el olvido (véase pág. contigua).

Nombrada *dogaressa* el 4 de mayo de 1597, Morosina Morosini creó un taller de encaje en Santa Fosca, donde trabajaban 130 personas, lo que históricamente representó la primera organización casi industrial del trabajo de encaje, que posteriormente se desarrolló en Burano.

Recibió la rosa de oro del papa Clemente VIII que seguramente deseaba honrar, de un modo elegante y original, a su marido, el dogo Marino Grimani. Durante su gobierno (1595-1605), éste se opuso al Papa, concretamente, conquistando Ferrare -que en aquella época era territorio papal-, y de una manera más general, rechazando que el papado se inmiscuyera en los asuntos religiosos de la Serenísima, como ocurría en casi todas partes.

LAS SIETE ROSAS DE ORO DE VENECIA

Siete fueron en total las rosas de oro que los Papas otorgaron en Venecia: la de Alejandro III al dogo Sebastiano Ziani en 1177, la de Sixto IV al dogo Nicolò Marcello en 1474, la de Alejandro IV al dogo Agostino Barbarigo en 1496, la de Gregorio XIII a Sebastiano Venier en 1577, la de Clemente VIII a la *dogaressa* Morosini, mujer del dogo Marino Grimani, en 1597, la de Clemente XIII al dogo Francesco Loredan en 1759, y la de Gregorio XVI a la basílica de San Marcos en 1833. Esta última se conserva hoy en el tesoro de la basílica de San Marcos. No hay rastro de las seis restantes.

¿QUÉ ES LA *ROSA DE ORO*?

La rosa de oro es un ornamento sagrado, generalmente representado por una rosa (a veces un rosal) de oro puro. Todos los años, el Papa entregaba una *rosa de oro* a un soberano, a lugares de culto o a una comunidad, con objeto de honrarles. Muchos de estos objetos preciosos fueron fundidos para recuperar el oro, y hoy sólo existe un número reducido de rosas de oro como la del tesoro de la basílica de San Marcos (véase a continuación), la del Museo de Cluny en París (véase foto a continuación), la del Palazzo Comunale de Siena (Toscana), las dos de la sala del tesoro del palacio

Hofburg (Viena - Austria), la de la catedral de Benevento y la del Museo Sagrado de la Biblioteca Vaticana.

Los Papas han otorgado recientemente rosas de oro a Lourdes (Juan-Pablo II), a la basílica brasileña de Nuestra Señora Aparecida (1967 y 2007) y al santuario de Guadalupe en México.

La primera mención de la rosa de oro data de 1049, en una bula de León IX. Sin embargo, la referencia más antigua de una rosa de oro concedida por el Papa data de finales del siglo XI. En 1098-99, el papa Urbano II le otorgó una al conde Foulques de Anjou, tras predicar la primera cruzada. Además de su parte honorífica, la rosa de oro transmite asimismo un mensaje espiritual, tal y como lo confirma la carta que acompaña a la condecoración: en la medida en que la rosa es considerada como la más hermosa y la más aromática de las flores, su entrega recuerda que el Papa desea, de este modo, que el perfume divino de la rosa impregne el espíritu y el corazón del que o de los que la reciben.

SOTTOPORTEGO ZURLIN

En el campo Ruga, el *sottoportego* Zurlin tiene la peculiaridad de ser el más bajo de la ciudad. El lugar es un paraíso para los fotógrafos y sobre todo para los niños, los únicos que pueden pasar por él sin agacharse.

> *El sottoportego más bajo de la ciudad*

La corte Zurlin, a la que se llega cruzando el *sottoportego*, es asimismo el escenario de una leyenda que cuenta que el fantasma de la hija de una mujer enferma habría venido a buscar a un médico que pasaba por ahí. Éste habría visto a la joven en carne y hueso, cuando ésta había muerto hacía un mes.

QUÉ VER EN LOS ALREDEDORES

CASE-RINGHIERA LAYET

Campazzo de l'Erba 394

A dos pasos del campo Ruga, en lo más recóndito del *sestiere* de Castello, descubrirá un edificio que se diferencia claramente del tradicional decorado arquitectónico veneciano. Una placa en la pared recuerda el año de su construcción (1890). Este edificio popular, aún habitado hoy, retoma la estructura de la *casa-ringhiera* (o *casa di ringhiera*), característica de Italia del Norte. Está constituida de apartamentos yuxtapuestos que abren sobre un patio interior y comunican por un balcón con una balaustrada de hierro (*ringhiera*) que recorre todo el edificio a lo largo. Construido para responder a las exigencias de la producción industrial del siglo XIX, este tipo de casa proporcionaba alojamientos a la clase obrera. Tenía la ventaja de reunir el espacio de trabajo y el espacio reservado a la socialización.

Fue el francés Frédéric Layet quien mandó construir este edificio para los obreros que trabajaban en la planta baja de su fundición. Este empresario se había instalado en la laguna para sacar provecho de las posibilidades de expansión del mercado veneciano, en la propia Venecia y en el interior, donde existía, en esa época, una fuerte demanda de productos manufacturados en acero y destinados al mobiliario urbano.

CASE-RINGHIERA EN CANNAREGIO

En el sector de la Vecchia Fornace se erige otro complejo de *case-ringhiera*, en los alrededores de Sant' Alvise, en el *sestiere* de Cannaregio.

Aquí también las necesidades del ciclo de producción y los horarios de trabajo fomentaron que los empresarios construyeran este edificio insólito siguiendo las líneas y volúmenes de las casas venecianas tradicionales.

LA PIEDRA BLANCA DEL CAMPO SAN PIETRO

Campo San Pietro

> *El antiguo punto de encuentro del dogo y el patriarca de Venecia*

En el camino que conduce directamente a San Pietro di Castello, hay una piedra blanca en medio de las losas más bien grises del resto de la calle. Esta piedra blanca no es fruto del azar sino que nos recuerda el lugar exacto donde el Dogo se detenía cuando venía al encuentro del patriarca de Venecia, en San Pietro. En efecto, hasta octubre de 1807, la iglesia San Pietro di Castello fue la catedral de Venecia, y la basílica de San Marcos, la capilla privada de los Dogos. Para evitar que el Dogo tuviera que rebajarse yendo hasta el umbral de la iglesia, y que el patriarca tuviera que darle la bienvenida a su llegada en barco, dieron con esta solución intermedia, que salvaba el honor de cada uno de los representantes del poder temporal y del poder espiritual…

La decisión de Napoleón de hacer de la basílica de San Marcos la catedral de Venecia es principalmente simbólica: antes de ser recibido en este lugar, borraba de este modo, y en parte, el símbolo del santuario del poder y de los Dogos de Venecia.

QUÉ VER EN LOS ALREDEDORES

EL ASTILLERO NAVAL ELIO DE PELLEGRINI
Abierto de lunes a viernes de 08 a 12 h y de 13 a 17 h

Al final del todo, a la derecha (partiendo de la entrada) del claustro del antiguo palacio del patriarca, es difícil ver el pequeño y oscuro pasillo que conduce a una verja. Y sin embargo, durante la semana, sólo tiene que llamar para que le dejen pasar al pequeño astillero. Su principal interés es que permite ver la iglesia San Pietro di Castello y el antiguo patriarca, desde atrás, es decir, desde un pequeño jardín-descampado que da a la laguna.

EL ANTIGUO EMBLEMA DEL HOSPITAL SAN JUAN Y SAN PABLO

En repetidas ocasiones verá, en los alrededores de la catedral de San Pietro di Castello, este emblema que resulta misterioso. Se trata del antiguo emblema del hospital San Juan y San Pablo.

DORSODURO

LA MONUMENTAL BIBLIOTECA DEL SEMINARIO DE VENECIA

❶

Dorsoduro, 1
30123 Venecia
• Tel.: (+39) 041 274 3912
• E-mail: archiviostorico@patriarcatovenezia.it
• http://www.seminariovenezia.it/cms/biblioteca/
• visita previa cita

Una joya escondida

Reservando previamente podrá visitar la extraordinaria y monumental biblioteca del Seminario de Venecia. Situada en la primera planta del Seminario, es uno de los grandes secretos de la ciudad.

Esta espléndida biblioteca es la antigua biblioteca de los Padres Somascos*, desmembrada en la época napoleónica. Hoy contiene numerosos libros valiosos, principalmente religiosos, provenientes sobre todo del legado del patriarca Federigo Giovanelli en 1799. Guarda asimismo dos mapamundis

de Coronelli y su techo está decorado con tres pinturas: *La hoguera de los libros heréticos* (1705) de A. Zanchi, *La glorificación de las ciencias* (1720) de Sebastiano Ricci y *Minerva corona a Tito Livio* de N. Bambini.

El edificio del Seminario fue construido en 1699 sobre un proyecto de Baldassare Longhena para los Padres Somascos, los cuales fueron expulsados en 1810 cuando Napoleón prohibió esta Orden. En 1815, el edificio pasó a albergar el Seminario de Venecia que anteriormente se encontraba en San Cipriano, Murano.

EL DODECAEDRO ESTRELLADO DE LA BIBLIOTECA

Es sorprendente encontrar un dodecaedro estrellado en una de las vitrinas. De hecho, este objeto, utilizado seguramente para los estudios matemáticos de los cinco sólidos de Platón (véase pág. 74), nos recuerda la filiación de Venecia con la diosa Venus, con la que está relacionado el dodecaedro (véase pág. 73).

* Fundada por San Jerónimo Emiliano (1486-1537), la Orden de los Padres Somascos (*somaschi* en italiano) se llama así por el nombre de la ciudad donde murió su fundador: Somasca, al noroeste de Bérgamo. En 1531, éste decidió dejarlo todo para vivir con los pobres y los huérfanos (él mismo quedó huérfano a los 10 años).

LA PINACOTECA DEL SEMINARIO DE VENECIA ❷

Dorsoduro, 1
30123 Venecia
• Tel.: (+39) 041 274 3973
• E-mail: pmanfrediniana@gmail.com
• http://www.seminariovenezia.it/cms/pinacoteca
• Horario: de lunes a miércoles de 10 a 13 h. Jueves y viernes de 15 a 18 h. Sábados de 10 a 18 h.

Una colección olvidada

La Pinacoteca Manfrediana se visita previa reserva, y algunas veces durante la visita a la biblioteca (véase doble página anterior).

La Pinacoteca se constituyó gracias al legado de la colección de pinturas de Federico Manfredini (1743-1829) y de las más importantes esculturas que el Seminario heredó gracias a la labor del padre Antonio Moschini. Estas esculturas fueron recuperadas principalmente en las diferentes iglesias y monasterios venecianos clausurados o destruidos por Napoleón. Admire la magnífica escultura de la *Adoración de los Magos* de un maestro de la escuela de Benedetto Antelami. Antiguamente esta obra estaba encima de la puerta de la iglesia de SS Filippo e Giacomo (San Felipe y Santiago).

Entre las pinturas, fíjese en particular en una parte del fresco de Veronese (*La Gloria*, 1551) -procedente de la decoración de la villa Soranzo en Castelfranco Veneto-, en *Apolo y Dafne*, primero atribuido a Giorgione, aunque definitivamente es de Tiziano, así como un retrato de San Lorenzo Giustiniani, atribuido al entorno de Gentile Bellini.

Desafortunadamente, muchas de las pinturas no tienen interés alguno, lo que desluce la calidad del conjunto.

Estas obras están, sin embargo, expuestas al público, tal y como se exige en las cláusulas del legado de Manfredini.

No deje de ver la magnífica escalera principal decorada con frescos de Antonio Zanchi (finales del siglo XVII) así como las numerosas lápidas e inscripciones visibles en las paredes del claustro, también recuperadas, en parte gracias al padre Antonio Moschini.

Parece que el diseño de la iglesia está inspirado en un dibujo del templo de *Venere Physizoa* descrito en la novela *Hypnerotomachia Poliphili* (véase doble página siguiente). Así, la basílica de la Salute sería el nexo de unión entre la devoción a la Virgen María y la del antiguo culto de los vénetos por la Diosa Madre Venus (véase pág. 86). También nos recuerda que la salvación del Mundo sólo se puede buscar en la fuerza de la Fe en María.

EL DISEÑO CABALÍSTICO DE LA SALUTE

Basílica de la Salute
Vaporetto Salute

Construida en agradecimiento a la
Virgen María por alejar la peste de
1630, la basílica de Santa Maria della
Salute está diseñada en torno a numerosas
referencias a la Virgen. Tiene un esquema
octogonal que nos recuerda, a través del
número 8 (símbolo de Salud y Esperanza),
el concepto de *Stella Maris* (estrella de los

> *¿Un diseño
> inspirado
> en el «Sueño
> de Polífilo»?*

mares), proveniente de la estrella de ocho puntas que vemos en el diseño de
la iglesia. Este nombre, que alude al de *Marialis Stella* (estrella de María), fue
dado por los carmelitas a la Virgen cuando se instalaron en Europa a finales
del siglo XII. Por otra parte, la forma del domo de la basílica representa
simbólicamente la corona de la Virgen, que aparece en su estatua colocada en
la cima del edificio.

Además de los ocho lados y de las seis capillas laterales del edificio principal,
una cúpula más baja separa el coro del altar. Los 8 costados del edificio, más
la cúpula inferior, el coro y el altar suman 11, cifra que simboliza la Fuerza, es
decir, la Fe que tuvieron los venecianos en la Virgen para librarles de la plaga.

Según un estudio del historiador alemán Gerhard Goebel Schilling y del
librero y editor Franco Filippi (estudio que no está a la venta), que toma como
referencia el pie veneciano (35,09 cm), la basílica de la Salute habría, en efecto,
sido edificada en torno a los números 8 y 11.

Así, la longitud de la basílica sería de 121 pies (11x11), su ancho de 88
pies (11x8), los lados del octógono medirían 44 pies (11x4), los contrafuertes
estarían a una altura de 66 pies (11x6) y las fundaciones a 88 pulgadas bajo
tierra (11x8), y el campo que se encuentra delante de la basílica tendría una
profundidad de 44 pies (11x4). Por último, 16 escalones (2x8) permiten bajar

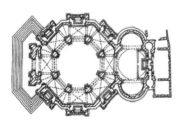

desde la basílica al campo y 11
escalones descienden al agua
hacia el Gran Canal.

Simbólicamente, si sumamos
8 y 11, obtenemos el número
19, que según la cábala hebraica
(véase pág. 173) es la cifra del
sol de María (*Marialis Solis*),
hacia donde confluye todo el
significado de la iglesia.

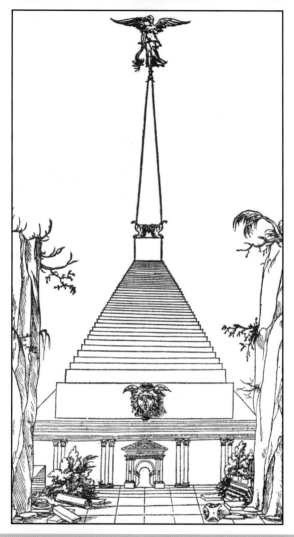

LOS AMORES FRUSTRADOS DE LORENZO DE MEDICI: ¿SIRVIERON DE INSPIRACIÓN A POLÍFILO Y A SHAKESPEARE?

La relación amorosa frustrada de Lorenzo de Medici con Lucrecia Donati (que se casó a la fuerza con Niccolo Ardinghelli) parece haber inspirado directamente la búsqueda de Polífilo: mismo nombre, mismas circunstancias desgarradoras, misma época (1462-1464)...

La vida amorosa de Lorenzo el Magnífico también habría inspirado a Francesco Cei, un poeta cercano a Lorenzo de Medici, para escribir su poema *Giulia e Romeo*, del que Shakespeare se habría inspirado directamente para su famoso *Romeo y Julieta*.

EL SUEÑO DE POLÍFILO: UNA EXTRAORDINARIA NOVELA HUMANISTA QUE INSPIRÓ LOS JARDINES DE VERSALLES, DE BÓBOLI (FLORENCIA) Y EL FAMOSO OBELISCO DEL ELEFANTE DE BERNINI EN ROMA

Impresa por Aldo Manuzio en Venecia en 1499, *Hypnerotomachia Poliphili* (*El Sueño de Polífilo*) es probablemente la novela enigmática más compleja jamás publicada. Ilustrada con 170 grabados sobre madera, es considerada una de las obras más hermosas jamás impresas. Redactada en un idioma que mezcla el italiano, el latín, el griego, el hebreo, el árabe, el español, el veneciano y algún dilecto adicional, se pensó durante mucho tiempo que su autor era anónimo. Sin embargo, investigaciones recientes llevadas a cabo por Emanuela Kretzulesco* señalan a Francesco Colonna como su autor ya que las iniciales de los 38 capítulos forman la siguiente frase: «*Poliam Frater Franciscus Columna peramavit*» («El hermano Francesco Colonna adoró a Polia»). Sobrino del cardenal Prospero Colonna, Francesco Colonna pertenecía al círculo ilustrado del cardenal Bessarión, del futuro papa Pío II y de Nicolás V, el Papa de las luces, en contraste con los sucesivos Papas y, en particular, con Alejandro VI Borgia. *El Sueño de Polífilo* fue escrito de un modo complejo para escapar a la censura papal ya que se publicó justo cuando los Borgia deseaban, en contra de la opinión de Pío II y de Nicolás V, dar a los Papas no sólo el poder espiritual sino también el poder temporal, y cuando el papado estaba entrando en un periodo oscuro de su historia. En realidad, más que una novela de amor entre Polífilo y Lucrecia, el libro trata de la búsqueda espiritual de un filósofo apasionadamente enamorado de la sabiduría divina (Atenea Polia). Desarrollando las ideas humanistas, transmitiría de esto modo, en un lenguaje críptico, el legado espiritual de un grupo de teólogos reunidos en torno al papa Nicolás V que, retomando la herencia dejada por el papa Silvestre II (Geberto de Aurillac), habían iniciado el estudio comparado del conjunto de las tradiciones religiosas, con una gran libertad de espíritu, remontando incluso hasta Grecia y Egipto. En sintonía con la academia florentina de los Medici y de Marsilio Ficino, este grupo reunía, entre otros, al arquitecto León Baptista Alberti y a Próspero Colonna e inspiró en muchos sentidos a Pico della Mirandola, Leonardo da Vinci, Nicolás Copérnico, Giordano Bruno y Galileo Galilei.

De esta forma, *El Sueño de Polífilo* desvela que la Naturaleza, creación divina, es el mejor camino para llegar al conocimiento de Dios. Con la ayuda de los códigos que guarda la *Hieroglyphica* de Horus Apollo, ilumina también el camino espiritual que lleva hasta allí. De un modo absolutamente extraordinario, para quien esté interesado en entender la realidad en la que vive, *El Sueño de Polífilo* permite también entender que los jardines de Versalles o de Bóboli en Florencia así como el famoso obelisco del elefante de Bernini en Roma están inspirados directamente de los numerosos símbolos que jalonan el recorrido de Polífilo.

¿QUÉ SIGNIFICA *HYPNEROTOMACHIA*?

Etimológicamente, *Hypnerotomachia* se descompone de la siguiente forma: «*Hypnos*», «*Eroto*», «*Machia*», es decir, «el combate amoroso en sueños».

* Los jardines del sueño. Polífilo y la mística del Renacimiento. Ediciones Magma.

LAS CURIOSAS MUERTES DE LA CA' DARIO

Vaporetto Salute

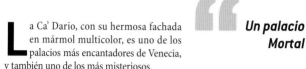

Un palacio Mortal

L a Ca' Dario, con su hermosa fachada en mármol multicolor, es uno de los palacios más encantadores de Venecia, y también uno de los más misteriosos.

Sus propietarios, poco tiempo después de comprar el palacio, se arruinaban o morían de forma violenta.

Los primeros sucesos se remontan a su primer propietario, Giovanni Dario, embajador de Venecia en Constantinopla que encargó la construcción del palacio a finales del siglo XV al arquitecto Pietro Lombardo. Al poco de instalarse en el palacio con su hija, que se casó con el noble Vincenzo Barbaro, Giovani Dario perdió su influencia política, su yerno quebró, y su hija murió de tristeza.

En el siglo XVII, un descendiente de los Barbaro, Giacomo Barbaro, que residió en el palacio, fue asesinado en Candía (antiguo nombre de Creta), de la que era gobernador. El siguiente propietario, un adinerado diamantista llamado Arbit Abdoll, perdió su fortuna y murió arruinado.

En el siglo XIX, la historia se repite: Rawdon Brown, un científico inglés que vivió en el palacio entre 1832 y 1842 se suicidó, arruinado, al igual que su amante.

Más recientemente, Charles Briggs, un americano, se fugó de Italia tras un escándalo homosexual y su amante se suicidó poco después en México. En los años 1970, Filippo Giordano della Lanze fue asesinado en el palacio por su amante, que le mató con una estatuilla.

Christoph Lambert, mánager del grupo de rock *The Who*, también falleció en 1981.

El siguiente propietario, Fabrizzio Ferrari, no murió, pero perdió gran parte de su fortuna y su hermana Nicoletta fue encontrada muerta en un campo.

Raul Gardini, un famoso industrial italiano que compró el palacio se suicidó poco tiempo después.

Y por último, el tenor Mario del Monaco renunció a comprar el palacio que estaba a punto de adquirir tras sufrir un grave accidente de coche, y Woody Allen hizo lo mismo cuando le contaron de la supuesta maldición del palacio.

Henri de Régnier, autor de *L'Altana ou la Vie Vénitienne*, pasó mucho tiempo escribiendo sobre la Altana de la Ca' Dario.

RASTROS DE LA IGLESIA DEL ANTIGUO HOSPICIO DE LOS INCURABILI ❺

Zattere
Dorsoduro 423
• Abierto durante el horario de apertura de la Universidad

Los vestigios de una iglesia que servía de sala de concierto

La actual Academia de Bellas Artes está ubicada en lo que fue, hasta 1813, el hospicio de los Incurabili, que además de ser un hospital también daba asistencia social y ayudaba a los pobres y huérfanos, algunos de los cuales eran formados como músicos y cantantes para los conciertos celebrados en la iglesia.

En los Incurabili, la iglesia fue la primera en tener, y con gran originalidad, una forma ovoide: reproducía la forma de la caja de los instrumentos de cuerda permitiendo así que las oscilaciones sonoras fueran iguales.

Vemos esta forma de nuevo en el suelo del actual claustro: en efecto, las piedras coloradas que destacan del resto forman un rectángulo redondeado

en los bordes, delimitando exactamente el antiguo trazado de la iglesia.

El techo de la iglesia (de madera, para la acústica) tenía asimismo la forma de un laúd invertido (aplicando el mismo principio que el techo de la villa Contarini en Piazzola sul Brenta, aún existente y que tiene forma de guitarra invertida), y las tribunas laterales, también de madera, fueron creadas como si fueran las tapas de un instrumento de música.

Construida por Antonio da Ponte sobre un proyecto de Sansovino, la iglesia fue demolida por los austriacos en 1832.

QUÉ VER EN LOS ALREDEDORES ❻
LA COLUMNA DE LA CASA VELLUTI
Dorsoduro 46

Visible a través de la puerta acristalada de la casa Velluti, en el número 46, una sorprendente columna decora la entrada de esta casa relativamente reciente.

La columna, a pesar de su lado estético muy conseguido, es sin embargo una imitación de principios del siglo XX de las columnas del ciborio del altar principal de la basílica de San Marcos. La balaustrada de la escalera parece ser también una copia de la misma época de la balaustrada gótica de una escalera de la Ca' d'Oro.

LOS CUATRO HOSPITALES DE LA SERENÍSIMA (INCURABILI, MENDICANTI, DERELITTI Y PIETÀ): LUGARES DE ASISTENCIA Y MÚSICA

Para hacer frente a las plagas que asolaron Venecia en el Renacimiento, la Serenísima mandó construir cuatro hospitales: el hospicio de los Incurabili (véase anteriormente), el de los Mendecanti (detrás del actual hospital San Giovanni e Paolo), el de los Derelitti (actual Ospedaletto), y el de la Pietà (véase pág. 296). Estos hospitales cumplían dos funciones: ocuparse de los enfermos y acoger a los pobres y jóvenes huérfanos a los que se les enseñaba a cantar o a tocar un instrumento de música. En efecto, en el siglo XVIII, 70% de los nobles venecianos permanecían solteros evitando así dividir el patrimonio familiar, lo que explica el elevado número de cortesanas e hijos no reconocidos, que se volvían huérfanos. A semejanza de San Felipe Neri en Roma (véase *Roma insólita y secreta*, del mismo editor), en Venecia, Girolano Emiliani*, comprendió el importante papel de la música (así como de otros oficios) en la educación de los niños abandonados, evitando que los niños se convirtieran en mendigos y las niñas en prostitutas. Esta segunda faceta permitía tener ocupados a los huérfanos y recoger fondos, con los conciertos, para seguir haciéndose cargo de su doble papel. Las iglesias de estos hospitales se convirtieron en verdaderas salas de concierto: si la iglesia había sido específicamente construida o reconstruida para la música (Incurabili, Mendicanti y Pietà), un nártex aislaba la iglesia-sala de concierto del ruido exterior. En los Derelitti, se adaptó la iglesia existente a la música, antes de construir, entre 1771 y 1777, una sala especialmente reservada para la música, decorada con frescos de Guarana y Mengozzi. Las dos iglesias específicamente diseñadas *ex nihilo* para la música (Pietà e Incurabili), se construyeron de una forma ovoide para optimizar la acústica (véase pág. precedente de los Incurabili). Los niños aprendían otro oficio (asistiendo a misa en lugares siempre separados de las niñas), mientras que las niñas eran las únicas que tocaban música. Acogidas a los seis años, sólo las que mostraban tener cierto talento musical formaban parte de la *capilla musical*. Permanecían hasta los 40 años aproximadamente antes de decidir ser profesoras de música de las más jóvenes, o dejar el hospital para casarse o para ingresar en una orden. Los cuatro hospitales «musicales» cerraron tras la caída de la República y fueron rehabilitados a principios del siglo XIX como hospitales civiles o militares.

¿POR QUÉ EL PALACIO VERNIER DEI LEONI ESTÁ SIN ACABAR?

Según la leyenda, el palacio Vernier dei Leoni permanece inacabado porque el propietario del palacio Corner situado justo enfrente no quería que el palacio, que iba a ser gigantesco, le hiciera sombra. La maqueta completa del palacio Vernier del Leoni está hoy en el Museo Correr.

LAS VENTANAS DE LA PUNTA DOGANA

Restaurado por Tadao Ando para François Pinault, la Punta della Dogana conservó en su reforma unas ventanas que son un homenaje del arquitecto japonés a Carlo Scarpa, el famoso arquitecto veneciano (véase pág. 354). Están inspiradas en las puertas de la antigua tienda Olivetti, en la plaza San Marcos.

---

* También fundador de la Orden de los Padres Somascos (véase pág. 323).

QUÉ VER EN LOS ALREDEDORES

LOS CLAUSTROS ESCONDIDOS DEL CENTRO CULTURAL

7

Don Orione Artigianelli
Zattere - Dorsoduro 909/A
• Tel.: (+39) 041 522 4077 • E-mail: info@donorione-venezia.it
• Habitaciones dobles: de 135 a 140€

Justo después de la fachada lateral este de la iglesia de los Gesuati, cuando uno viene de Zattere, hay una puerta de vidrio que reza «*Don Orione Artigianelli*». El lugar, que hoy alberga salas de reuniones y un hotel, se halla en un antiguo convento, por lo que tiene tres claustros desconocidos que, a veces, se pueden visitar preguntando amablemente.

En el primer claustro hay una escalera, en el lado sur, que desemboca en un pasillo que conduce al segundo claustro, del cual sólo se ha conservado la mitad. Admire, entre ambos claustros, la hermosa escalera, obra de Giorgio Massari. Y justo después de la escalera, a la izquierda, un pasadizo lleva al tercer claustro, pequeño y encantador, que da al Zaterre.

Este lugar fue un convento desde el siglo XIV, fecha en que los Gesuati (véase a continuación) se instalaron y mandaron construir la iglesia de Santa Maria della Visitazione. La Orden de los Gesuati fue abolida por el Papa en 1668, y en 1669 los Dominicos los remplazaron y mandaron construir la iglesia de Santa Maria del Rosario (comúnmente llamada iglesia de los Gesuati, aunque no sea lo propio). Entre 1745 y 1749, Giorgio Massari amplió el convento. Durante la época napoleónica, el convento fue

clausurado y los Padres Somascos (véase pág. 343) ocuparon este lugar entre 1851 y 1866. La Congregación de la Caridad lo ocupó después, poco tiempo, hasta que la obra caritativa de Don Orione Artigianielli (Don Orione fue beatificado por el Papa en 1980 por su excepcional caridad cristiana) compró el lugar, que aún ocupa.

La palabra *Artigianelli* (pequeños artesanos) proviene del hecho de que Don Orione insistía en que los niños a los que daba caridad debían también trabajar con sus propias manos.

NO CONFUNDIR: GESUATI Y GESUITI

Los *Gesuati* (devotos del nombre de «Gesu» - Jesús) no deben confundirse con los Gesuiti (jesuitas). Los Gesuati es una Orden fundada por el sienés Giovanni Colombini, que en 1355, al leer la vida de Santa María la Egipcia decidió consagrar su vida a ayudar a enfermos y discapacitados. La iglesia de los Gesuati es una iglesia de los dominicos (véase anteriormente). Los jesuitas (que a veces apoyaban al Papa en detrimento de los intereses de Venecia) sólo tienen una única aunque maravillosa iglesia en Venecia: la de los Gesuiti, en el Cannaregio (véase pág. 212).

LA BÓVEDA TAPADA DEL RIO TERÀ DEI GESUATI

> *El mejor ejemplo en Venecia de Rio Terà*

Junto con el Rio Terra de l'Isola, en San Giacomo dall'Orio (véase pág.123), el Rio Terà dei Gesuati es tal vez el mejor lugar para entender el principio de los Rio Terà: calles que siguen el trazado de canales que han sido tapados. En este lugar vemos perfectamente la bóveda -también tapada- del antiguo canal que pasaba por debajo de la iglesia de los Gesuati.

¿REABRIR LOS *RIO TERÀ*?

Desde el nacimiento de Venecia, los canales urbanos ocupan un lugar muy importante. Hacia 1500, cuando la red alcanzó su configuración óptima, más de 37 km de canales cruzaban la Serenísima. Estos se utilizaban con tres fines: como vía de comunicación, como medio para eliminar los distintos deshechos y como canal para la circulación general de las aguas en la laguna.

Antes de 1797 y de la caída de la República, pocos fueron los canales que desaparecieron. Antes de 1600 y en una época en que la idea era más bien cavar nuevos canales sólo se taparon cinco canales (casos particulares o en desuso), como el Rio Batario en 1156, que permitió crear la plaza San Marcos. En ciertos casos y para disminuir el impacto sobre la circulación general de las aguas, el canal pasaba por debajo de una bóveda permitiendo así que el agua fluyera por debajo de una calle recién creada.

Tras la caída de la Serenísima República en 1797, todo cambió. Deseosos de «modernizar» la ciudad, cerca de 6 km de canales (20% del total de la red) fueron enterrados. La creación de los Rio Terà también tenía ventajas: a corto plazo era menos costoso tapar un canal que mantenerlo y, como ocurrió con el Rio Ognissanti en 1866, las obras eran un medio ideal para dar trabajo a los parados que se manifestaban delante del Ayuntamiento. Contrariamente a lo que podríamos pensar, las fuerzas de ocupación francesas y austriacas no fueron las únicas en aplicar esta política de creación de Rio Terà: los italianos y los propios venecianos, antes y después de 1866, han contribuido ampliamente.

Hoy, más del 30% de los canales de San Polo y cerca del 25% de los de Dorsoduro han sido enterrados. Sin embargo, ¿tal vez ha llegado el momento de reabrir algunos canales a la circulación de barcos para facilitar la circulación de las aguas en la laguna y mejorar la vida cotidiana de los residentes de Venecia y crear así nuevas plazas de aparcamiento (*posto barca*) que escasean cruelmente?

QUÉ VER EN LOS ALREDEDORES

EL PERRO DE SANTO DOMINGO

9

En la clave de bóveda de este mismo canal, una pequeña escultura indica a qué Orden pertenece la iglesia de los Gesuati. En efecto, hay un perro sobre un blasón donde figura una flor de lis (símbolo de castidad de Santo Domingo) y una estrella, símbolo de su sabiduría pero también, según algunas fuentes, un recuerdo de la estrella que habría aparecido en el cielo cuando nació el santo.

La madre de Santo Domingo soñó que daba a luz a un perro que llevaba

una antorcha en su boca. Interpretó este sueño como una señal de que iba a dar a luz a un hijo que más tarde iluminaría el mundo entero con su palabra.

El perro, al fin, recuerda a una traducción literal del nombre Domingo: «Domini» «cane», «perro del Señor», relacionado con el papel de los dominicos de perseguir incansablemente a los enemigos de Dios y de la Iglesia, aunque el nombre Domingo (que se le puso en recuerdo de la peregrinación que su madre hizo, poco antes de su nacimiento, ante el santo benedictino Domingo de Silos) proviene de *domenica* (domingo - día del señor).

EL DESPERTADOR DE LA TOLETTA

Dorsoduro
Calle de la Toletta
Vaporetto: Accademia

¿La hora a la que una bruja que vivía en el barrio realizaba sus maleficios?

Junto a la célebre librería Toletta, en la Calle della Toletta, a la altura del tejado de una casa amarilla, hay un viejo despertador atado a un caño: según una leyenda, indica la hora a la que la bruja que vivía no muy lejos de ahí realizaba sus maleficios. Tras la muerte de la bruja en cuestión, nadie quiso vivir en su casa que quedó abandonada durante mucho tiempo.

El despertador que se ve hoy no es el

original, que era de latón, sino el tercero. Según la tradición, cada vez que se estropea el despertador lo reemplazan inmediatamente por uno nuevo. Si no se hace enseguida, se dice que pueden ocurrir hechos inquietantes e inexplicables.

Al parecer fue un peluquero, cuya peluquería estaba justo en la calle donde vivía la bruja, quien tomó la iniciativa de colocar el primer despertador en los años 1940. El hombre le habría pedido a uno de sus aprendices, o a un obrero que trabajaba ahí, que colgase un viejo despertador para imitar los relojes del siglo XIX que aún se pueden ver en varios barrios de Venecia: el hombre quería que esta calle también tuviese su reloj público. Otra versión cuenta que la propia bruja habría colgado el despertador con el fin de saber la hora a la que realizaba sus maleficios.

Unos años más tarde, cuando quitaron el despertador, empezaron a producirse algunos acontecimientos inexplicables e inquietantes: visiones, ruidos raros, accidentes domésticos y desapariciones de objetos. Colocaron pues un nuevo despertador donde estaba el anterior, pero al quitarlo de nuevo durante unas obras de restauración, volvieron a producirse acontecimientos misteriosos. Tras la primera reforma del edificio, devolvieron el despertador a su sitio. Ahora está protegido dentro de una caja de plexiglás.

LAS REPRESENTACIONES ESCONDIDAS DE ⑪ LA SACRISTÍA DE LA IGLESIA DE S.S. TRINITÀ OGNISSANTI

Fondamenta Ognissanti
Dorsoduro
• Horario: de 10 a 12 h y misa de las 18:30 h
• Tel.: (+39) 041 529 4036

*Un mensaje
místico
en el respaldo
de las sillas
del coro
de los monjes*

Poco frecuentada por los venecianos y los turistas, la iglesia de S.S Trinità Ognissanti, antigua iglesia del hospital Giustinian, tiene una sacristía absolutamente extraordinaria.

Al cruzar la puerta de la iglesia, que da al encantador rio Ognissanti, se encontrará de frente con la sacristía. Antes de visitarla, intente localizar al sacerdote de la parroquia, el padre Tarcisio Giuseppe Carolo, que estará encantado de explicarles (sólo en italiano) con todo detalle los símbolos que contiene esta sacristía.

Diseñada en 1692 por Don Felice, un monje benedictino que pertenecía a la Orden de los Camaldulenses, la sacristía se encontraba anteriormente en la isla de San Clemente.

Aún se cuenta la historia según la cual un peregrino, agotado por sus peregrinaciones, se detuvo en el monasterio de San Romualdo. El monasterio estaba completo por lo que le alojaron en la sacristía. Maravillado por la belleza y la espiritualidad del lugar, el peregrino dijo: «Aquí sólo deberían dormir los ángeles». La isla quedó abandonada y fue posteriormente transformada en hotel de lujo, trasladándose integralmente la sacristía a la iglesia S.S Trinità Ognissanti a finales del siglo pasado.

Lo que da un aspecto único a este lugar es la marquetería en madera de los respaldos de cada silla del coro: un ojo poco entrenado no verá nada, sin embargo el padre Carolo sabrá atraer su atención sobre el mensaje espiritual que se va desvelando a lo largo de las paredes de la sacristía. Si al principio sólo veía un embrollo de formas sin significado, descubrirá poco a poco las siluetas de animales, flores, frutas, monjes meditando, e irá entendiendo todo el significado: verá el águila de San Juan, el león de San Marcos, el buey de San Lucas que dan paso a la esencia de la obra de Don Felice.

El padre Carolo ha editado un pequeño libreto (sólo en italiano) sobre este tema: *Sacrestia Lignea – guida alla simbologia e studio ascetico – teologico*. Si les regala un ejemplar, y aunque no se lo pida, un donativo será bien recibido.

QUÉ VER EN LOS ALREDEDORES

EL ANTIGUO OSARIO DE LA IGLESIA DE S.S. TRINITÀ OGNISSANTI: ⓬
LA VICTORIA DE LA VIDA SOBRE LA MUERTE

En el pasillo central del coro, una tumba de color negro llama la atención.
Antiguo osario de la iglesia -hasta que Napoleón prohibiera las inhumaciones
en las iglesias y ordenara la construcción del cementerio de San Michele-
está enmarcado por dos grupos de ocho estrellas de ocho puntas. De este
modo, todo el conjunto simboliza maravillosamente la victoria de la vida
sobre la muerte y la existencia de la vida después de la muerte.

LA ESTRELLA DE OCHO PUNTAS, SÍMBOLO DE RESURRECCIÓN

Ya sea en la sacristía o en el coro, la iglesia tiene numerosas representaciones
de estrellas de ocho puntas. Simbolizan la resurrección: según la tradición
cristiana, Dios creó el mundo en seis días y descansó el séptimo. La
resurrección de Jesús simboliza el octavo día y la estrella de ocho puntas se
ha convertido en el símbolo de esta victoria sobre la muerte.

LOS SÍMBOLOS DE LAS PÁTERAS DE LA IGLESIA DE LOS CARMINI

Puerta lateral, del lado del campo Santa Margharita

> **Símbolos medievales de la lucha entre el bien y el mal**

Aunque existen cerca de 1000 esculturas o páteras en Venecia, principalmente esculpidas entre el siglo XI y XIII*, la que figura en el lado derecho de la entrada lateral de la iglesia de los Carmini es seguramente una de las más características.

Las cinco páteras en mármol griego del siglo XII representan, en orden, de arriba a abajo y de izquierda a derecha: un águila picando la cabeza de una liebre o de un conejo, un grifo (véase pág. 49) picando el trasero de una liebre o de un conejo, otra águila picando una liebre o un conejo (en el centro), un ave zancuda o pelícano con un pez en el pico y un águila picando una liebre o un conejo.

El águila, único animal capaz de mirar al sol de frente gracias a su doble párpado, es el símbolo de la elevación espiritual ya que el sol se asimila a Cristo. Al picar la liebre o el conejo -símbolo de los instintos físicos primarios no controlados-, el águila representa la lucha entre el bien y el mal, cuyo objetivo es la liberación de todo mal, mediante el almuerzo eucarístico y el sacrificio de Cristo: el pelicano representa el sacrificio de Cristo y el pez al propio Cristo (véase a continuación).

¿POR QUÉ EL PELICANO ES EL SÍMBOLO DEL SACRIFICIO DE CRISTO?

En la Edad Media el pelícano era símbolo del sacrificio de Cristo ya que durante mucho tiempo creyeron que se perforaba el pecho para alimentar a sus crías con su sangre. En realidad, el pelícano alimenta a sus crías con peces que regurgita: las crías utilizan su pico para buscar la comida en el gaznate de la madre.

¿POR QUÉ EL PEZ ES EL SÍMBOLO DE CRISTO?

En griego, pez se dice *Ichthus*, cuyas letras corresponden con las iniciales de «*Iêsous Christos Theou Uios Sôter*», que se traduce por: «*Jesucristo, Hijo de Dios, Salvador*».

Del mismo modo, en astrología, el nacimiento de Cristo habría marcado el inicio de la era del signo de Piscis, último signo del zodiaco, que estaría llegando a su fin.

---

* La presencia de una antigua pátera no significa que el edificio sea de la misma época: han sido numerosas las páteras que se han reutilizado en edificios recientes (como en la casa Brass, justo a la derecha de la entrada lateral de San Trovaso, o en el Fondaco dei Turchi). Asimismo, los siglos XIX y XX han conocido imitaciones recientes.

LA SOCIEDAD *BOCCIOFILA* DE SAN SEBASTIANO

Fondamenta San Sebastiano 2371
• Para más información: (+39) 041 275 0315
• Horario: todos los días de10 a 12:30 h y de 15:30 a 19 h, domingos incluidos

Cruzando el pórtico verde que da a la Fondamenta Briati, cerca del Angelo Raffaele, accederá a un amplio terreno destinado al juego de bolos y de cuya

Detrás de la puerta verde

existencia ni se sospecha. Hay tres terrenos reglamentarios a disposición de los socios del club: se alternan las partidas de los aficionados con los torneos deportivos o profesionales. En este ambiente fuera de tiempo los visitantes son bienvenidos. Se podrá incluso tomar algo en el bar o un *vovo duro* (medio huevo duro) mientras mira las partidas que se juegan.

En los años 1940, cuando el juego de bolos era un pasatiempo en boga, un café, situado cerca de la iglesia de San Sebastiano, compró el terreno para habilitar una bolera. Su apogeo llegó tras la Segunda Guerra Mundial ya que la televisión no estaba aún al alcance de todos: numerosos bares

estaban flanqueados por unas avenidas llamadas *stradoni* donde los jugadores de bolos se reunían en verano. Cuando este juego de deportistas de domingo se transformó en un deporte más serio, los amigos de San Sebastiano fundaron una sociedad inscrita en la Federación Italiana de Bolos. Hoy la sociedad *Bocciofila* cuenta con un centenar de miembros, principalmente personas de cierta edad y jubilados. Está considerado como el mejor club del Véneto.

> Gracias a Garibaldi el juego de bolos conoció una edad de oro durante la reunificación italiana: este deporte se extendió por toda la península, incluso por el extranjero -en particular en las *Little Italy* norteamericanas- gracias a los emigrantes. Desde 1991, está incluido dentro de las disciplinas olímpicas.

QUÉ VER EN LOS ALREDEDORES

LA SOCIEDAD *BOCCIOFILA* MARIANO CUCCO

Fondamenta Briati - Dorsoduro 2531
• Abierto todos los días de 15 a 19:30 h
• Tel.: (+39) 041 524 6507
• bocc.cucco@libero.it

Casi enfrente de la Ca' Zenobio, uno puede pasar por delante de la sociedad *Bocciofila* Mariano Cucco sin verla. Sin embargo, la discreta puerta le conducirá, tras cruzar un estrecho y oscuro pasillo, hasta una pista de *boccio* y una zona verde que alberga también un bar. Al igual que el de San Sebastiano, este lugar está abierto al público.

LOS HUERTOS DEL PALACIO MINOTTO

Ponte del Cristo 2364
• Para cualquier información, llame al Ayuntamiento:
(+39) 041 271 0012
• Para visitar los jardines, pida permiso al responsable que esté in situ

A los pies del puente del Cristo, cerca de la iglesia del Angelo Raffaele, hay una discreta placa sobre una pequeña puerta que da al muelle. Abierta durante las idas y venidas de los responsables de los huertos (es decir, casi todos los días), esta

Unos huertos escondidos entre palacios

puerta comunica con el sorprendente dominio del palacio Minotto, reservado para los huertos de los ancianos (*Orti degli Anziani*). Rodeado de cultivos de alcachofas, cebollas, judías y calabacines, a uno le cuesta creer que está a dos pasos del Piazzale Roma. Y sin embargo, este pequeño rincón rodeado de viejas piedras existe desde hace unos veinte años.

Se han construido diez cabañas y el terreno está dividido en cuarenta parcelas. Cada tres años el Ayuntamiento de Venecia concede estas parcelas a residentes mayores de 55 años que han conseguido un determinado número de puntos. A cambio de una modesta contribución, uno puede cultivar su pequeño huerto, aprovechar su tiempo libre y simpatizar con todos aquellos que comparten la misma pasión por la naturaleza. No hay nada mejor que saborear una ensalada o un *minestrone* preparado con las verduras que se han visto crecer, día tras día, en su propio huerto.

EL PROYECTO DEL HUERTO *BIO* DEL ANGELO RAFFAELE: ¡A LA ESCUELA PARA COMER MEJOR!

Cerca de los huertos de los ancianos, se ha creado recientemente un espacio dedicado al cultivo biológico. Forma parte del proyecto pedagógico elaborado por la *Associazione Wigwam Club Giardini Storici Venezia*, que recibe el apoyo del Servicio Municipal de Medio Ambiente. El objetivo de esta asociación es promover el cultivo biológico a través de cursos dirigidos a las personas de la tercera edad encargadas de los huertos del Angelo Raffaele, pero también a los estudiantes del instituto técnico Vendramin-Corner -especializado en estudios biológicos-, así como a todos los habitantes de la ciudad. Este huerto *bio* está inspirado de los huertos venecianos tradicionales donde crecían, en completa armonía, hierbas odoríferas, verduras, flores y árboles frutales para que la ciudad siempre fuera autónoma, incluso en caso de sitio. El proyecto incluye la organización de cuatro grandes fiestas, abiertas a todos, donde se celebran las distintas fases del cultivo hortelano mediante técnicas naturales para probar productos más sanos y menos contaminantes.
Para cualquier información: Wigwam Club Giardini Storici Venezia, Tel. (+39) 328 841 6748 – 320 467 8502, giardinistorici.ve@wigwam.it, www.wigwam.it

LA HABITACIÓN *DEI PUTTI*

Collegio Armeno Moorat - Raphael
Dorsoduro 2596
• 140€ la noche
• Tel.: (+39) 041 522 8770

> **Duerma
> en una pequeña
> maravilla
> por 140€ la noche**

A unque el colegio armenio no es, propiamente dicho, un hotel, alquila algunas habitaciones a unos precios razonables (desde 30 € la habitación simple hasta 140€ la habitación para cuatro personas). De todas las habitaciones hay una que destaca en particular: la habitación *dei putti* (de los ángeles).

Con vistas al jardín, es de hecho la única habitación que conserva su esencia: la alcoba y los abundantes estucos la convierten en una habitación única en Venecia, por un precio muy razonable. Sin embargo, no espere el lujo y el servicio de un hotel de 5 estrellas: el palacio es más una asociación cultural que un hotel. La sala contigua a la habitación alberga las clases de una escuela de música (¡cierra por la noche!). Reserve con tanta antelación como le sea posible.

LA PRESENCIA ARMENIA EN VENECIA

Armenia es un destacado lugar de espiritualidad y de la Cristiandad: además del monte Ararat donde se posó el Arca de Noé, Armenia sería -según la Biblia- el lugar de origen de tres de los cuatro ríos que nacen en el Paraíso: el Tigris, el Éufrates y el Pisón (localmente conocido como Coroch). Aunque ya había armenios en Venecia, y en particular cerca del antiguo monasterio de Santa Croce en el Gran Canal (véase pág. 111), la presencia armenia se arraigó en Venecia en 1717, cuando la actual isla de San Lazzaro degli Armeni, que entonces estaba abandonada desde el siglo XVI, fue regalada por Venecia a un monje armenio, el padre Mekhitar, que huía de la persecución turca en Estambul. Mekhitar restauró la iglesia, del siglo XII, y fundó el monasterio que las invasiones napoleónicas preservaron. En 1805, Napoléon reconoció la importancia del trabajo científico y literario llevado a cabo por el monasterio y respetó su independencia. Aún hoy se conserva el manuscrito firmado por el Emperador.

Desde esa época, la isla ha sido varias veces ampliada y hoy -con una superficie de tres hectáreas- es cuatro veces mayor que su tamaño inicial.

Existe en el corazón de Venecia una iglesia armenia: la iglesia de Santa Croce degli Armeni, que abre el último domingo de mes para la misa de las 10:30 h, está situada a unos pasos de la iglesia de San Zulian (San Giuliano). Véase pág. 55

EL *PIANO NOBILE* DE LA CA' ZENOBIO

Collegio Armeno Moorat - Raphael
Dorsoduro 2596
• Abierto durante las bienales (acceso libre) y previa reserva (tarifa: 3€ por persona)
• www.palazzo-zenobio.com
• Tel.: (+39) 041 522 8770

> *Una de las salas de baile más espectaculares de Venecia*

E l palacio Zenobio, edificado por Antonio Gaspari hacia 1690 para la familia Zenobio -una adinerada familia patricia de origen griego-, es uno de los más hermosos ejemplos de palacio del barroco tardío. Construido sobre el emplazamiento del antiguo palacio Morosini (del siglo XIV), el palacio es sobre todo famoso por su magnífica sala de baile, cuyos frescos fueron pintados por el francés Louis Dorigny. La orquesta tocaba desde la tribuna que rodea la sala principal, siendo invisible para los invitados.

La sala, llena de trampantojos, espejos y estucos, se visita durante la mayoría de las bienales de arte contemporáneo o de arquitectura (es decir, todos los años de junio a noviembre). Fuera de estos periodos y previa petición, se puede visitar el lugar pagando 3 €, que incluyen la visita al oratorio (véase a continuación).

En la primera planta verá unos cuadros de Luca Carlevarijs y tres frescos de Gregorio Lazzarini (siglo XVIII) en el pequeño *portego*, así como dos frescos de Gaspare Diziani en la pequeña sala a la izquierda de la sala de baile.

Al fondo del agradable jardín de este palacio se encuentra la antigua biblioteca de los Zenobio, construida por Tommaso Temanza en 1777, y que actualmente alberga el centro de estudios y documentación de la cultura armenia.

En 1850, la comunidad mekhirista armenia (congregación fundada por el venerable Mekhitar y cuya sede está en la isla San Lazzaro agli Armeni) compró el palacio, dejando en 1851 la Ca' Pesaro, lugar que ocupaba desde 1836 (gracias al legado de un generoso mercader armenio de Madrás, la India), para venir a vivir aquí.

Se puede alquilar la sala de baile para acontecimientos privados.

QUÉ VER EN LOS ALREDEDORES

EL ORATORIO DE LA CA' ZENOBIO

Aunque es menos conocido que la sala de baile, el oratorio del palacio -situado encima del *piano nobile*- merece una visita, sobre todo por los estucos del techo.

La Fondamenta Briati debe su nombre a la presencia, en el siglo XVIII, de los hornos para vidrio de Giuseppe Briati. En 1736, y tras cuatro siglos y medio (justamente desde el decreto del Maggior Consiglio de 1291), Briati obtuvo por primera vez, y teniendo en cuenta la situación económica de la ciudad, el permiso para fabricar objetos en cristal *a la manera de Bohemia* en el corazón de Venecia, es decir, fuera de la isla de Murano, donde cualquier nuevo competidor era *persona non grata*.

LA COLUMNA DEL CABO SUNIÓN

Dorsoduro 2530, Fondamenta Briati, enfrente de Ca' Zenobio
• La casa alberga actualmente un departamento de la Facultad de Letras y Filosofía de la Universidad Ca' Foscari
Jardín normalmente abierto durante la semana en las horas de apertura de la Universidad

Una columna de 2500 años

Se puede pasar indefinidamente por la Fondamenta Briati sin reparar jamás en la única columna que se erige en el centro del jardín situado en frente de la Ca' Zenobio, del otro lado del canal. Estos cincos fragmentos de columna pertenecían sencillamente al templo griego de Poseidón en el cabo Sunión, construido en los años 444-440 a. C, en el extremo sudeste de la Attica (Grecia).

Estos vestigios formaban parte de una pequeña colección privada de antigüedades reunidas a lo largo de la segunda mitad del siglo XIX por la familia Busetto, propietaria del edificio entre 1855 y 1920. La columna ocupa su actual emplazamiento desde 1862, aunque primero estuvo en el palacio Erizzo, cerca del Arsenal, cuando los Busetto llegaron a Venecia en 1826. Ese mismo año, el marqués Amilcare Paulucci delle Roncole, almirante al mando de la flota de S.M. el Emperador de Austria en el Mediterráneo, se apoderó, en calidad de botín, de los fragmentos de columnas del templo a su paso por el cabo Sunión.

Los fragmentos recolocados en este jardín no forman una columna completa, pero es seguro que provienen del templo del cabo de Sunión, tal y como lo demuestran una serie de características indiscutibles como la forma y las dimensiones del capitel, los diámetros de las secciones y, sobre todo, la particular presencia de dieciséis acanaladuras en vez de las veinte que habitualmente diferencian el orden dórico clásico.

Además, el mármol de estos fragmentos y del templo es el mismo -proviene de la cantera de Agrilesa, en las colinas de Laurion, cabo de Sunión-. Estos vestigios contienen, asimismo, unas inscripciones de tipo turístico (nombres de viajeros, etc.) análogas a las que recubren el monumento de Sunión. En el ábaco de la columna veneciana, está grabado el nombre de un bergantín de la marina francesa, con la fecha de su paso por el cabo de Sunión («*Le Zéphyr Bric Du Roi 1816*»). En otras acanaladuras del cuarto y quinto fragmento, partiendo de la cima, otros grafitis indican el nombre probable de otros navíos y la fecha de su paso («*FLeur de [–] C[he]valier Ve 1822*» ; «*Aune 1814*»).

El «león de San Marcos» que se erige en la cima del capitel data del siglo XIX.

LA PLACA QUE PROHÍBE LA CAZA DE TOROS ㉑

Fondamenta dei Cereri

¿El origen de las corridas?

E n la Fondamenta dei Cereri, enfrente del puente Rosso, aún se puede ver la placa grabada cuyo texto prohíbe la caza de toros, según un decreto del Consejo de los Diez del 16 de febrero de 1709.

Originalmente la placa estaba colocada en la corte S. Rocco, que ya no existe, donde se practicaba la caza de toros. La cambiaron de sitio en 1856. La confraternidad de San Rocco era propietaria de numerosos terrenos alrededor de la *scuola*, como la corte San Rocco, así como de los que estaban alrededor de la parroquia del Angelo Raffaele hasta la antigua iglesia de Santa Maria Maggiore, incluyendo la actual Fondamente dei Cereri.

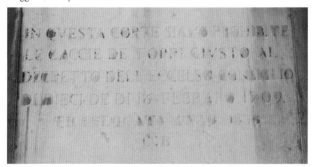

LA CAZA DE TOROS

La caza de toros era una diversión muy preciada en Venecia.

Practicada en los espacios más despejados, se soltaban perros y toros en la plaza y se asistía a la lucha entre los dos animales.

En el último domingo de carnaval también se practicaba la caza de toros en el patio del Palacio de los Dogos. Se llevaban a cabo incluso en la plaza San Marcos cuando había una visita principesca.

Tradicionalmente la caza de toros tenía lugar en las plazas y, en particular, en la corte Grande (Giudecca), el campo Santo Stefano, el campo della Bragora, el campo S. Geremia, el campo Santa Maria Formosa, el campo Rusolo y en la corte San Rocco, aunque se han celebrado cazas en la ruga degli Orefici (Rialto) y en la calle dei Botteri (San Cassiano).

La última caza de toros tuvo lugar el 22 de febrero de 1802 en el campo Santo Stefano. Tras hundirse una grada con espectadores, delante del Palazzo Morosini, esta diversión quedó definitivamente prohibida.

OTRAS OBRAS DE CARLO SCARPA EN VENECIA:
-Antigua tienda Olivetti, piazza San Marco,
-Entrada de la Universidad de Arquitectura en los Tolentini (IUAV),
-Fundación Querini Stampalia,
-Muro situado a la izquierda de la fachada principal de la iglesia de San Sebastiano,
-Patio interior del pabellón italiano de la Bienal,
-Una parte del cementerio de San Michele,
-Interiores de la Ca' d'Oro,
-Monumento a la Partisana, cerca del *vaporetto* Giardini.

LA SALA SCARPA DE LA UNIVERSIDAD CA' FOSCARI

Dorsoduro 3246
30123 Venecia
• Visita previa reserva
• Tel.: (+39) 041 234 8323 • urp@unive.it

R eservando con antelación (preferiblemente por correo electrónico), es posible visitar la sala Scarpa (oficialmente *Aula Magna Mario Baratto*) de la famosa Universidad Ca' Foscari.

> **Una obra desconocida del gran arquitecto veneciano**

Tanto el palacio como la sala Scarpa, situada en la segunda planta noble, terminaron de restaurarse en 2006. Acompañado por alguien de la Universidad, podrá ver una de las obras más desconocidas del famoso maestro arquitecto veneciano que remodeló por primera vez este espacio en los años 30, y posteriormente en los años 60. El mobiliario, diseñado según los planos de Carlo Scarpa, fue sin embargo colocado tras morir el arquitecto.

En la pared, dos cuadros de 1932-1933: *La Escuela* de Mario de Luigi, un excelente cuadro cubista y *Venezia, l'Italia e gli studi* de Mario Sironi de estilo puramente fascista. Fíjese que las dos estelas de piedra que enmarcan la mesa del estrado fueron antaño unos bustos que representaban a Mussolini…

Otro interés de la sala: desde el balcón la vista sobre el Gran Canal es magnífica.

Situado justo en la curva del Gran Canal, el palacio es el lugar de Venecia que tiene la vista más amplia sobre el Gran Canal. No es ninguna coincidencia si, para la *regata storica*, las gradas flotantes para las autoridades están situadas justo en este lugar.

Si lo solicita, también es posible ver en las salas del Club Foscari restos del antiguo suelo del palacio que el dogo Foscari mandó pintar a fresco. Según dicen es el único vestigio de este tipo en Venecia.

Admire, en el palacio Giustinian, colindante, la hermosa estatua modernista de Niobe, que llora a los italianos muertos en las diferentes guerras en las que Italia participó. Es obra de Napoleone Martinuzzi, escultor de Murano, conocido sobre todo por sus creaciones en vidrio expuestas en el Museo Correr, y por el monumento a los muertos que está cerca de la basílica de Santa Maria e San Donato de Murano.

Asimismo fíjese en las extrañas chimeneas de época de este palacio. Hay otras en el palacio van Axel (a menudo abierto durante las bienales) y en el palacio Papadopoli, en el Gran Canal (privado).

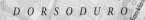

N

DORSODURO

San Basílio

Gesuati

PONTE
LUNGO

Zattere

Spírit
Santo

Rio di

Rio delle Tereselle

San Vio

Canale dei Lavraneri

Fondamenta San Biágio

Rio di San Biágio

Rio delle Convertite

Rio di

Rio di Sant' Eufemia

Canale della Giudecca

Sant' Eufemia

Palanca

6

7

G I U D E C C A

Ponte del Piccolo

Calle delle Scuole

Rio del

Rio del Ponte Lungo

Fondamenta San Giác

Calle San Giácomo

Ponte Lungo

GIUDECCA
& SAN GIORGIO

LA SALA DEL CÓNCLAVE DE SAN GIORGIO MAGGIORE

Abadía de San Giorgio Maggiore
• Visita previa petición ante un monje de la abadía durante las horas de apertura de la iglesia

> *El recuerdo de la única elección de un Papa en Venecia*

El 29 de agosto de 1799, el papa Pío VI falleció a los 83 años en Valence, Francia. Las tropas del general Mac Donald le trajeron a este lugar mientras se batían en retirada. El Papa era prisionero del Directorio francés. Roma, inmersa en el caos tras la llegada de las tropas napoleónicas, era incapaz de elegir un nuevo Papa por lo que se escogió -con el permiso del ocupante austriaco- la ciudad de Venecia (y la abadía de San Giorgio Maggiore) donde numerosos cardenales se habían refugiado, como el cardenal Albani, Decano del Colegio Cardenalicio.

Se necesitaron más de 3 meses, entre el 13 de diciembre de 1799 y el 14 de marzo de 1800, para elegir, contra toda previsión, a Barnaba Chiaramonti, benedictino (como el lugar del cónclave) y obispo de Imola, con el nombre de Pío VII. Su elección, orquestada por Napoleón que enterró con gran pompa a su predecesor a finales de enero de 1800, representó un verdadero desaire para Austria ya que este Papa no se sometía a los intereses austriacos aunque tampoco era su enemigo. Es así como el Colegio Cardenalicio les dio a los venecianos una lección magistral de resistencia a los austriacos... Pío VII sólo regresó a una Roma liberada del ocupante francés el 3 de junio de 1800.

Hoy, se puede visitar con verdadera emoción la famosa sala del cónclave, escondida en la primera planta del majestuoso complejo de San Giorgio Maggiore. Los asientos de los cardenales, con sus nombres, siguen ahí, y además de un retrato de Pío VII, hay también un lienzo olvidado de Carpaccio: *San Jorge venciendo al dragón*.

Se puede visitar la sala preguntando a a un monje de la abadía durante las horas de apertura de la iglesia.

QUÉ VER EN LOS ALREDEDORES

LA CAPILLA DE LA DEPOSICIÓN

2

• Misa el domingo a las 11 h

Todos los domingos a las 11 h se celebra misa en la capilla de la Deposición, normalmente cerrada al público. Durante la misa podrá admirar el último lienzo pintado por Tintoretto: *La Deposición*. Algunas veces también se puede visitar la capilla durante la visita a la sala del cónclave y a la sacristía -normalmente cerrada- y cuyas dimensiones son impresionantes.

SIMBOLISMO Y LEYENDAS DE LA GÓNDOLA. EL GONDOLERO: ¿UN SÍMBOLO DE LA LUCHA DE SAN JORGE CONTRA EL DRAGÓN?

La palabra *góndola* aparece por primera vez en 1094 en un decreto del dogo Vutale Falier con el nombre de *gondulam*, un nombre de origen incierto para los etimologistas: podría provenir del latín *cymbula*, «pequeño barco», o del diminutivo de «concha», *cuncula*, pero también de términos griegos que designan embarcaciones como *kundy* o *kuntòhelas*.

Cuenta la leyenda que en las profundidades de la laguna vive un misterioso dragón (o un gran cocodrilo) que teme únicamente al gondolero: al igual que San Jorge mató al dragón con su lanza, el gondolero con su remo es simbólicamente una amenaza permanente para el dragón. La palabra *gundu* es vecina de *guntu*, que en dialecto alemán significa «guerrero» Aunque a veces el dragón se enfada y su soplido provoca una espesa niebla que envuelve la laguna, nunca sube a la superficie ya que el baile de los gondoleros es incesante.

Fíjese también que la existencia de la isla de *San Giorgio Maggiore* (San Jorge el Grande) y de su convento benedictino, aún abierto, no es fruto del azar: las oraciones y cánticos de estos monjes contribuyen a calmar la cólera del legendario monstruo.

Tampoco es casualidad que la góndola tenga forma de media luna ya que la ciudad de Venecia está relacionada con Venus, relacionada a su vez con la luna (véase pág.90).

Y tampoco es casualidad que el color de la ciudad de Venecia sea el rojo: el rojo también es el color iconográfico de San Jorge cuya leyenda se desarrolló en este mismo lugar en el siglo V. San Jorge mató con su lanza al dragón cuya sangre tiñó de rojo su capa blanca. La sangre tiñó toda Venecia y el cuerpo herido del monstruo desapareció en la gran laguna, de modo que el rojo es antes que nada el color de la victoria de Venecia sobre el dragón de la herejía y de la apostasía.

LA VILLA HERRIOT

Calle Michelangelo 54/P
Vaporetto Zitelle
• Abierto durante la semana y el martes y el jueves de 10 a 13 h

La villa Herriot, interesante edificio de 1929 de estilo neobizantino, se esconde en las callejuelas situadas detrás de los Zitelle y es visible para quien sale en barco por detrás de la Giudecca.

Se trata, en realidad, de dos pequeños palacios que a ojos de los neófitos en arquitectura parecen antiguos. La villa acoge

> *Una oportunidad para echarse una siesta en un lugar apenas frecuentado...*

en la actualidad varios organismos: la Universidad Internacional de Arte (UIA, especializada en restauración), la Sociedad Europea de Cultura, el Instituto Veneciano para la Historia de la Resistencia y de la Sociedad Contemporánea, y la Biblioteca Pedagógica Lorenzo Bettini.

Se puede entrar en la primera villa, discretamente o preguntando amablemente. La sorprendente decoración con sus armas colgadas en las paredes hace que el lugar parezca un pabellón de caza medieval. Puede pasear por el agradable jardín tranquilamente y lejos de toda agitación turística, descansar un poco y disfrutar de la increíble vista sobre la laguna sur.

En 1929, el arquitecto y pintor Raffaele Mainella construyó la villa en el emplazamiento de una antigua jabonería para el francés Herriot quien deseaba tener una segunda residencia.

Tras fallecer su marido, en 1947 la señora Herriot la legó a la ciudad de Venecia, con la condición de que la rehabilitaran como escuela. Así es como se creó la Escuela Elemental Carlo Goldoni. La Universidad de Arte sigue cumpliendo con los deseos de la señora Herriot.

«ALGUNOS DICEN QUE LAS CASAS CONSISTEN EN PAREDES. YO DIGO QUE CONSISTEN EN VENTANAS» (HUNDERTWASSER)

Nacido en Viena en 1928, Friedensreich Hundertwasser falleció en Nueva Zelanda en el 2000 a bordo del *Queen Elizabeth 2*.

Artista y arquitecto, Hundertwasser se llamaba en realidad Friedrich Stowasser. Al tener «sto» en su apellido, que significa «cien» en checo («hundert» en alemán), y la raíz «Frieden» («paz» en alemán), no dudo en transformarlo, significando literalmente «el reino de la paz – cien agua», y autoproclamarse (en coherencia con su actitud) «médico de la arquitectura» en 1990.

Hundertwasser tenía en efecto una peculiar visión de su oficio: profundamente ecologista, creaba edificios con árboles en las ventanas (véase su famosa construcción «Casa Hundertwasser» en Viena) y tejados con terrazas. Diseñaba casas con tejados cubiertos de vegetación (como el hotel termal Rogner Bad Blumau), descartaba la geometría pura y utilizaba colores vivos con abundancia.

Hundertwasser no dudaba en proclamar en voz alta sus teorías. Su elogio al moho es famoso: «*Homo, Humus, Humanitas [...] el humus es el auténtico oro negro [...] el olor a humus es el olor de Dios, el olor de la resurrección, el olor de la inmortalidad*». (Manifiesto de la Santa Mierda - Pfäffikon - 1979).

En 1960, organizó la «Acción Ortigas» en París, en la que proponía al público probar un caldo de ortigas: «¿Saben que resulta fácil vivir sin dinero? Basta con comer ortigas [...] Las ortigas crecen por todas partes, no cuestan nada [...] ¡Cómanlas!»

También escribió un manifiesto por el «derecho a la ventana»: según él, «*El que vive en una casa debe tener derecho a asomarse a su ventana y a diseñar como le apetezca todo el trozo de muro exterior que pueda alcanzar con el brazo. Así toda la gente podrá ver desde lejos que allí vive un ser humano, diferente a los demás*».

En 2003 se editó una hermosa edición del libro *A Garden In Venice* (Ediciones Frances Lincoln). Se incluyeron grabados que nos recuerdan al *Sueño de Polífilo*, el famoso libro editado en Venecia durante el Renacimiento.

¿QUÉ QUEDA DEL JARDÍN DEL EDÉN?

Ubicado detrás de la prisión para hombres de la Giudecca, el mítico jardín del Edén (en parte llamado así por su primer propietario Frederic Eden, tío abuelo del ex Primer Ministro inglés del mismo nombre) es uno de los secretos mejor guardados de Venecia y seguramente el que genera más rumorología. Se cuenta que el jardín está totalmente abandonado, las estatuas han desaparecido y la casa está en ruinas.

Por un milagro del que Venecia guarda el secreto hemos tenido el enorme privilegio de poder visitar el jardín hace poco.

Aunque el jardín no está en muy buen estado, tampoco está abandonado: unos jardineros lo limpian varias veces al año para evitar que se vuelva impracticable por las malas hierbas y las plantas salvajes.

En cuanto a la casa, está muy bien conservada. Sólo un defecto, y de bulto: la terraza de la primera planta tiene una estructura en hormigón poco agraciada. Pequeña curiosidad delante de la casa: tres banderas ondean frente a la fachada: la primera tiene la estrella judía y la media luna verde musulmana (¿símbolo de paz?*), la segunda muestra tres figuras maoríes (Nueva Zelanda) y la última posee una espiral, aparentemente el símbolo personal del arquitecto.

Las estatuas están bien colocadas pero nos parecen estéticamente poco interesantes.

La propiedad en su conjunto, exceptuando la casa, está sin embargo en bastante mal estado. La Fundación Hundertwasser, que la heredó de su último propietario, el excéntrico artista y arquitecto Friedrich Hundertwasser (véase pág. contigua), cuida de los jardines lo justo.

Última verdad por saber: el jardín del Edén no está en venta. Y para terminar de desanimar a los eventuales curiosos: ni se alquila ni se visita.

En 1884, Sir Frederic Eden compró una antigua dependencia del convento de las hermanas de la Santa Croce**. Frecuentada por artistas y escritores (Proust, Cocteau, Rilke o Aragon), en los años 20 el jardín fue propiedad de la princesa Aspasia, princesa de Grecia y Dinamarca, tras casarse en 1919 con Alejandro de Grecia, rey de los helenos, fallecido un año después tras morderle su mono favorito.

En 1972, Hundertwasser compró el jardín que cuidó con gran originalidad hasta su muerte en el 2000. En efecto, según él mismo decía «*No hay que ocuparse del jardín sino dejar que la naturaleza actúe. Cultivar la vegetación espontánea, dejar que todo crezca sin cortar nunca nada [...] Es urgente que dialoguemos con nuestros jardines, que firmemos un tratado de paz*». Acusado de todos los males, replicaba: «*Las personas que no entienden nada van diciendo por ahí que tengo el jardín abandonado. Para nada: sólo me gustan las plantas salvajes. Replanto constantemente las ortigas y las zarzas. Mira qué verdes más armónicos. ¡Y este batiburrillo de ramajes, parece un bordado!*».

* En el nombre de Friedrich encontramos la raíz «Frieden» que en alemán significa «paz» (véase pág. contigua).
** La epopeya sobre la creación del jardín se revela en un pequeño y encantador libro: *Un jardín en Venecia* (Ediciones Acte Sud), publicado por primera vez en inglés en Londres, en 1903.

EL HUERTO DEL CONVENTO DE LOS CAPUCHINOS

④

Giudecca 195
- Entrada al fondo, a la izquierda de la iglesia del Redentore
- Llame al padre Cesare entre las 13 y las 20 h
- Tel.: (+39) 041 522 4348

El campo en la ciudad

Bajo previa petición (o, según la disponibilidad de los monjes, llamando directamente a la puerta del convento), a veces se puede acceder al amplio huerto situado detrás de la iglesia del Redentore. Se extiende sobre una superficie de casi una hectárea, hasta el otro extremo de la Giudecca, ofreciendo una maravillosa vista sobre la laguna sur y las islas de San Clemente y de la Grazia. La calidad de la visita dependerá mucho de la personalidad del monje que les acompañe.

El convento de los Capuchinos posee una hermosa farmacia antigua que se puede visitar a veces, reservando previamente.

Los Capuchinos deben su nombre a la capucha o capuchón con que cubren su cabeza: en 1525, un hermano franciscano de la Observancia tuvo una visión de San Francisco de Asís portando un hábito con un capuchón puntiagudo. Esta visión le llevó a una escisión con su orden de origen. La Orden de los Capuchinos fue finalmente aprobada por Pablo III en 1536.

LOS BUSTOS ANATÓMICOS
DE LA SACRISTÍA DEL REDENTORE

⑤

Iglesia del Redentore
• Abierto de lunes a sábado de 10.00 a 17.00h
• Visitas previa petición de lunes a sábado de 10 a 17 h llamando
al padre Cesare entre las13 y las 20 h
• Tel.: (+39) 041 522 4348

Una colección impresionante

La sacristía de la iglesia del Redentore guarda, además de numerosas reliquias, una impresionante colección de bustos de cera modelados en la segunda mitad del siglo XIX, época que conoció una ola de beatificaciones y canonizaciones de santos capuchinos.

Once de los bustos representan, de hecho, a monjes capuchinos beatificados o canonizados: Félix de Cantalicio, Fidel de Sigmaringa, José de Leonessa, Serafín de Montegranaro, Bernardo de Corleone, Lorenzo de Brindis, Bernardo de Offida, Verónica Giuliani (de la Orden de las Hermanas Clarisas Capuchinas), Crispín de Viterbo, Ángel de Acri y Nicolás Molinari.

El décimo primer busto, anacrónico, es el de San Francisco de Asís (1181-1226), fundador de la Orden de los Franciscanos a la que pertenecen los Capuchinos.

QUÉ VER EN LOS ALREDEDORES

LA ANTIGUA CORDELERÍA DE LA GIUDECCA
Giudecca 595

A unos metros de la estación Palanca, el callejón sin salida del número 595
fue hasta los años 90 la última cordelería en activo de Venecia. En los años
1848-1850, la cordelería *Inio* (apellido de sus propietarios) se trasladó de su
antiguo emplazamiento en Santa Lucia (Cannaregio) hacia la Giudecca, en
un periodo en que numerosas actividades artesanales e industriales hacían
lo propio. El nuevo espacio cruzaba la Giudecca de una punta a otra: iba
desde la *fondamenta* sobre el canal de la Giudecca hasta la ribera que da a la
laguna sur. La cordelería tenía también un establo y una vaca que tiraba del
pequeño carro utilizado durante la fabricación. También comía la abundante
hierba que había en la época y daba leche. En los años 1930, la cordelería
llegó a emplear hasta 30 personas.

EL MERCADO DE LA PRISIÓN DE MUJERES ❼ DE LA GIUDECCA

Fondamenta delle Convertite
Giudecca 54N
• *Vaporettto* Palanca
• Mercado el jueves por la mañana de 09 a 10 h

No habrá para todos

Cuando uno se pasea a lo largo del Rio delle Convertite los jueves por la mañana entre las 09 y las 10 h, el espectáculo puede ser sorprendente: delante de la entrada de la prisión de mujeres de la Giudecca, un grupo de unas quince personas esperan tranquilamente, o casi, su turno. En el muelle, un muestrario de frutas y verduras, una balanza, y nada más. El mercado de las prisioneras, como lo llaman aquí, va a abrir.

El espectáculo está en la cola: unas abuelitas de la Giudecca dan codazos, mienten sobre su hora de llegada e incluso, algunas, dan discretos pero eficaces golpecitos con sus capachos vacíos. Lo que está en juego es importante: a diferencia de los mercados tradicionales, aquí no hay para todos, por lo que uno se arriesga a hacer la cola durante media hora para tener que regresar con la bolsa vacía, o casi.

La espera puede ser difícil: las espléndidas berenjenas biológicas de la huerta de la prisión desaparecen ante sus ojos justo antes de que llegue su turno, los maravillosos calabacines con los que soñaba para el almuerzo acaban de desaparecer, víctimas de una de esas abuelitas de la Giudecca que acaba de colarse con cara de despistada. Aunque parecía que a su llegada el menú de su almuerzo estaba claro, lo irá cambiando a medida que desaparezcan las frutas y verduras que haya elegido…

Aunque el buen humor predomina y todos se hablan con amabilidad, los golpes bajos son frecuentes: la persona justo detrás de usted, con el pretexto de que ha preguntado a todos si querían manzanas, llena su bolsa con las últimas manzanas que usted codiciaba. No se deje torear: ¡manténgase firme, vuelva a coger las manzanas en cuestión, están deliciosas y se las merece!

Para no estropear el folclore, los productos, todos biológicos, están deliciosos y son menos caros que en cualquier otro lugar.

Es un buen plan si tiene tiempo. Un consejo: llegue un poco antes de las 9 h, será el primero y esperará poco: las hostilidades empiezan sobre las 09:15 h. Otra solución es tentar a la suerte al final, hacia las 09:30/09:45 h, a veces se puede llevar una buena sorpresa.

VESTIGIOS DE LA VENECIA INDUSTRIAL

Aunque hoy nos cueste imaginarlo, en otros tiempos Venecia contaba con numerosos establecimientos industriales de los que aún quedan algunos vestigios.

La *Fabbrica Birra Venezia* (la cervecería *Venezia*) -cuyos productos han vuelto a aparecer en el mercado, tras decenios en el olvido- originalmente situado en Santa Chiara, cerca del Piazzale Roma. En 1902, la fábrica se trasladó a la isla de Giudecca, al lado del Mulino Stucky, para dejar sitio a la cervecería *Dreher* (hoy el sector ha sido transformado en residencias - véase fotografía). El *Cotonificio Veneziano* (la algodonera veneciana), una de las fábricas textiles más importantes de la región, fundada en 1883 y en activo hasta 1960, situada en el barrio Santa Marta: hoy, sus locales están ocupados por la Facultad de Arquitectura y la Universidad Ca' Foscari. El *Macello comunale* (matadero municipal) de San Giobbe, en Cannaregio, en activo desde 1843 tras unificar los austriacos los diferentes mataderos, ha sido también rehabilitado como sede universitaria.

La *Manifattura Tabacchi* (fábrica de tabaco), cerca del Piazzale Roma -un gran complejo inaugurado en 1876 y una de las principales industrias de la ciudad en términos de cifra de negocios y de personal- transformada para albergar la Ciudadela de la Justicia veneciana. La sede de la fábrica de cerillas *Saffa* (empresa líder en el mercado, en activo hasta los años 1950) situada en Cannaregio, cerca de la estación: aún están visibles algunos vestigios de la arqueología industrial tras la reconversión de los edificios en viviendas en los años 1981-1985.

Tras anexionar Venecia al reino de Italia en 1866, varios **empresarios extranjeros** empezaron a invertir en Venecia. El empresario sueco *Teodoro Hasselquist*, administrador de la *Società Veneta di Navigazione a Vapore Lagunare*, se ocupó de la gestión de las primeras conexiones marítimas a vapor entre el centro histórico, Chioggia y las islas de la laguna. La sociedad *De Frigiere-Cottin-Mongolfier* edificó las primeras instalaciones de producción de gas en San Francesco della Vigna, en Castello (1841), de las que aún se pueden ver las imponentes estructuras metálicas, cerca de la iglesia de San Francesco della Vigna. La *Compañía General de Aguas para el Extranjero* se encargó de la gestión del agua potable (1875), construyendo la nueva instalación en Sant' Andrea della Zirada, cerca de la estación marítima (*Stazione Marittima*). En la misma época, el estilista español *Fortuny* fundó su famosa fábrica de tejidos impresos en el Palazzo Fortuny (trasladándose, a principios del siglo XX, a la isla de Giudecca, donde está ubicada hoy). El inglés *Enrico Gilberto Neville* -hijo del ingeniero que construyó los puentes de acero de la Accademia y de los Scalzi sobre el Gran Canal- se convirtió en el propietario de la *Privilegiata e Premiata Fonderia Veneta*, una fundición con un centenar de obreros, hacia San Rocco. Tras cincuenta años en activo, fue desmantelada en 1905, y el gran terreno de 14 000 m² aproximadamente -entre el ábside de la iglesia de San Rocco y el Rio delle Saccole en San Polo- fue parcelado y utilizado para viviendas de alquiler moderado.

Únicamente el nombre de una calle -**Calle della Fondaria**-, detrás de la iglesia de San Rocco, recuerda aún la actividad de esta empresa. Numerosos establecimientos fundados en aquella época se construyeron en la isla de Giudecca, donde había sitio de sobra para las construcciones industriales. Aquí fue donde el alemán *Herion* lanzó la producción de hilos y productos textiles, en la antigua iglesia de los Santi Cosma e Damiano (que desde entonces se ha convertido en una incubadora de empresas tecnológicas), mientras que su compatriota *Junghans* instalaba sus fábricas de instrumentos de precisión (relojes, minuteros y, durante la guerra, detonadores de bombas manuales). Los locales de las antiguas fábricas *Junghans* han sido transformados en viviendas: también hay un teatro y una residencia universitaria.

En el extremo occidental de la isla, el suizo *Stucky* mandó construir el imponente molino neogótico que lleva su nombre. Este edificio grandioso de estilo nórdico, obra de un arquitecto de Hanover, dejó a los venecianos perplejos, pero Stucky supo convencerles: amenazó con despedir a sus obreros. La municipalidad dejó de dudar y aprobó el proyecto. El molino estuvo en funcionamiento hasta 1955. En la actualidad, hay un complejo hotelero de lujo.

LA ISLA DE LAS VACAS Y DE LAS ESTRELLAS: LA CINECITTÀ EN LA GIUDECCA

Al declararse la Segunda Guerra Mundial, Venecia presentó su candidatura para convertirse en la nueva *Cinecittà*, proponiendo, en un decorado único en el mundo, un lugar natural que no corría el riesgo de ser bombardeado. Así es como instalaron, en la isla de Giudecca, justo detrás del *Mulino Stucky*, los talleres cinematográficos de la sociedad de producción romana **Scalera Film**, que transformó en estudios los graneros y establos donde antes había más de 150 vacas (¡!). La Scalera realizó 13 películas e incluso mantuvo su actividad unos años después de la guerra. Produjo largometrajes como *Ruy Blas* de Pierre Billon y Jean Cocteau (1947), adaptación de una novela de Víctor Hugo, y sirvió de taller logístico para famosas películas como *Othello* de Orson Wells (1952), *Senso* de Luchino Visconti (1954) y *Vacaciones en Venecia* de David Lean, con Katharine Hepburn (1955). Hoy, ya no queda casi nada de estos estudios cuyo espacio ha sido transformado en viviendas.

EN LA LAGUNA

LA CASA DE BEPI EN BURANO

Via Al Gottolo 339
Burano
• www.isoladiburano.it/it/casa-di-bepi.html

En una pequeña calle lateral a la via Galuppi -la gran avenida de Burano- se oculta una casa muy peculiar. Su fachada de vivos colores, con grandes contrastes cromáticos, parece salir directamente de la paleta de un pintor o de un caleidoscopio.

> *La casa caleidoscópica de Bepi Suà*

Esta casa pertenecía a Giuseppe Toselli, más conocido por los habitantes de la isla como Bepi Suà (Bepi sudoroso). Nacido en Burano en 1920, Bepi vendía caramelos. Gran cinéfilo, en los años 1940 fue operador en el cine Favin. Cuando el local cerró, Bepi heredó el viejo proyector con manivela.

En las noches de verano, le gustaba proyectar películas de la gran época en el pequeño patio situado enfrente de su multicolor casa. Los habitantes se sentaban en sus sillas, encantados de disfrutar gratis de las aventuras heroicas y de los romances de las grandes estrellas de cine.

La otra gran pasión de Bepi era la pintura, pasión a la que daba rienda suelta, no sin cierta fantasía, cuando pintaba la fachada de su casa. Todo el mundo se acuerda de él, sentado en un taburete, concentrado, trabajando con el esmero de un monje miniaturista. Siguiendo los impulsos artísticos de su propietario, la casa cambió a menudo de colores: a Bepi le gustaba renovar «su criatura» inventando originales enyesados y añadiendo, cada día, detalles y decoraciones.

Falleció en 2002. El propietario actual restauró totalmente la casa utilizando la misma técnica que Bepi para darle aires nuevos y resaltar el colorido de la insólita vivienda del *maestro*.

LOS COLORES DE BURANO

Algunos aseguran que el origen de las casas coloradas de Burano proviene de tiempos muy antiguos. Según parece, en la Edad Media, durante las numerosas epidemias de peste, las casas contaminadas eran desinfectadas con cal viva mientras que las casas que se salvaban de la plaga eran pintadas con los colores del arco iris, los mismos colores que utilizaban los pescadores para diferenciar sus embarcaciones.

Cuando la niebla envolvía la laguna, los pescadores podían identificar mejor su casa cuando volvían de faenar en el mar.

LA CASA DEL PROFESOR ❷

Via Terranova 79
Burano

Ubicada en una zona poco frecuentada de la isla, la casa sin color de la Via Terranova 79 destaca por su sobriedad, casi franciscana, en esta isla famosa por sus colores.

> *Una casa sin color en la isla más colorada de la laguna*

Esta casa pertenecía al artista Remigio Barbaro, apodado *Il Professore*, que residió en ella hasta su muerte en 2005. Famoso escultor, le llamaban también *el ermita de la isla*, ya que su naturaleza reservada le mantenía alejado de la vida mundana. También era conocido como el «escultor franciscano»: acorde con su estilo de vida sobrio y sencillo, hizo grabar en la fachada de su casa el famoso verso del *Cántico de las Criaturas* de San Francisco de Asís: *«LAUDATO SIE MI SIGNORE CUM TUCTE LE TUE CREATURE»* («*Alabado seas, mi Señor, con todas tus criaturas*»).

Tampoco es casualidad que en el centro del pequeño jardín, delante de la casa, destaque una estatua emblemática del *poverello* de Asís así como una copia en yeso del busto del compositor Baldassare Galuppi y una emotiva escultura en barro cocido de un hombre colgado boca abajo, réplica del monumento a los muertos de Santa Lucia di Piave.

El interior de la casa, que lamentablemente no se puede visitar por ahora, conserva otras obras del artista. A *Il Professore* le gustaba estar rodeado de objetos de arte y de preciosas colecciones: batiburrillos de dibujos, bosquejos, terracotas y bronces. Durante sus más de 70 años de actividad creó una especie de casa-taller, que es también el museo de sus obras plásticas y gráficas, animadas por un vivo sentido de la espiritualidad y una gran fuerza emotiva.

Tras morir en 2005, la casa fue catalogada y clasificada: se trata de una primera etapa de lo que quizá sea una casa-museo, un proyecto muy deseado por el artista.

En Burano, las principales obras de *Il Professore* están expuestas en la plaza Baldassare Galuppi (donde se erige el busto del famoso compositor del siglo XVIII) y en el muelle del embarcadero (la estatua de una mujer joven titulada *Attesa di pace*). Hay otras esculturas en Londres, en las procuradurías de San Marcos, en la iglesia de Santa Fosca, en la basílica de Torcello, en el convento de San Francisco del Desierto, en Cavallino, en la entrada del cementerio de Mazzorbo, en Mestre, en el Lido de Venecia y en la isla San Michele, así como en numerosas colecciones privadas italianas y extranjeras.

UN RETIRO ESPIRITUAL EN SAN FRANCESCO ❸ DEL DESIERTO

Isla de San Francesco del Deserto
30142 Burano - Venecia
• E-mail: info@isola-sanfrancescodeldeserto.it
• www.sanfrancescodeldeserto.it
• Visitas sólo mediante reserva: de martes a domingo de 09 a 11h y de 15 a 17h
• Reservas para los retiros espirituales (en italiano): (+39) 041 528 6863
• Estancias posibles de viernes a domingo o de martes a jueves
• Aproximadamente 30 celdas disponibles para los retiros

Un momento de excepción

La isla de San Francesco del Deserto es un lugar excepcional, seguramente uno de los más hermosos de toda la laguna de Venecia.

La visita guiada, en medio de una masa de visitantes salidos de Burano, sólo recorre una pequeña parte de la isla lo que impide percibir toda la magia del lugar.

Para conocer realmente la isla y la vida de los monjes, se recomienda hacer un retiro de unos días. Se reserva por teléfono (en italiano), les recoge un monje en Burano, que habrá venido a buscarles en barco: no existe transporte público hasta la isla. Siguiendo el ritmo marcado por los siete oficios diarios, el retiro es una verdadera inmersión en la vida monacal. Durante el tiempo libre entre los distintos oficios podrá hacer lo que desee. La isla es tan hermosa que la mayoría de los participantes al retiro pasean y meditan en el maravilloso jardín rodeados de centenares de cipreses alineados que forman alamedas umbrías de incuestionable encanto. La laguna tiene distintas vistas panorámicas de los alrededores (Burano, Venecia al fondo, Sant' Erasmo, isla privada de Crevan), un fantástico pretexto para soñar. Pasear alrededor de la isla por la noche, con luna llena, es una experiencia intensa. Al parecer San Francisco de Asís pasó una temporada en la isla en 1220 ó 1224.

ALGUNOS CONSEJOS PRÁCTICOS IMPORTANTES:

Evite los meses de junio a septiembre: aparte del calor, hay tantos mosquitos que es difícil soportarlo.

La regla franciscana, contrariamente a la que está en vigor, por ejemplo, en los monasterios benedictinos, no impone el silencio. Se puede hablar en las comidas, en los jardines, con los monjes, etc. A los que deseen silencio, les recomendamos vivamente que vengan en invierno (la bruma sobre la laguna contribuye al ambiente misterioso y mágico del lugar), o en semana.

Se aceptan mujeres y puede venir con su pareja aunque dormirán en habitaciones separadas.

Durante el retiro, cada día se comenta, en italiano, un pasaje de la Biblia (también puede entrevistarse con un monje, dependiendo de la afluencia de participantes)

Los monjes sólo hablan italiano.

Teóricamente, deben participar con la comunidad en todos los oficios (7 oficios al día).

DOS BRAZOS CRUZADOS CON ESTIGMAS: UN SÍMBOLO DE LA ORDEN FRANCISCANA

En el monasterio de San Francesco del Deserto, así como en Venecia, en el interior y alrededor de la iglesia San Francesco della Vigna y en los lugares relacionados con la Orden Franciscana, es frecuente ver el símbolo de dos brazos cruzados. Si mira detenidamente ambos brazos, observará que los dos manos tienen un agujero en el centro, huellas de los estigmas de Cristo y de San Francisco de Asís. El brazo cubierto es el del santo mientras que el que está desnudo es el de Cristo.

LOS ESTIGMAS DE SAN FRANCISCO DE ASÍS

Los estigmas son las huellas de las heridas causadas por los suplicios soportados por Cristo durante la Pasión y la Crucifixión.

Hay varios casos conocidos (aún cuando estos fenómenos se siguen cuestionando hoy en día) que relatan la aparición extraordinaria e inexplicada de estigmas en el cuerpo de algunas personas, en el mismo lugar que los estigmas de Cristo, principalmente en las manos y en los pies. El caso más célebre es de toda evidencia el de San Francisco de Asís, quien en 1224 habría tenido una visión de un serafín con seis alas flotando en el aire y cuyo cuerpo estaba clavado sobre una cruz, igual que Cristo. En cuanto la visión desapareció, San Francisco de Asís descubrió estigmas en su propio cuerpo, en manos y pies.

Otros personajes famosos con estigmas: Catalina de Siena, San Juan de Dios, Padre Pío, Marta Robin, Santa Gema Galgani (véase *Toscana insólita y secreta*, del mismo editor)...

En la actualidad, el hermano Elías, del convento de Calvi dell' Umbria, cerca de Roma, presenta en su cuerpo estigmas de la Pasión.

Cabe mencionar que San Francisco de Asís habría sido el único en ser enterrado con el cuerpo impreso de estigmas.

LA TAU, UN SÍMBOLO FRANCISCANO, SIGNO DE LA ELECCIÓN DIVINA

Las distintas capillas que se abren a la izquierda de la iglesia principal poseen unas discretas puertas de vidrio con la Tau grabada.

En efecto, la Tau es un símbolo de la cruz de Cristo, redescubierto por San Francisco de Asís. Tiene su origen en el libro de Ezequiel, en el Antiguo Testamento (Ez, capítulo 9) según el cual los que están marcados con la Tau se salvarán de la venganza divina (en la traducción de la Biblia de Jerusalén, esta información se muestra en los comentarios). También se hace referencia a ella en el libro del Apocalipsis. La Tau es asimismo la última letra del alfabeto hebreo.

EL ÁRBOL DE SAN FRANCISCO DE ASÍS

San Francisco de Asís habría vivido una temporada en la isla en 1220 ó 1224 y habría plantado un ciprés que fue derribado por una tormenta muy violenta en el siglo XVIII. El tronco principal está en la cueva reconstituida del siglo XVIII, ubicada en la parte del monasterio reservada a los monjes y personas en retiro. Hay otro trozo al lado de la capilla del padre Bernardino, a la izquierda de la iglesia principal.

ISLA DEL LAZZARETTO NUOVO

Visitas guiadas de abril a octubre, sábados y domingos de 9:45 a 16:30 h
Tel.: 0412444011
• info@lazzarettonuovo.com
• www.lazzarettonuovo.com
• Vaporetto: nº13. Parada previa solicitud

El antiguo lazareto para la peste

Los fines de semana, de abril a octubre, se puede visitar la isla del Lazzaretto Nuovo (Isla del Nuevo Lazareto), un lugar que desempeñó un importante papel en la historia de Venecia.

Aunque la isla albergó un monasterio benedictino desde la Edad Media, a partir de 1468 construyeron en ella un lazareto destinado a la prevención de la propagación de las enfermedades, principalmente de la peste.

Llamaban "nuevo" al lazareto para diferenciarlo del que estaba cerca del Lido (hoy abandonado) donde, al contrario, se trataban los casos serios de peste.

La isla del Lazzaretto Nuovo se convirtió así en un lugar de cuarentena para los barcos sospechosos de llevar enfermos a bordo.

Para alojar a los marineros, se construyeron unas cien habitaciones en el perímetro de la isla y, en el centro de la misma, unos grandes hangares destinados a descontaminar las mercancías usando humo de hierbas aromáticas como el enebro o el romero. El principal vestigio de esta época es el gran Teson, del siglo XVI, que, con más de cien metros de largo, es el edificio público más grande de Venecia después de la Corderie del Arsenal. También se conservan numerosos grafitis y dibujos originales de aquellos que ocuparon este lugar. Durante la visita, es también en el Teson donde se ve un documental corto muy bien hecho sobre la historia de la isla. Unas vitrinas presentan distintos objetos ligados a la isla. Fíjese en la famosa máscara de los médicos de la peste. La larga nariz puntiaguda era algo más que una decoración: como se puede ver perfectamente en una de las vitrinas, esta protuberancia en la máscara permitía no solo evitar los olores pestilentes sino también, añadiendo distintas hierbas, evitar que los médicos que lo llevaban se contagiasen (ver foto).

A lo largo del siglo XVIII, la función sanitaria de la isla fue desapareciendo progresivamente. Durante la ocupación napoleónica, y luego austriaca, la isla sirvió para fines militares y empezó a participar en el sistema defensivo de la laguna: taparon las grandes arcadas del Teson para transformar el edificio en polvorín y equiparon militarmente el muro del recinto.

En la primera mitad del siglo XIX, se construyó un recinto fortificado alrededor de los edificios centrales. Hoy se recorre en unos quince minutos, durante un paseo muy agradable en el que se pueden ver los magníficos paisajes silvestres de la laguna norte de Venecia.

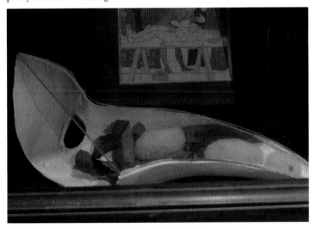

QUÉ VER EN LOS ALREDEDORES

LA ANTIGUA FARMACIA DE SAN SERVOLO

❺

• Visitas con cita previa. Tel.: (+39) 041 524 0119

Desconocida, la farmacia de la isla de San Servolo merece una visita por su hermosa colección de jarrones decorados con el león de San Marcos y su biblioteca en nogal macizo, recientemente restaurada. En 1716, durante la guerra contra los turcos, el convento de la isla se convirtió en un hospital militar administrado por los monjes del convento de los Fatebenefratelli. Se rehabilitó la farmacia añadiendo el cultivo de plantas farmacéuticas, un laboratorio para preparar los medicamentos y una extensa biblioteca que se puede visitar.

¿QUÉ QUEDA DE LAS ANTIGUAS FARMACIAS?

Antiguamente, las farmacias (*spezierie*) eran lugares refinados, decorados con cuadros, estatuas, muebles esculpidos y cobres dorados. Sólo quedan cuatro farmacias bien conservadas : la de **San Servolo** (véase página contigua); **Ai do San Marchi**, con preciosos muebles esculpidos en raíz de nogal y jarrones de cerámica para ingredientes antiguos, como el *Oleum Vulpin*, estaba inicialmente situada en San Stin. En 1935 fue legada al museo de Ca' Rezzonico y restaurada. Ubicada en la tercera planta del museo, podrá visitar el laboratorio, la trastienda y la *speziaria di medicina* (para cualquier información llame al (+39) 041 241 0100). La farmacia **All' Ercole d'Oro**, en Santa Fosca, también merece una visita: conserva, en una atmósfera fuera de tiempo, unas magníficas decoraciones y una vajilla de época (véase pág. 235). En cambio, la farmacia del siglo XVI de los **Cappuccini**, en la isla de la Giudecca, no está abierta al público.

Otras farmacias conservan algunos de sus elementos originales.

La farmacia **Alla Gatta**, en la fondamenta degli Ormesini, conserva una balanza, un viejo mortero y una curiosa colección de termómetros y densímetros, además de la vajilla del siglo XIX y los muebles de finales del siglo XVIII, obra del artesano Samuel Cohen.

Alla colonna e mezza, en el campo San Polo, posee mosaicos y decoraciones de finales del siglo XIX, y dos estatuas de Galeno y Esculapio, padres de la medicina antigua. El letrero original de dos columnas se modificó en 1586 cuando una ley ordenó cortar una de las columnas ya que existía una farmacia homónima especializada en la elaboración de la *Theriaca fina* (véase pág. 189). Hoy, fuera de la farmacia **Alle due colonne** de San Canciano, sigue habiendo en el suelo el agujero donde se colocaba el mortero para triturar los ingredientes del famoso remedio (véase pág. 189). Diversas farmacias antiguas han sido transformadas:

All' Aquila Nigra, en San Zulian, está ocupada hoy por la joyería Cartier. **Alla Dogaressa,** en San Cassian, se ha convertido en una floristería y la **Farmacia Italo-Inglese,** en San Fantin, fue sede de la Moneda antes de convertirse en tienda. En el Rialto, en el lugar que ocupaba la famosa *spezieria* **Alla Testa d'Oro** (véase pág. 17), hay una tienda de artículos turísticos. La gloriosa farmacia **Al Redentore**, en San Marco (Calle Larga S.Marco 412-413) también ha desaparecido: una galería de vidrios artísticos ocupa el espacio y ha conservado el mostrador y las antiguas decoraciones.

MUSEO DEL HOSPITAL PSIQUIÁTRICO

San Servolo, Servizi Metropolitani di Venezia
- E-mail: sanservolo@socioculturale.it
- http://museomanicomio.servizimetropolitani.ve.it/

El Museo de la Locura

Tras la promulgación de la Ley Basaglia en 1979, que impuso el cierre de los hospitales psiquiátricos, el complejo de San Servolo fue reacondicionado. Hoy se puede visitar la biblioteca, la farmacia (véase pág. 387) y el Museo del Hospital Psiquiátrico donde se han reunido, catalogado y restaurado todos los archivos: registros, historiales clínicos y más de un centenar de instrumentos médicos.

En la planta baja, se ha recreado la sala anatómica original del hospital, con todos los instrumentos que se utilizaban en el siglo XIX y con la mesa de piedra donde se practicaban las autopsias. Fíjese en la colección de cráneos y encéfalos sometidos a la *plastinación*, una técnica especial de conservación practicada en la Universidad de Padua.

La sección de las Terapias pasa revista a la evolución de los tratamientos de los enfermos mentales: desde la farmacopea de plantas medicinales relacionadas con la producción de la famosa *spezieria* (farmacia) de la isla hasta las curas hidroterápicas, el uso de estimuladores eléctricos y de electroshock, pasando por un enfoque «moral» basado en la terapia de trabajo y en la musicoterapia.

Además de la colección de aparatos científicos destinados al análisis y a la investigación, el museo tiene una sección donde se exponen varios instrumentos de inmovilización de enfermos «difíciles», como manguitos de cuero, guantes de protección, cinturones, esposas y tobilleras de sujeción para echarse a temblar.

Como en la mayoría de los hospitales psiquiátricos, en San Servolo se recurría sistemáticamente a la segregación y al aislamiento: instrumentos auxiliares de un microcosmos autoritario, opresivo y marginal donde el confinamiento primaba sobre los cuidados.

1 Instituto de Investigación y Estudios sobre la Marginalización Social y Cultural.
2 O Ley 180 que llevó al cierre de los hospitales psiquiátricos y cuyo promotor fue el psiquiatra veneciano Franco Basaglia (1924-1980).

DE «ISLA DE LOS LOCOS» A CENTRO CULTURAL

Tras la caída de la Serenísima República en 1797, la isla de San Servolo -que anteriormente albergó un convento y un hospital militar- se convirtió en la sede del *Hospital Psiquiátrico Central Masculino y Femenino de las Provincias Vénetas, de la Dalmacia y del Tirol*.

Los venecianos la conocían simplemente como *la isla de los locos*. Contaba con todos los servicios indispensables: aparte de los huertos cultivados por los pacientes, había una ferretería, una carpintería, una tipografía, una zapatería, un taller de costura, un molino, e incluso una fábrica de pastas alimentarias.

Tras ser utilizada como centro europeo dedicado a la restauración de bienes arquitectónicos, en la actualidad la isla -sede de la *Venice International University*- celebra eventos, encuentros culturales y congresos internacionales.

LAS ESCULTURAS RECICLADAS DE MALAMOCCO

❼

Diques de los Murazzi

Las esculturas venidas del mar

No muy lejos del pueblo de Malamocco, del lado de los Murazzi, donde los diques protegen el litoral, hay unas extrañas esculturas hechas con materiales devueltos por el mar, reciclando astutamente la «maná» que les ofrece generosamente la resaca, sobre todo después de las tormentas. Uniendo ramas y troncos, curiosamente pulidos y modelados por las corrientes, junto con ropas viejas, redes, flotadores de barcos, objetos olvidados o abandonados, auténticos artistas han logrado crear estas obras que, por desgracia, son efímeras dadas las intemperies y tormentas invernales que las destruyen constantemente. En cada estación y en función de los nuevos materiales que el mar proporciona, las creaciones son renovadas completamente.

> Al final de la playa de los Alberoni (pasado Malamocco), el propietario de un pequeño quiosco cercano al dique realiza en verano obras con materiales de desechos procedentes del mar, obras que instala en la playa. Hay incluso una exposición al aire libre, cerca del faro de Rocchetta.

QUÉ VER EN LOS ALREDEDORES

FRAGMENTOS DE CERÁMICAS ANTIGUAS DE METAMAUCO

❽

Exposición arqueológica permanente
Palazzo del Podestà, Malamocco - Lido
• Visitas con cita previa: *Associazione Equipe Veneziana di Ricerca.*
Tel.: (+39) 347 414 4035

La exposición pedagógica del Palazzo del Podestà de Malamocco invita a descubrir la historia de la antigua ciudad de Metamauco. Fundada en 601 d. C., fue uno de los primeros centros de poder venecianos y sede episcopal entre 742 y 811, año en que el Gobierno se trasladó al Rivo Alto (Rialto) ya que el lugar era más seguro frente a la amenaza de los invasores.

Cuentan que Metamauco desapareció en 1106 a causa de una marea o de una gran tormenta, pero no muy lejos de ahí se construyó una *Nova Metamauco*, que corresponde al actual pueblo de Malamocco. La exposición muestra sobre todo piezas de cerámica y una serie de objetos que se remontan a un periodo que va de finales del siglo XIII a finales del siglo XV. Estos objetos fueron hallados durante las excavaciones realizadas en la plaza Maria Assunta en Malamocco. La instalación permanente -primera etapa de un proyecto más amplio que también incluirá una biblioteca- da fe de la importancia de Metamauco, uno de los lugares más antiguos de la laguna.

UN PESEBRE SUBMARINO A LA ALTURA DEL LIDO

⑨

• Coordenadas del *WRMAC*:
Latitud 45° 21.936 N
Longitud 12° 26.608 E

> La
> *Santa Familia*
> en el fondo del mar

En Venecia no se hacen las cosas como en otros lugares: desde 2005, hay un sorprendente pesebre submarino…

El 23 de diciembre de 2005, unos buceadores del *Club dei Moi* colgaron con unos cables de acero un pequeño pesebre de mármol en la popa de un barco naufragado. Esta obra de 50x50 cm representa la Santa Familia y es una copia del pesebre que se exhibe durante las navidades en la iglesia de San Giobbe en el Cannaregio, realizada por un artista amigo de los miembros del Club. Antes de fijarla al pecio, la *Santa Familia* fue bautizada en tierra tras una breve ceremonia en homenaje a un amigo buceador a quien ha sido dedicada.

El pecio es un buque mercante yugoslavo *WRMAC* (también llamado *VRMAC* o *WURMAK*) de unos 80 metros de largo, que descansa a 17 metros de profundidad a la altura del dique de San Nicoletto, a unas 3 millas del faro de la Bocca di Porto.

El 26 de enero de 1961, el carguero, procedente de Croacia, zozobró a la altura del Lido tras desestabilizarse por la pesada carga de pirita (más de 1300 toneladas) que transportaba y que el mar, muy agitado por las violentas ráfagas de la b*o*ra (viento del Norte), desplazó en las calas. El barco llevaba una tripulación de 22 hombres. El timonel y el primer oficial murieron en la tragedia y dos marineros desaparecieron.

Al estar cerca de la costa y a poca profundidad, el pecio se ha convertido con el tiempo en una especie de sala de entrenamiento para los amantes del submarinismo y casi un lugar ineludible para los submarinistas neófitos. Entre sus armazones deteriorados y cubiertos de algas se distingue una curiosa fauna marina: caballitos de mar y peces de grandes dimensiones como la rescaza, las doradas, las lubinas y los congrios.

¿QUÉ ES EL *CLUB DEI MOI*?

Le *Club dei Moi* es un círculo de amigos buceadores venecianos que comparten la misma pasión por la exploración de los fondos marinos, con una media de un centenar de inmersiones al año.

El *moi* es una especie de capelán, un pez pequeño que suele encontrarse cerca de los pecios. Antiguamente los *moi*, junto con la polenta, formaban parte del plato tradicional de los pescadores pobres: su venta aportaba una modesta ganancia por lo que acababan con frecuencia directamente en el plato del *pescaor* (pescador) y de su familia.

La *Polenta e moi* es una receta típicamente veneciana que se puede degustar en algunos restaurantes especializados en cocina tradicional.

EL PABELLÓN DE CAZA DE VALLE ZAPPA

Carretera nacional nº 309 "Romea", entre Venecia y Chioggia. La zona es
accesible cerca de Lugo di Campagna Lupia
• Pabellón de caza: accesible únicamente en barco privado
• No se visita
• Visible solo desde el barco

*Un rincón
holandés
al sur
de la laguna*

El Valle Zappa, en el corazón
de la Laguna Sur, es un lugar
extraordinario donde se crían
doradas, lubinas y anguilas, bajo la
atenta mirada del espectacular
pabellón de caza (casone en
italiano) del mismo nombre, un edificio excéntrico de estilo holandés.

Además del edificio principal, el complejo también tiene una granja y
una torre de vigilancia con una escalera exterior de caracol que sirvió de
cisterna para almacenar el agua de lluvia.

La casona se construyó entre 1925 y 1927 por iniciativa del dueño de la
época, Mario Malvezzi, según un proyecto del arquitecto Duilio Torres, el
hermano de Giovanni, que concibió el templo votivo del Lido.

Apasionado por la arquitectura, Torres respetó el estilo holandés del
interior (que no se visita): cada estancia es de un color distinto. Los
huéspedes, que dormían aquí antes de salir de caza, ocupaban la habitación
cuyo color iba a juego con el puesto de vigilancia (dentro de un tonel) que
les adjudicaba el jefe de caza.

Durante la semana, este comprobaba dónde acudían los animales que se

iban a cazar y asignaba, por consiguiente, a cada uno de los huéspedes, un lugar dentro del tonel según su grado de importancia (la caza en tonel es característica de la Laguna veneciana y del Delta del Pô).

La fachada luce el escudo de la familia Arrigoni Degli Oddi (dueños de esta propiedad de 1867 a 1942). Una placa de mármol recuerda que el conde Ettore, célebre ornitólogo, cazó, de 1877 a 1921, unas 51 303 aves. En la actualidad, su colección personal de aves se encuentra en el museo de zoología de Roma.

VIVEROS DE PECES, PABELLONES DE CAZA Y AVISTAMIENTO DE AVES

Los viveros de la laguna, valli da pesca en italiano (del latín vallum, dique o protección), son zonas delimitadas por diques llamados terragli, donde se crían peces desde hace siglos. En la Edad Media, estos diques eran móviles y con aperturas hechas con juncos para facilitar la captura de los alevines cuya introducción se hace ahora de manera artificial.

Los viveros aseguraban a la Serenísima República cierta autonomía ya que también se usaban como reservas de caza y, durante mucho tiempo, su explotación fue privilegio exclusivo de familias nobles y monasterios. Es la razón por la cual el gobierno fomentó la piscicultura de las marismas saladas, regulándola duramente; una reglamentación que entró en vigor en 1314. Aunque se trata, en realidad, de entornos artificiales, los viveros son muy importantes para la protección del frágil ecosistema de la laguna, constituido por canales y marismas. Forman un hábitat idóneo para las aves que encuentran en él refugios perfectos para depositar sus huevos e incubarlos. Los pabellones de caza, o casoni, son numerosos en la laguna: se utilizan como alojamientos para los empleados de los viveros, pero también, aún hoy, como pabellones de caza.

ÍNDICE TEMÁTICO

ARQUITECTURA

CASINO DE JUEGOS - JUEGO

CIENCIAS Y EDUCACIÓN

CURIOSIDADES

ÍNDICE TEMÁTICO

FARMACIA - SALUD

HISTORIA

ÍNDICE TEMÁTICO

PINTURA

RELIGIÓN

SCUOLE (CONFRATERNIDADES)

SIMBOLOGÍA

TOPONIMIA

TRADICIONES

VESTIGIOS DE LA VENECIA DESAPARECIDA

NOTAS

NOTAS

NOTAS

NOTAS

Agradecimientos:
Thomas Jonglez: Vitor Manuel Adrião, Giulio Alessandri, Bianca y Giberto Arrivabene, Lucien d'Azay, Jacopo Barbarigo, Andrea Bastianello, Emmanuel Bérard, Toto Bergamo Rossi, Frank Billaud, Serena Bombasei, Philippe Bonfils, Don Natalino Bonazza, Isabelle y Louis-Marie Bourgeois, Nani Bovolo, Umberto Branchini, Marie y Brandino Brandolini, Sabina Braxton, Séverine de Breteuil, Constance Breton, Catherine Buyse, Guillaume de Calan, Francesco Calzolaio, Barbara y Alberto Carrera, Danielle y Luc Carton, Karina y Pierre Casanova, Barbara Cavalieri, Elena Cimenti, Philippe Coffin, Angelo Comotto, Matteo Corvino, Frédéric Court, Marina Crivellari, Paolo y Aud Cuniberti, Frédéric Dib, Driss, cavaliere Duilio, Gabrielle y Jean-Marie Degueldre, Anita Dolfus, Véronique Drucker, Enrichetta Emo, Franco Filippi, Antonio Foscari, Orsola Foscari, Massimo Foscato, Antonella Fumo, Alessandra y Filippo Gaggia, Irene Galifi, Gabrielle Gamberini, Jacques Garance, Paolo Gasparotto, Cristina Ghezzo, Benedetta y Giulio Gianelli, Gica, Giovanni y Servane Giol, Cintzia y Marco Giol, Donata Grimani, Romaine Guérin, Renzo Inio, Antoine Jonglez, Aurélie Jonglez, Guillaume y Stéphanie Jonglez, Timothée Jonglez, Isabelle Jordan, Frédéric Jousset, Koko y Samuel de la Ca' Zenobio, Ziva Kraus, Giulio Lattuada, Hugues Le Gallais, Olivier Lexa, Sophie y Xavier Lièvre, Jean-Christophe Loizeau, Marco Loredan, Michelle Lovric, Marina Magrini, Marylène Malbert, Sylvie Mamy, Letizia Mangilli, Umberto Marcello, Isabella y Luca Marzotto, Monseñor Meneguolo, Camille Merlin, Viretta y Massimo Micheluzzi, Marie-Louise Mills, Roger de Montebello, Sigried y Xavier de Montrond, Fabio Moretti, Jane y Francesco da Mosto, Élisabeth y Michel de la Mothe, Philippe Orain, Victoire y Olivier de Panafieu, Emanuela Pasti, Francesca Pasti, Tommaso Pezzato, David Philips, Dorit Raines, Giuseppe Rallo, Rav Elia E. Richetti, Niccolò y Paola Rinaldi, Béatrice y Pierre Rosenberg, Katarina Rothfjell, Giovanni Rubin, Justin Rubin, Elisa Rusconi, Pietro Rusconi, Guido Salsilfi, Gérard-Julien Salvy, Valentina Sapienza, Luca Scappin, Daria Schiffini, Giorgio Sicchellero, Marco Scurati, Jérome Siezeniss, Gleb Smirnoff, Claude Soret, Nori Starck, Antonis Stratoudakis, Alejandro Suárez, Aga Sudnikowicz, Bortolo y Daniela Supiej, Angelo Tagliapetra, Sophia Taliani, Tanouja, Carla Toffolo, Delphine y Nicolas Valluet, Aude y Kees van Beek, Nicolas Van Beek, Rita y Kees van den Meiracker, Franca Vanto, Natacha y Henri Villeroy, Hermann Walter, Margherita y Nicholas Ward-Jackson, Silvia Zabeo, Marcello Zannoni, Alessandra y Alessandro Zoppi, Marino Zorzi así como Alexandre, Inés y Louis.

Paola Zoffoli: un agradecimiento especial a Mariapia Brunori, Andrea Taddeo, Roberto Vianello, Sara Bardino, Stefano Corrà, Caterina Margherita, Luca, Tobia y Milo Bartolomei, Giulia y Matteo Cocon, Athos Zoffoli, Michele Bonaria. Así con a: Enrico y Maddalena Di Sopra, Rocco Fiano, Federico Andreolo, Pierandrea Malfi, Désirée Zellweger, Luigino Buratto, Paola Brasi, Alberto Benvenuti, Giovanni Burati, Enrico Venara, Renzo Venchierutti, M.Fiorangela Teruzzi, Stefano Regazzo, Giorgia Enzo, Mara Teresa Grison, Giuliana Grison, Franca Scarpa, M.Giacomina Andreolo, Mara Rosso, Claudia Cremonini, Cristiano Sant, Caterina Marcantoni, Cecilia La Monaca, Massimo Poggi, Vito Caputo, Elisabetta Rigon, Umberto Urbani, Elena Cerana, Guerrino Giano Lovato, Paola Pallieri, Olivia Cavallari, Robert Campello, Alessandra Althoff-Pugliese, Albarosa Ballarin, Annalisa Bacchin, Roberto Gianni, Mabel Sabadin, Michela Zalunardo, Antonella Busetto, Guido e Irene Fuga, Paola Bottalla, Cesare Peris, Ornella Zanella, Francesco y Sara Paolini, Mattia Baseggio, I Ciacoeoni, Rocco Ravagnin, Alessandro Claut, Roberto Vianello (Vecio Berto), Ettore Cavinato, Paolo Comin, Daniela Toso, Luigi Vicini, Augusto Gentilli, Mario Infelise, Alessandra y Marisa Peri, Valentina Sapienza, Fabrizia Giongo, Ambrogio Barbieri, Laura Baldoni, Daniele Pighin, Giuliano Pavon, Sandro Bravin, Paolo Morsetto, Riccardo Vianello, Eugenio Simionato, Daniela Foà, Giulio Pozzana, Luigi Naccari, Marco y Alessandra Baseggio, P. Adriano Campesato, Carlo Semenzato, Gino Fontana, Daniele Bonaldo, Marco Pagano, Liana Melchior, Giacomo Dorigo, Germano Da Preda, Marina Bassotto, Gigi Rannini, Luca De Stefano, Lorenzo Caner, el Club dei Moi, Giampaolo Nadali, Stefania d'Este, Madeleine Chaize, Mariagrazia Dammicco, Antonietta y Cosimo Gorgoni, Gabriella Bondi, Isabella Campagnol, Gabriele Marchiori, Antonio Manno, Federica Zamboni, Silvia Freschin, Francesco Amendolagine, Valeria Caverzasi, Marco Centazzo, Marika di Mauro, Antonella Formentello, Alessandro Zago, Umberto Fortis, Gemma Silvestri, Marc Scurati, Jeanine Turpin, Christophe Pincemaille, Enrico Paganin, Alexandre Henriquez Delgado Salta, Dimitri Gris, Luca Lando, P.Manuel Paganuzzi, Grigore Arbore Popescu, Maddalena Jahoda, Mauro Bastianini, Piera Gustati, Michela Zanon, Patrizia Vachino, Elio Comarin, Lorenzo Sartini y el equipo del Mac Shop de Pesaro.

Fotografías: Todas las fotografías son de **Thomas Jonglez** excepto:
Páginas 31, 135, 221, 263, 303, 313, 317, 331, fuente: Alberto Toso Fei, autor de «Leyendas venecianas e historias de fantasmas» y de «Veneziaenigma» (Ed. Elzeviro), páginas 90, 92, 94, 96, 208, 210, 218, 233, 272 (Paola Zoffoli), página 232 (Rocco Ravagnin), página 240 (Casinò di Venezia SPA), página 248 (rabino de la comunidad hebraica de Venecia), página 389 (Désirée Zellweger), páginas 118, 198, 234 y 252 (Luca Bartolomei), páginas 129, 211, 212, 214, 222, 223, 227, 306, 378 (Andrea Taddeo), páginas 204, 205, 217, 350, 351 (Luca Scappin), páginas 164, 166, 167, 168, 170, 171 (Valentina Sapienza), página 367 (Claude Soret), páginas 228, 264, 286 y 302 (Katarina Rothfjell), dibujos de Corto Maltés, del ponte delle Tette y de la inscripción Non Nobis y fotografías páginas 342 y 344 (Caterina Margherita), basílica de San Marco (Jacopo Barbarigo, con la amable autorización de la basílica de San Marcos de Venecia), Pesebre submarino del Lido (Stefano Corrà), Rubelli (copyright Rubelli SPA), proyectos jamás realizados (Museo Correr).

Cartografía: **Cyrille Suss** - Diseño: **Roland Deloi** - Maquetación: **Catherine Arhanchiague** - Traducción: **Paloma Martínez de Velasco** - Corrección de estilo: **Patricia Peyrelongue** - Revisión de textos: **Anahí Fernández**

© JONGLEZ 2018
Depósito legal: Marzo 2018 - Edición: 03
ISBN: 978-2-36195-238-9
Impreso en Bulgaria por Dedrax